国家职业技能等级认定培训教材
高技能人才培养用书

汽车维修工试题库

——汽车维修检验工、汽车机械维修工、汽车电器维修工

（高级）

国家职业技能等级认定培训教材编审委员会　组编
祖国海　潘艳华　编

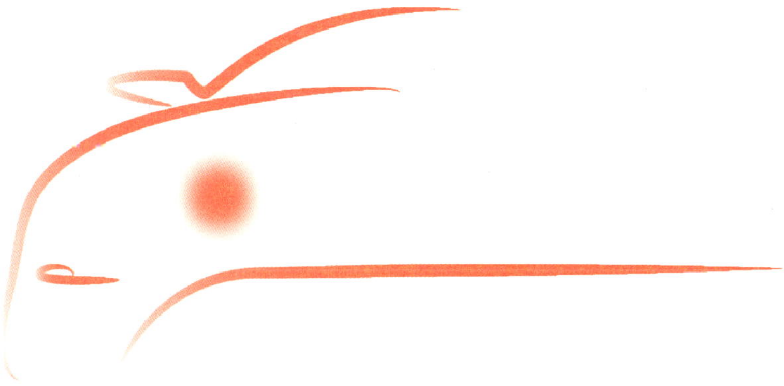

机械工业出版社
CHINA MACHINE PRESS

本书是依据《国家职业技能标准　汽车维修工》（高级）的相关知识和技能要求，针对参加国家职业技能等级认定考试者进行考前准备而编写的。本书内容既包含考核重点和试卷结构、基本要求考试指导、理论知识考核指导、操作技能考核指导，又附有理论知识考试模拟试卷、操作技能考核模拟试卷，能帮助考试者在短时间内突破考试难点、重点，更好地把握考题意图。本书还配套多媒体资源，可通过封底"天工讲堂"刮刮卡获取。

本书可作为汽车维修工参加国家职业技能等级认定的考前复习用书，也可作为职业技能培训机构的考前培训用书。

图书在版编目（CIP）数据

汽车维修工试题库：汽车维修检验工、汽车机械维修工、汽车电器维修工：高级 / 祖国海，潘艳华编. —北京：机械工业出版社，2021.7

（高技能人才培养用书）

国家职业技能等级认定培训教材

ISBN 978-7-111-68782-5

Ⅰ. ①汽…　Ⅱ. ①祖…②潘…　Ⅲ. ①汽车－车辆修理－职业技能－鉴定－习题集　Ⅳ. ①U472.4－44

中国版本图书馆CIP数据核字（2021）第150174号

机械工业出版社（北京市百万庄大街22号　邮政编码100037）
策划编辑：陈玉芝　责任编辑：陈玉芝
责任校对：王　欣　责任印制：常天培
北京机工印刷厂印刷
2021年10月第1版第1次印刷
184mm×260mm · 12.25印张 · 235千字
0001—3000册
标准书号：ISBN 978-7-111-68782-5
定价：49.80元

电话服务　网络服务
客服电话：010-88361066　机 工 官 网：www.cmpbook.com
010-88379833　机 工 官 博：weibo.com/cmp1952
010-68326294　金 书 网：www.golden-book.com
封底无防伪标均为盗版　机工教育服务网：www.cmpedu.com

编审委员会

序

Preface

新中国成立以来，技术工人队伍建设一直得到了党和政府的高度重视。20 世纪五六十年代，我们借鉴苏联经验建立了技能人才的“八级工”制，培养了一大批身怀绝技的“大师”与“大工匠”。“八级工”不仅待遇高，而且深受社会尊重，成为那个时代的骄傲，吸引与带动了一批批青年技能人才锲而不舍地钻研技术、攀登高峰。

进入新时期，高技能人才发展上升为兴企强国的国家战略。从 2003 年全国第一次人才工作会议，明确提出高技能人才是国家人才队伍的重要组成部分，到 2010 年颁布实施《国家中长期人才发展规划纲要（2010—2020 年）》，加快高技能人才队伍建设与发展成为举国的意志与战略之一。

习近平总书记强调，劳动者素质对一个国家、一个民族发展至关重要。技术工人队伍是支撑中国制造、中国创造的重要基础，对推动经济高质量发展具有重要作用。党的十八大以来，党中央、国务院健全技能人才培养、使用、评价、激励制度，大力发展技工教育，大规模开展职业技能培训，加快培养大批高素质劳动者和技术技能人才，使更多社会需要的技能人才、大国工匠不断涌现，推动形成了广大劳动者学习技能、报效国家的浓厚氛围。

2019 年国务院办公厅印发了《职业技能提升行动方案（2019—2021 年）》，目标任务是 2019 年至 2021 年，持续开展职业技能提升行动，提高培训针对性实效性，全面提升劳动者职业技能水平和就业创业能力。三年共开展各类补贴性职业技能培训 5000 万人次以上，其中 2019 年培训 1500 万人次以上；经过努力，到 2021 年底技能劳动者占就业人员总量的比例达到 25% 以上，高技能人才占技能劳动者的比例达到 30% 以上。

目前，我国技术工人（技能劳动者）已超过 2 亿人，其中高技能人才超过 5000 万人，在全面建成小康社会、新兴战略产业不断发展的今天，建设高技能人才队伍的任务十分重要。

序

Preface

机械工业出版社一直致力于技能人才培训用书的出版，先后出版了一系列具有行业影响力，深受企业、读者欢迎的教材。欣闻配合新的《国家职业技能标准》又编写了“国家职业技能等级认定培训教材”。这套教材由全国各地技能培训和考评专家编写，具有权威性和代表性；将理论与技能有机结合，并紧紧围绕《国家职业技能标准》的知识要求和技能要求编写，实用性、针对性强，既有必备的理论知识和技能知识，又有考核鉴定的理论和技能题库及答案；而且这套教材根据需要为部分教材配备了二维码，扫描书中的二维码便可观看相应资源；这套教材还配合天工讲堂开设了在线课程、在线题库，配套齐全，编排科学，便于培训和检测。

这套教材的出版非常及时，为培养技能型人才做了一件大好事，我相信这套教材一定会为我国培养更多更好的高素质技术技能型人才做出贡献！

中华全国总工会副主席

高凤林

前 言

Foreword

随着我国职业资格证书制度的不断完善和发展，职业技能等级认定制度已成为我国技能人才评价方式，为了帮助考证人员顺利取得国家技能等级证书，推动职业技能等级认定制度的深入实施，加快技能人才培养，我们根据多年的实践经验，组织相关专家、教授、技师和高级考评员共同编定了这套汽车维修工试题库。

试题库的建立，对保证职业技能等级认定工作的质量，加快培养一大批数量充足、结构合理、素质优良的技能型人才将起到重要的作用。

本套书以现行《国家职业技能标准　汽车维修工》为依据，以客观反映现阶段本职业的水平和对从业人员的要求为目标，使参加职业技能等级认定的广大考生对考试内容和考试方式有一个全面的了解，以更好地复习备考，顺利通过考试。

本书与职业技能等级认定培训教材相配套。在本书的编写过程中，贯彻了“围绕考点、服务考试”的原则，内容涵盖了国家职业技能标准对该工种的理论知识和操作技能方面的要求；为突出考前辅导的特色，以职业技能等级认定试题作为编写重点，紧紧围绕鉴定考核的内容，充分体现系统性和实用性。

由于编写水平与时间的限制，书中难免存在不妥之处，敬请读者批评指正。

编　者

目录

Contents

目 录

Contents

目 录

Contents

第一部分 考核重点和试卷结构

Chapter 1

一、考核重点

考核重点是最近几年国家题库抽题组卷的基本范围，它反映了当前本职业（工种）对从业人员知识和技能要求的主要内容。

鉴定考核重点采用“鉴定要素细目表”的格式，以行为领域、鉴定范围和鉴定点的形式加以组织，列出了本等级下应考核的内容。考核重点分为理论知识和操作技能两个部分。其中，理论知识部分的主要内容是以知识点表示的鉴定点，操作技能部分的主要内容是以考核项目表示的鉴定点。

鉴定考核重点表中，每个鉴定点都有其重要程度指标，即表内鉴定点后标以核心要素（X）、一般要素（Y）、辅助要素（Z）的内容。重要程度反映了该鉴定点在本职业（工种）中对相应技能人员所要求内容中的相对重要性水平。自然，重要的内容被选为考核试题的可能性就比较大。其中，核心要素是考核中出现频率最高的内容，一般要素是考核中出现频率一般的内容，辅助要素是考核中出现频率较小的内容。

鉴定考核重点表中，每个鉴定范围都有其鉴定范围比重指标，它表示在一份试卷中该鉴定范围所占的分数比例。例如，某一鉴定范围的鉴定比重为 10，就表示在组成 100 分为满分的试卷时，题库在抽题组卷的过程中，将使属于此鉴定范围的试题在一份试卷中所占的分值尽可能等于 10 分。

理论知识鉴定考核重点表见表 1-1，操作技能鉴定考核重点表见表 1-2。

表 1-1　理论知识鉴定考核重点表

鉴定点及分配			重要程度
基本要求（20 分）		职业道德（5 分）	
		基础知识（15 分）	
发动机检修（30 分）	发动机大修	发动机总成大修工艺规程及技术要求	X
		发动机竣工检验标准及条件	X
	发动机单个机械故障诊断与排除	发动机常见机械异响产生原因及排除方法	X
		发动机常见机械异响故障诊断方法	X

（续）

鉴定点及分配			重要程度
发动机检修（30分）	发动机燃油、控制系统单个故障诊断与排除	发动机燃油供给系统故障诊断方法	X
		发动机怠速控制相关知识及故障诊断方法	X
		发动机控制系统故障诊断方法	X
	进（排）气系统单个故障诊断与排除	发动机进（排）气系统故障诊断方法	X
		发动机增压系统故障诊断方法	Y
		尾气分析仪、烟度计使用相关知识	X
	润滑、冷却系统单个故障诊断与排除	润滑系统故障诊断方法	X
		冷却系统故障诊断方法	X
	排放控制系统单个故障诊断与排除	曲轴箱通风系统组成与工作原理	X
		燃油蒸发控制系统组成与工作原理	X
		废气再循环系统组成与工作原理	X
		三元催化转换器组成与工作原理	Z
底盘检修（25分）	底盘总成检修	离合器总成检修技术要求	X
		手动变速器总成检修技术要求	X
		万向传动装置检修技术要求	X
		主减速器和差速器检修技术要求	X
		转向器总成检修技术要求	X
	传动系统单个故障诊断与排除	离合器故障诊断与排除方法	X
		手动变速器故障诊断与排除方法	X
		自动变速器技术状况的测试方法	Y
		万向传动装置故障诊断与排除方法	Y
	行驶系统单个故障诊断与排除	行驶异响故障诊断与排除方法	X
		行驶跑偏故障诊断与排除方法	X
		车轮故障诊断与排除方法	Y
		悬架装置故障诊断与排除方法	Z
	转向系统单个故障诊断与排除	机械转向系统故障诊断方法	Y
		液压助力转向系统故障诊断方法	Y
		电动助力转向系统故障诊断方法	Y
	制动系统单个故障诊断与排除	制动跑偏（液压）故障诊断与排除方法	X
		制动力不足（气压）故障诊断与排除方法	X
		制动系统电子控制部分的故障诊断与排除方法	Y
汽车电器检修（25分）	充电、起动系统单个故障诊断与排除	充电系统故障诊断方法	X
		起动系统故障诊断方法	X

（续）

鉴定点及分配			重要程度
汽车电器检修（25分）	照明、信号及仪表单个故障诊断与排除	照明系统故障诊断方法	X
		信号系统故障诊断方法	Y
		仪表系统故障诊断方法	Y
	辅助电器系统单个故障诊断与排除	音响娱乐系统检修、更换方法	Z
		电动座椅系统故障诊断方法	Z
		电动后视镜系统故障诊断方法	Z
		中控门锁系统故障诊断方法	Z
		刮水器系统故障诊断方法	Z
		电动车窗系统故障诊断方法	Z
		安全气囊系统故障诊断方法	Z
	空调系统单个故障诊断与排除	汽车空调制冷循环系统故障诊断方法	Y
		自动空调系统电路故障诊断方法	Y
		手动空调系统电路故障诊断方法	Y
		空调取暖和通风系统故障诊断方法	Y
	电力驱动和电池系统维护	动力蓄电池结构	Z
		动力蓄电池使用注意事项	Z

表 1-2　操作技能鉴定考核重点表

鉴定点及分配		重要程度
发动机检修（40分）	诊断、排除气门异响故障	X
	诊断、排除连杆轴承异响故障	X
	诊断、排除活塞敲缸响故障	X
	诊断、排除发动机燃油压力不足故障	X
	诊断、排除发动机怠速不稳故障	X
	诊断、排除发动机加速不良故障	X
	诊断、排除发动机起动困难故障	X
	诊断、排除混合气过浓故障	X
	诊断、排除混合气过稀故障	X
	使用尾气分析仪、烟度计诊断故障	Y
	诊断、排除润滑系统报警故障	X
	诊断、排除机油消耗异常故障	X
	诊断、排除冷却液充足但发动机过热故障	X

（续）

鉴定点及分配		重要程度
发动机检修（40 分）	检测、诊断曲轴箱通风系统性能和故障	Y
	检测、诊断燃油蒸发控制系统性能和故障	Y
	检测、诊断废气再循环系统性能和故障	Y
底盘检修（30 分）	检修离合器总成	X
	检修手动变速器总成	X
	检修万向传动装置	Y
	检修主减速器和差速器	X
	检修转向器总成	X
	诊断、排除离合器打滑故障	X
	诊断、排除变速器掉档故障	X
	自动变速器失速试验	Y
	诊断、排除传动轴发抖或前驱动轴振动故障	Y
	诊断、排除后驱动桥异响故障	Y
	诊断、排除轮胎胎面磨损不均匀故障	Y
	诊断、排除行驶跑偏故障	Y
	诊断、排除动力转向系统转向沉重故障	Y
	诊断、排除电动助力转向系统故障	Z
	诊断、排除液压制动不良故障	Y
	诊断、排除 ABS 工作异常故障	Y
汽车电器检修（30 分）	诊断、排除充电系统不充电故障	X
	诊断、排除起动机不转故障	X
	诊断、排除前照灯不亮故障	X
	诊断、排除转向信号灯不工作故障	Y
	诊断、排除喇叭不响故障	Y
	诊断、排除电流表指针不动、指示不准故障	Y
	诊断、排除收放机不工作故障	Z
	诊断、排除电动座椅不工作故障	Z
	诊断、排除左电动后视镜上下调节异常故障	Z
	诊断、排除中控门锁左后门锁不能上锁故障	Z
	诊断、排除安全气囊警告灯常亮故障	Z
	诊断、排除空调制冷循环系统故障	X
	诊断、排除自动空调系统电路故障	Y
	更换动力蓄电池组	Z
	更换动力蓄电池散热风扇	Z

二、试卷结构

试卷分为理论知识考试和技能操作考核两部分。理论知识考试采用闭卷笔试方式，操作技能考核采用现场实际操作方式进行。理论知识考试和操作技能考核均实行百分制，两门均达到60分及以上者为合格。技师和高级技师鉴定还需进行综合评审。

1. 理论知识考试试卷结构

理论知识考试试卷由选择题和判断题两部分组成，满分为100分，具体见表1-3。

表1-3 理论知识考试试卷结构

题型	鉴定题数目	分数
选择	160题（0.5分/题）	80分
判断	40题（0.5分/题）	20分

2. 操作技能考核试卷结构

一套完整的操作技能考核试卷包括考核准备通知单、考核试卷、考核评分记录表三部分。

（1）考核准备通知单　在实施操作技能考核之前，承担鉴定考核的鉴定单位需要提前做好考场准备工作，考核准备通知单是为各鉴定单位提供的一份清单，包括考试所需要的场地、车辆、设备、工量具、辅料以及故障设置等。

考核准备通知单提前发至鉴定单位。

（2）考核试卷　按照职业技能鉴定工作规范，考核试卷中包括说明、试题名称、考核要求、考核时间等内容。

考核试卷发至鉴定单位的监考人员和考评员。

（3）考核评分记录表　在实施鉴定考核的过程中，考评员须依据各试题的“配分、评分标准”，对考生的每一项操作进行评判和记分，最后进行得分统计、签字。考核评分记录表是试卷中每道试题的配分、评分标准和扣分、得分记录。

考核评分记录表中还包括该试题所涉及的有关技术标准，供考评员在实施鉴定时参考。

该表发至考评员。

按照操作技能考核内容结构表中的规定，高级工应考核维护、检修2项内容，分别在上述2个考核模块中各选择一道试题，总分值100分。

第二部分 基本要求考试指导

Chapter 2

模块一 职业道德

一、练习题

1. 职业道德是指从事一定职业劳动的人们，在长期的职业活动中形成的（　　）。
A. 行为规范　　B. 操作程序　　C. 劳动技能　　D. 思维习惯
2. 在市场经济条件下，职业道德具有（　　）的社会功能。
A. 鼓励人们自由选择职业　　B. 遏制牟利最大化
C. 促进人们的行为规范化　　D. 最大限度地克服人们受利益驱动
3. 企业文化的功能不包括（　　）。
A. 激励功能　　B. 导向功能　　C. 整合功能　　D. 娱乐功能
4. 职业道德对企业起到（　　）的作用。
A. 决定经济效益　　B. 促进决策科学化
C. 增强竞争力　　D. 滋生员工守业意识
5. 市场经济条件下，（　　）是职业道德社会功能的重要表现。
A. 克服利益导向　　B. 遏制牟利最大化
C. 增强决策科学化　　D. 促进员工行为规范化
6. 职业道德对企业起到（　　）的作用。
A. 增强员工独立意识　　B. 磨合企业上级与员工关系
C. 使员工规矩做事情　　D. 增强企业凝聚力
7. 在公私关系上，符合办事公道的具体要求是（　　）。
A. 公私分开　　B. 假公济私　　C. 公平公正　　D. 先公后私
8. 职业道德是一种（　　）的约束机制。
A. 强制性　　B. 非强制性　　C. 随意性　　D. 自发性
9. 下列选项中属于企业文化功能的是（　　）。
A. 凝聚功能　　B. 技术培训功能

C. 科学研究功能　　D. 社交功能

10. 爱岗敬业作为职业道德的重要内容，是指员工（　　）。

A. 在本职工作干一辈子　　B. 热爱有钱的岗位

C. 强化职业责任　　D. 不应多转行

二、答案

1. A　2. C　3. D　4. C　5. D　6. D　7. C　8. B　9. A　10. C

模块二　基础知识

一、练习题

1. 千分尺是一种精密量具，由尺架、（　　）、固定套筒、微分筒、棘轮、锁紧装置和旋钮、测砧等组成。

A. 测微螺杆　　B. 尺寸区　　C. 游标　　D. 量爪

2. 内径百分表在汽车维修中主要用来测量发动机气缸、曲轴轴颈的（　　）误差。

A. 平面度　　B. 同轴度

C. 径向圆跳动　　D. 圆度和圆柱度

3. 錾削较宽平面时，首先用（　　）在平面上开槽。

A. 扁錾　　B. 尖錾　　C. 油槽錾　　D. 圆口錾

4. 铰削操作时，（　　）反向旋转铰刀。

A. 允许　　B. 不允许　　C. 可以　　D. 必须

5. 固定式铰杠受力较合理，一般宜攻（　　）以下的螺孔。

A. M5　　B. M10　　C. M15　　D. M20

6. 曲面刮刀用于刮削内曲面，如轴承、衬套等，常用曲面刮刀是（　　）。

A. 手握刮刀　　B. 挺刮刀　　C. 钩头刮刀　　D. 三角刮刀

7. 以下几种材料中，适合制造变速器齿轮、主传动锥齿轮的为（　　）。

A. 40Cr　　B. 20CrMnTi　　C. 40MnB　　D. 60Si2Mn

8. 凝点是用来表示柴油的（　　）性能。

A. 发火　　B. 蒸发　　C. 低温流动　　D. 黏度

9. 国外发动机润滑油的分类法是（　　）。

A. 按汽油机油和柴油机油分类　　B. 按生产工艺分类

C. API 性能分类和 SAE 黏度分类　　D. 单级机油和多级机油

10.（　　）制动液是目前广泛应用的主要品种。

A. 醇型　B. 合成型　C. 矿油型　D. 硅油型

11. 9.00-20 表示轮胎断面宽度 9in（1in=2.54cm），轮辋直径为 20in 的（　　）。

A. 高压轮胎　B. 低压轮胎　C. 超高压胎　D. 超低压胎

12. 国家标准规定，无论图样是否装订，（　　）画出边框。

A. 均需　B. 不必　C. 避免　D. 不用

13.（　　）是最常用的表面粗糙度的评定参数。

A. 轮廓算术平均偏差 *Ra*　B. 微观不平度十点高度

C. 轮廓最大高度 *Rz*　D. *Ra* 和 *Rz*

14.（　　）是指零部件在装配或更换时，不需要辅助加工，不需要选择就能满足使用条件。

A. 有限互换　B. 完全互换　C. 不完全互换　D. 装配互换

15. 几何公差框格用细实线画出，在图中应（　　）放置。

A. 水平　B. 垂直　C. 水平或垂直　D. 任意

16. 两只电阻串联时阻值为 10Ω，并联时阻值为 1.6Ω，则两只电阻阻值分别为（　　）。

A. 2Ω 和 8Ω　B. 3Ω 和 7Ω　C. 4Ω 和 6Ω　D. 5Ω 和 5Ω

17. 一个电阻值为 2Ω 的导体，通过它的电流是 4A，则在 1min 内电流做的功是（　　）J。

A. 8　B. 32　C. 480　D. 1920

18. 在均匀磁场中，通过某一平面的磁通量为最大时，这个平面就和磁力线（　　）。

A. 平行　B. 垂直　C. 斜交　D. 任意位置

19.（　　）是电子电路中的重要元件，具有放大作用。

A. 二极管　B. 晶体管　C. 稳压管　D. 电容

20. 液压传动的工作介质是（　　）。

A. 油液　B. 水

C. 酒精　D. 以上答案都不对

21.（　　）回路的作用是控制液压系统的最高工作压力，使系统压力不超过压力控制阀的调定值。

A. 调压　B. 减压　C. 增压　D. 换向

22. 拆装发动机火花塞应用（　　）。

A. 火花塞套筒　B. 套筒　C. 呆扳手　D. 梅花扳手

23. 活塞在发动机气缸中的（　　）位置称为上止点。

A. 最高　B. 最低　C. 中央　D. 水平

24. 气缸总容积与燃烧室容积的（　　）称为压缩比。

A. 差值　　B. 和　　C. 乘积　　D. 比值

25. 在一个工作循环内，曲轴旋转（　　）周，活塞在气缸内往复 4 个行程，称为四冲程发动机。

A. 1　　B. 2　　C. 3　　D. 4

26. 汽车发动机大都采用（　　）气门式配气机构。

A. 顶置　　B. 侧置　　C. 横置　　D. 纵置

27. 多数发动机进气门的头部直径做得比排气门（　　）。

A. 大　　B. 小　　C. 相等　　D. 以上都不对

28. 发动机润滑系统中，润滑油的储存装置是（　　）。

A. 油底壳　　B. 机油泵　　C. 机油粗滤器　　D. 机油细滤器

29. 汽车传动系统的功用是将发动机发出的动力传给（　　）。

A. 车轮　　B. 离合器　　C. 变速器　　D. 驱动车轮

30. 汽车变速器（　　）装置用于防止驾驶人误挂倒档。

A. 自锁　　B. 互锁　　C. 倒档锁　　D. 中央锁

31. 主减速器的功用是（　　）。

A. 降速增矩　　B. 降速降矩　　C. 增速增矩　　D. 增速降矩

32. 汽车转向过程中，两后轮以（　　）转速旋转。

A. 不同　　B. 相同　　C. 较大　　D. 较小

33.（　　）的作用是传递车架与车轮之间的各方向作用力及其所产生的弯矩和扭矩。

A. 车架　　B. 车桥　　C. 悬架　　D. 车轮

34. 汽车前轮、前轴、转向节与车架的相对安装位置称为（　　）。

A. 转向车轮定位　　B. 主销后倾　　C. 主销内倾　　D. 后轮定位

35. 循环球式汽车转向器一般由（　　）套传动副组成。

A. 1　　B. 2　　C. 3　　D. 4

36. 汽车发动机起动时，（　　）向起动机提供强大的起动电流。

A. 蓄电池　　B. 发电机

C. A 和 B　　D. 以上答案都不对

37. 使用千分尺测量前，（　　）擦净度量面，校正零值。

A. 必须　　B. 不必　　C. 避免　　D. 不用

38.（　　）扳手适用于拆装位置狭小，特别隐蔽的螺母或螺栓。

A. 开口　　B. 梅花　　C. 套筒　　D. 活动

39. 錾子一般用优质碳素工具钢制成，刃口部分经（　　）处理。

A. 淬火 + 低温回火　　B. 淬火 + 中温回火

C. 淬火 + 高温回火　　D. 表面淬火

40. 铰削活塞销孔，每刀铰削量一般为（　　）mm。

A. 0.10~0.20　　B. 0.02~0.05　　C. 0.35~0.50　　D. 0.50~0.70

41.（　　）不用来做研具材料。

A. 灰铸铁　　B. 球墨铸铁　　C. 低碳钢　　D. 高碳钢

42. 可锻性是指金属材料在冷状态或热状态下，承受锤锻或压力，发生（　　）变形的能力。

A. 弹性　　B. 屈服　　C. 均匀　　D. 塑性

43. 以下几种材料中（　　）属于合金渗碳钢。

A. 20CrMnTi　　B. W18Cr4V　　C. GCr15　　D. 45Mn2

44. ZL108 适于制作（　　）。

A. 活塞　　B. 热交换器

C. 制动蹄摩擦片铆钉　　D. 电线电缆

45. −10 号轻柴油适合于最低气温在（　　）℃以上的地区使用。

A. 4　　B. −5　　C. −5~−14　　D. −14~−29

46. 表示汽油抗爆性的指标是（　　）。

A. 闪点　　B. 馏程　　C. 饱和蒸气压　　D. 辛烷值

47. 目前常用的冷却液多属（　　），其中多加有防腐剂和染色剂，可以长期使用，所以称为长效冷却液。

A. 酒精 - 水型　　B. 甘油 - 水型

C. 乙二醇 - 水型　　D. 矿油型

48. 径向推力轴承主要承受（　　）载荷。

A. 径向　　B. 轴向　　C. 推力　　D. 径向和轴向

49.（　　）富有立体感，给人一种直观的感觉，但不能反映物体的真实形状。

A. 立体图　　B. 视图　　C. 剖视图　　D. 剖面图

50. 国家标准规定，图样中的线性尺寸大小均以（　　）为单位，在尺寸数字后面不必加注计量单位名称。

A. mm　　B. cm　　C. dm　　D. m

51. 孔的上极限偏差是（　　）。

A. ES　　B. EI　　C. es　　D. ei

52. 发动机大修，如果更换了（　　），就采用了不完全互换。

A. 气门弹簧　　B. 活塞和活塞销

C. 缸盖螺栓　　D. 火花塞

53. 无论位置公差基准代号的方向如何，其字母必须（　　）填写。

A. 水平　　B. 垂直　　C. 水平或垂直　　D. 任意

54. 电阻 R_1 与 R_2（$R_1>R_2$），并联时则有（　　）。

A. $I_1>I_2$　　B. $I_1<I_2$　　C. $U_1>U_2$　　D. $U_1<U_2$

55. 电阻为 2Ω 的导体，接在 12V 的电源上，在 1min 内电流所做的功是（　　）J。

A. 432　　B. 4320　　C. 43200　　D. 432000

56. 磁感应强度的单位是（　　）。

A. Wb　　B. T　　C. A/m　　D. Wb/m^2

57. 半导体二极管按（　　）分可分为锗二极管和硅二极管。

A. 结构　　B. 用途　　C. 基片材料　　D. 尺寸

58. 用万用表分别测量晶体管 b、e 极间和 b、c 极间 PN 结的正、反向电阻，如果测得正、反向电阻相差较大，则晶体管（　　）。

A. 良好　　B. 已经断路

C. 已击穿　　D. 以上答案都不对

59.（　　）回路的作用是使液压系统的某一支路获得低于系统主油路工作压力的液压油。

A. 调压　　B. 减压　　C. 增压　　D. 换向

60. 液压千斤顶应（　　）放置。

A. 竖直　　B. 垂直　　C. 水平　　D. 倒立

61. 汽车满载时的总质量称为（　　）。

A. 最大装载质量　　B. 最大总质量　　C. 整车装备质量　　D. 最大质量

62.（　　）是汽车的动力装置。

A. 车身　　B. 底盘　　C. 电气设备　　D. 发动机

63. 下列行程中，进、排气门都关闭的是（　　）。

A. 进气行程　　B. 压缩行程　　C. 做功行程　　D. 排气行程

64. 曲轴飞轮组主要由曲轴、（　　）和附件组成。

A. 飞轮　　B. 齿轮　　C. 链轮　　D. 带轮

65. 节温器安装在（　　）出水管或水泵进水管内。

A. 气缸体　　B. 气缸盖　　C. 散热器　　D. 水套

66. 发动机机油泵由（　　），主、从动齿轮，泵壳和泵盖等组成。

A. 传动轴　　B. 叶轮　　C. 半轴　　D. 摇臂轴

67. 离合器使（　　）与传动系统逐渐接合，保证汽车平稳起步。

A. 发动机　　B. 变速器　　C. 车轮　　D. 车架

68. 汽车万向传动装置一般由转向节、（　　）和中间支撑组成。

A. 传动轴　　B. 半轴　　C. 横拉杆　　D. 纵拉杆

69. 汽车（　　）将万向传动装置传来的动力传给驱动车轮。

A. 前桥　　B. 后桥　　C. 支承桥　　D. 驱动桥

70.（　　）将汽车构成一个整体，支撑汽车全部质量。

A. 传动系统　　B. 制动系统　　C. 转向系统　　D. 行驶系统

71. 主销安装到汽车前轴上后，其上端略向内倾斜，称为（　　）。

A. 主销后倾　　B. 主销内倾　　C. 主销前倾　　D. 主销外倾

72. 汽车的制动装置都利用（　　）来产生制动作用。

A. 机械摩擦　　B. 吸引　　C. 固定　　D. 磨合

73. 普通汽车交流发电机一般由三相（　　）交流发电机和硅二极管整流器组成。

A. 同步　　B. 异步

C. 同步或异步　　D. 以上答案都不对

74. 千分尺是一种精密量具，其测量精度可达（　　）mm。

A. 0.1　　B. 0.01　　C. 0.001　　D. 0.005

75. 测量气缸直径，可将量缸表放入气缸上部，若表针能转动（　　）圈左右，表示调整合适。

A. 一　　B. 二　　C. 三　　D. 四

76. 砂轮机起动后，应待转速达到（　　）时方可进行磨削。

A. 正常　　B. 高速　　C. 平稳　　D. 100r/min

77. 锯弓是用来装夹锯条的，它有固定式和（　　）两种。

A. 移动式　　B. 可拆式　　C. 可调式　　D. 整体式

78. 攻螺纹前必须先钻底孔，钻孔孔径应（　　）螺纹的内径。

A. 小于　　B. 大于　　C. 等于　　D. 任意

79. 韧性是指金属材料抵抗（　　）而不致断裂的能力。

A. 冲击　　B. 外力　　C. 变形　　D. 破坏

80. 60Si2Mn 可用于制作（　　）。

A. 丝锥　　B. 汽车钢板弹簧

C. 汽车变速器齿轮　　D. 汽车车架

81. 可用（　　）代替 45 钢制作发动机曲轴。

A. HT200　　B. KTH350-10　　C. QT600-3　　D. HT150

82. 用低牌号汽油代替高牌号汽油时应适当（　　）点火提前角，以免发生爆燃。

A. 增大　　B. 减小　　C. 增大或减小　　D. 不变

83. 我国发动机润滑油的分类法是（　　）。

A. 按汽油机油和柴油机油分类　　B. 按生产工艺分类

C. 按黏度和质量分类　　D. 按单级机油和多级机油分类

84. 不符合汽车制动液性能要求的是（　　）。

A. 制动迅速准确，安全可靠　　B. 蒸发性要好
C. 化学安定性好　　D. 对制动皮碗的侵蚀要小

85. 轮胎缓冲层位于胎面和（　　）之间，质软而弹性大。
A. 帘布层　　B. 胎肩　　C. 胎侧　　D. 胎圈

86. 螺纹相邻牙上对应点的轴向距离称为（　　）。
A. 导程　　B. 螺距　　C. 外径　　D. 内径

87. 尺寸线应用（　　）绘制。
A. 粗实线　　B. 细实线　　C. 虚线　　D. 点画线

88. 机件向不平行于任何基本投影面的平面投影，所得到的视图称为（　　）。
A. 基本视图　　B. 斜视图　　C. 局部视图　　D. 旋转视图

89.（　　）是指制定和贯彻技术标准的全过程。
A. 技术标准　　B. 基础标准　　C. 标准化　　D. 标准管理

90. ϕ20H8/f7 表示公称尺寸为 ϕ20mm 的（　　）。
A. 基孔制间隙配合　　B. 基孔制过盈配合
C. 基轴制间隙配合　　D. 基轴制过盈配合

91. 一般金属材料的阻值（　　）。
A. 随温度的升高而下降　　B. 随温度的升高而升高
C. 变化不定　　D. 与温度无关

92. 磁体周围存在着磁力作用的空间，叫（　　）。
A. 磁极　　B. 磁场　　C. 磁力线　　D. 磁化

93. 全电路欧姆定律的表达式为（　　）。
A. $I=\dfrac{U}{R}$　　B. $I=\dfrac{E}{R+r}$　　C. $I=\dfrac{U_2}{R}$　　D. $I=\dfrac{E_2}{R+r}$

94. 已知正弦量 U=100sin（314t+π/6），则其初相位是（　　）。
A. 100　　B. 314　　C. π/6　　D. π/3

95. 晶体管的（　　）是用来表示晶体管电流放大能力的参数。
A. 电流放大系数　　B. 穿透电流
C. 最大允许电流　　D. 反向击穿电压

96. 液压传动以油液作为工作介质，依靠油液内部的（　　）来传递动力。
A. 变化　　B. 分子　　C. 压强　　D. 压力

97.（　　）只允许液流通过一个方向，对另一个方向的液流则截止。
A. 压力阀　　B. 流量阀　　C. 方向阀　　D. 单向阀

98.（　　）扳手能显示扭矩大小。
A. 呆　　B. 梅花　　C. 扭力　　D. 活动

99. 上、下两止点间的距离称为（　　）。

A. 活塞行程　　B. 压缩比
C. 发动机工作容积　　D. 气缸总容积

100. 发动机由曲柄连杆机构、配气机构、燃料供给系统、点火系统、冷却系统、润滑系统和（　　）组成。

A. 起动机　　B. 配电系统　　C. 蓄电池　　D. 起动系统

101.（　　）的作用是连接活塞与连杆，将活塞承受的气体作用力传给连杆。

A. 活塞环　　B. 活塞销　　C. 曲轴　　D. 飞轮

102. 在发动机中，（　　）用来密封气道。

A. 凸轮　　B. 挺柱　　C. 推杆　　D. 气门

103.（　　）的作用是将发动机冷却液携带的热量散入大气，以保证发动机的正常工作温度。

A. 水泵　　B. 风扇　　C. 散热器　　D. 节温器

104.（　　）离合器操纵机构主要由主缸、工作缸和管路系统组成。

A. 机械式　　B. 液压式　　C. 气压式　　D. 气动式

105. 传动比（　　）时，降速传动。

A. $i>1$　　B. $i<1$　　C. $i=1$　　D. $i\leqslant 1$

106. 汽车单级主减速器多采用一对大小不等的（　　）传动机构。

A. 直齿轮　　B. 斜齿轮　　C. 锥齿轮　　D. 花键

107. 汽车（　　）和支持桥都属于从动桥。

A. 转向桥　　B. 驱动桥　　C. 转向驱动桥　　D. 中桥

108. 汽车应用的非独立悬架，广泛采用（　　）作为弹性元件。

A. 螺旋弹簧　　B. 钢板弹簧　　C. 减振器　　D. 扭杆弹簧

109. 汽车转向直拉杆是连接（　　）和转向节臂的杆件。

A. 转向器　　B. 转向盘　　C. 转向摇臂　　D. 前轮

110. 蓄电池隔板夹在相邻的（　　）之间，防止两者短路。

A. 正、负极板　　B. 正、负接线柱
C. 极板　　D. 连接条

二、答案

1. A	2. D	3. B	4. B	5. A	6. D	7. B	8. C	9. C	10. B
11. B	12. A	13. A	14. B	15. C	16. A	17. D	18. B	19. B	20. A
21. A	22. A	23. A	24. D	25. B	26. A	27. A	28. A	29. D	30. C
31. A	32. A	33. B	34. A	35. B	36. A	37. A	38. C	39. A	40. B
41. D	42. D	43. A	44. A	45. B	46. D	47. C	48. D	49. A	50. A
51. A	52. B	53. A	54. B	55. B	56. B	57. C	58. A	59. B	60. B

61. B	62. D	63. B	64. A	65. B	66. A	67. A	68. A	69. D	70. D
71. B	72. A	73. A	74. B	75. A	76. A	77. C	78. A	79. A	80. B
81. C	82. B	83. C	84. B	85. A	86. B	87. B	88. B	89. C	90. A
91. B	92. B	93. B	94. C	95. A	96. D	97. D	98. C	99.A	100. D
101. B	102. D	103. C	104. B	105. A	106. C	107. A	108. B	109.C	110. A

第三部分 理论知识考核指导

Chapter 3

模块一　发动机检修

一、考核范围

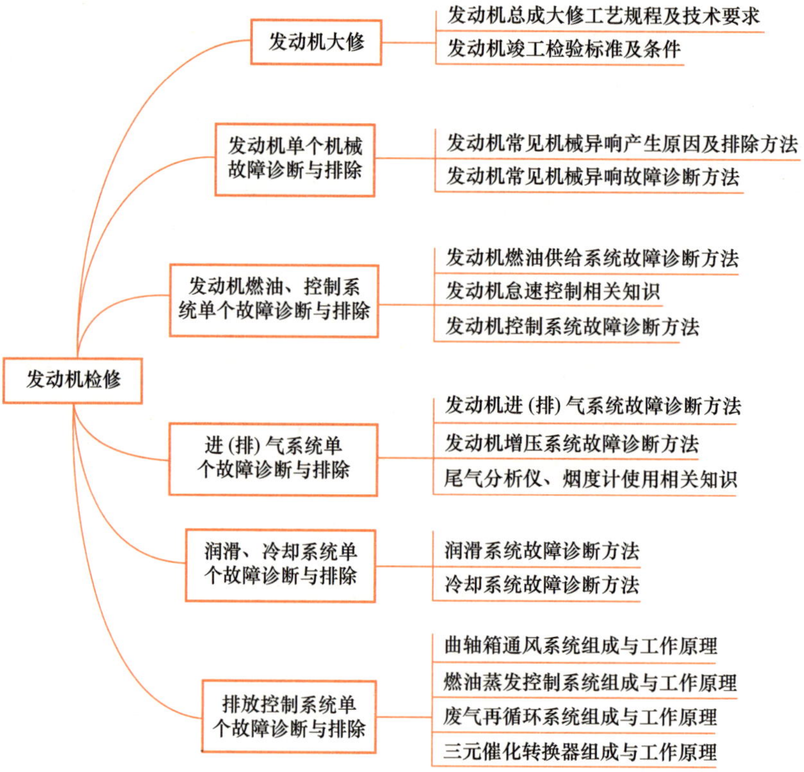

二、考核要点详解

知识点 1　发动机修理工艺过程

一般包括进厂检验、外部清洗、总成和零件的拆卸、零件清洗、零件检验分类、零件修理、总成装配、总成试验、发动机总装及调试、出厂检验等。

知识点 2 发动机总成大修的技术标准

1. 气缸磨损

当测量气缸磨损量时， 气缸圆度误差达到 0.05~0.063mm（汽油机 0.05mm，柴油机 0.063mm），或气缸圆柱度误差达到 0.175~0.250mm（汽油机 0.175mm，柴油机 0.250mm）时，应大修。测量时以其中磨损量最大的一个气缸为准，一般出现在前、后两缸。

2. 动力性

最大功率或气缸压力比标准降低 25% 以上。有测功机时，应以最大功率为准；无测功机时，用气缸压力表测量各气缸平均压力。超过上述要求时，应进行大修。

3. 经济性

燃料和润滑油消耗量增加大于 15%时，应进行大修。

这里需说明的是，发动机总成大修时要符合上述条件。如果是随整车送厂大修的发动机，还应符合汽车大修送修标志，并且发动机总成送修的三条标志，不是同时满足，而是满足其中任一条要求，就要送修理厂进行大修。

知识点 3 零件的拆卸原则

1）在拆卸顺序上，依照“先装的后拆，后装的先拆，能同时拆的就同时拆”的原则。

2）在拆卸范围上，本着“能不拆的就不拆，尽量避免大拆大卸”的原则。因为每拆装一次零件都会有所损耗，装配精度都会比原来降低。

3）在拆卸目的上，依照“拆是为了装”的原则，拆卸零件时，要特别留意观察、记录：零件的安装方向、装配记号、耗损状况并做好零件的分类存放。

知识点 4 零件的清洗方法

清洗零件油污的方法有：有机溶剂（汽油、煤油、柴油、酒精等）清洗、碱溶液清洗和化学合成水基金属清洗剂清洗。

清除零件积炭的方法有：机械和化学清除法。

清除零件水垢的方法有：酸洗或碱洗法。

知识点 5 发动机零件的机械加工修复

发动机零件的机械加工修复方法主要有修理尺寸法和镶套修复法。

1. 修理尺寸法

为了延长磨损逾限后的相配零件的使用寿命，将其磨损部位用机械加工的方法扩大（孔类零件）或缩小（轴类零件）至规定的尺寸，恢复其正确的几何形状和精度，然后更换相应的配合件，通过改变尺寸而达到配合性质不变的目的。

2. 镶套修理法

发动机上重要的和结构复杂的零件，其磨损部位常常采用镶套的方法修复。镶套属于过盈配合，为了保证两套接件在工作中不松动并且在镶套时不会胀裂，要求两套接件有准确的过盈（如气门导管、气门座圈、飞轮齿圈等）和较高的加工精度（如飞轮壳后安装变速器的轴承孔）。

知识点 6 发动机总装要求

1）发动机的装配过程应在专用装配车间或清洁场地进行，装配过程中应防尘和保持较为稳定的室内温度。

2）发动机在装配过程中，要做到工件不落地，工、量具不落地和油渍不落地，并保持工作台、工作盘的清洁，以保证整个装配过程清洁。

3）装配前应彻底清洗气缸体和曲轴，油道必须拆下油堵，清通并用清水冲洗干净，最后用压缩空气吹干，以保证润滑油道的畅通、清洁。

4）清洗完毕后，应在气缸体和曲轴的机加工表面涂上一层润滑油，防止锈蚀。对其他零件也应认真做好清洁、清点及检验工作，保证油道等各类通道畅通，待装零部件应摆放整齐。

知识点 7 安装凸轮轴技术要求

安装凸轮轴之前先将正时齿轮、隔圈（调节环）、止推凸缘装在凸轮轴上。安装时应将各道轴承涂上润滑油，凸轮轴正时齿轮和曲轴正时齿轮进入啮合时，应对正记号，然后拧紧凸轮轴止推凸缘的固定螺钉。正时齿轮的啮合间隙一般应为0.04~0.30mm，使用限度为0.40mm，相隔120°的三点进行测量，齿隙相差应不超过0.10mm。

知识点 8 安装活塞连杆组技术要求

首先要检查活塞是否偏缸，检查活塞连杆组的装配质量，按要求安装活塞环。然后将活塞连杆组逐次装入气缸内，注意活塞的安装方向和活塞环开口错开的角度。最后把连杆大端固定在连杆轴颈上，将连杆螺栓锁止。

连杆大端的轴向间隙应为0.17~0.33mm；径向间隙符合规定。所有连杆螺栓拧紧后，用60N · m的力矩转动曲轴时，应能均匀转动。活塞顶部高出气缸体上平面不得超过0.40mm。

知识点 9 安装气缸盖技术要求

将气缸垫用定位销定在缸体上，将清洗检查过的缸盖置于气缸垫上，将螺栓螺纹部分涂以润滑油插入螺栓孔内，按“从里到外、由中向边、轮流对称”的原则分2~3 次拧紧螺栓，最终拧紧力矩为 100~120N · m。

将火花塞电极间隙调至 0.6~0.7mm 后，用（25~35）N · m 的拧紧力矩将火花塞拧入火花塞孔中。

知识点 10 发动机冷磨合注意事项

1）冷却液温度最好控制在 95℃左右，若冷却液温度达到 105℃时应及时使用风扇冷却。

2）注意检查机油压力是否正常，如发现异常现象，应立即停机检查并加以排除。

3）观察各机件工作情况是否正常，若有漏水、漏油或摩擦副表面附近过热，各部有异常响声等异常现象，应及时查找原因，并加以排除。

4）冷磨合结束后，应将润滑油放出，分解发动机各部件。

知识点 11 有负荷热磨合注意事项

1）检查冷却液温度、润滑油压力和油温，应符合原厂规定。

2）发动机在各种情况下应运转平稳，无异响。

3）观察各部位的衬垫、油封、水封及油管接头有无漏油、漏水、漏气现象。

4）测量气缸压力，应符合原厂规定；否则，应拆检活塞连杆组，重新检查。

5）放出原润滑油，加入清洗油（90%柴油和 10%车用润滑油），怠速运转 5min 后放出。

知识点 12 发动机竣工检验标准及条件

1）检查并加足冷却液、润滑油和燃油。

2）用检视的方法检验发动机装备状况。要求装备齐全、有效，各零部件及附件应符合规定的技术条件。

3）起动发动机，检查其起动性能。

① 冷车起动：要求在环境温度不小于 –5℃时应顺利起动，允许连续起动不大于3 次，每次起动时间不小于 5s。

② 热车起动：要求在发动机正常工作温度下，5s 内能起动。

4）燃油压力的检查。

燃油压力的标准值为 250kPa ± 20kPa，否则，应检查其原因。

5）检查发动机运转工况。起动发动机运转至正常工作温度 93~105℃。

① 检查怠速工况。用转速表进行运转试验或用发动机综合仪测量，要求发动机怠速运转稳定，转速符合原设计规定，转速波动不大于 50r/min。

② 检查转速变化工况。用转速表检查，发动机改变转速时应过渡圆滑，突然加速或减速时，不得有爆燃声、断火、回火、放炮等现象；最高转速不得低于 4000r/min。

6）检查发动机运转时有无异响。要求发动机在正常工况下运转时，不得有异常响声。

7）检查发动机润滑油压力、冷却液温度和润滑油温度。

8）检查气缸压力。

① 检查气缸压力值。用转速表、气缸压力表检查，气缸压力应符合原厂设计规定。

② 检查各气缸压力差。用转速表、气缸压力表或发动机分析仪测量。要求每缸压力与各缸平均压力差，汽油机不大于各缸平均压力的 8%，柴油机不大于各缸平均压力的 10%。

9）检查发动机进气歧管真空度。用转速表、真空表检查，要求汽车发动机怠速时，进气歧管真空度在 57~70kPa。

10）检查发动机功率和转矩。将发动机运转到正常工作温度，用测功机综合测试仪进行测量，要求发动机最大功率、最大转矩不大于原设计定值的 90%。

11）检查发动机燃料消耗率。用油耗计、测功机按有关规定测量，要求发动机最低燃料消耗不大于原设计要求。

12）检查发动机排放。汽油机排放、柴油机排放应符合现行的国家规定要求。

13）检查润滑油质量。用检视方法或润滑油油质分析仪检查，要求发动机规格、数量、质量应符合原设计规定。

14）检视发动机“四漏”情况。要求发动机应无漏水、漏油、漏气、漏电现象，但润滑油、冷却液密封接合面处允许有不至于形成滴状的浸渍。

15）发动机涂漆或涂银粉。要求发动机外表应按规定涂漆或涂银粉，涂层要均匀，不得有漏涂现象。

16）填写发动机修理竣工检查表。

知识点 13 发动机异响的原因

1）配合间隙过大。

2）润滑不良。

3）紧固件松动。

4）个别机件变形损坏。

5）不正常燃烧。

6）装配调整或修理不当。

7）回转件平衡遭破坏。

知识点 14 发动机异响的诊断方法

发动机异响常见故障主要在曲柄连杆机构和配气机构。发动机异响的诊断方法有两种，即人工经验听诊法和仪器诊断法。

在人工经验听诊法诊断发动机异响的过程中，常常借助于旋具来察听异响；仪器诊断法常用的仪器主要有听诊器、噪声器、振动分析仪等。

知识点 15 发动机燃油供给系统故障诊断方法

1）向车主调查。

2）外部检查。外部检查的主要内容：

① ECU 插头是否连接良好。

② 传感器、执行器的插头连接是否良好。

③ 线束的连接是否良好。

④ 线束是否有断裂或氧化、腐蚀现象。

⑤ 传感器和执行器是否有明显裂痕。

⑥ ECU、传感器是否受潮、进水。

⑦ 检查真空软管是否破裂、老化或漏气。

⑧ 检查空气滤清器是否过脏，必要时更换。

3）模拟故障征兆诊断。

4）自诊断检查。

5）简单仪表诊断法。

6）专用仪器诊断法。

知识点 16 怠速控制系统结构

怠速控制系统由各种传感器、信号控制开关、电子控制单元（ECU）、怠速控制阀和节气门旁通空气道等组成，如图 3-1 所示。

知识点 17 怠速稳定控制所需的传感器信号

1）发动机转速传感器，提供发动机在怠速工况下的发动机转速信号。

2）节气门位置传感器，提供节气门关闭信号，是 ECU 判断发动机是否处于怠速工况的基本信号。

3）发动机冷却液温度传感器，提供发动机温度信号，ECU 根据此信号选定目标转速。

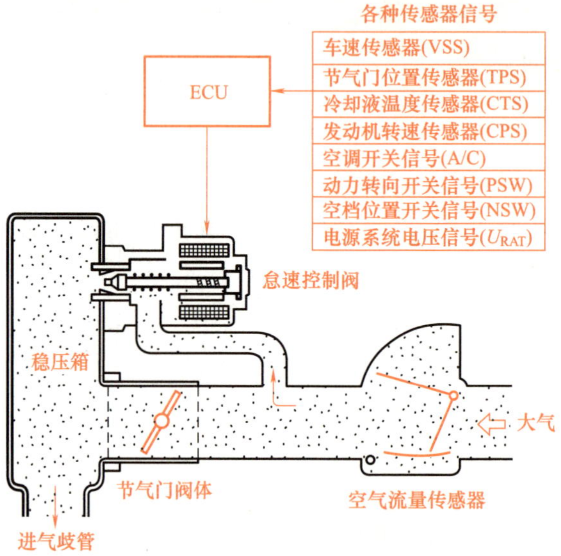

图 3-1　怠速控制系统结构

4）车速传感器，提供汽车行驶速度信号，当车速低于 2km/h 且节气门关闭时，ECU 做出“发动机处于怠速工况”的判断，进入怠速控制程序。

5）空调开关，提供空调关断信号，只有在空调不使用时，ECU 才进入发动机转速反馈式怠速稳定控制。

知识点 18　发动机控制系统结构组成

1）传感器。发动机控制系统传感器主要有：空气流量传感器、进气歧管压力传感器、节气门位置传感器、曲轴位置传感器、凸轮轴位置传感器、冷却液温度传感器、进气温度传感器、氧传感器、爆燃传感器等。

除以上传感器向 ECM 输入控制信号之外，还有点火开关信号、发电机负荷信号、空调开关信号（A/C）、档位开关信号和空档位置开关信号、蓄电池电压信号、离合器开关信号、制动开关信号、动力转向开关信号、巡航（定速）控制开关信号等输入 ECM，以更好地对喷油量、点火提前角等进行控制，适应汽车的不同运行工况。

2）控制器。

3）执行器。

知识点 19　空气供给系统机械部件故障的检查方法

1）空气滤清器：空气滤清器的故障主要体现为脏污。采用摘除方法，如果故障现象减弱或消除，即更换空气滤清器。

2）节气门：节气门的故障主要体现为脏污或磨损。先证明是怠速控制状态，如果怠速正常，则视为不脏污、不磨损；如果怠速不正常，诊断怠速控制系统，清洗、调整设定或更换。

3）进气道、进气总管、进气歧管：进气道、进气总管和进气歧管的故障主要体现为漏气。对于漏气，可采用易燃的化油器清洗剂检查漏气部位，如果发动机转速有变化，表明漏气，漏气对信号会产生失真效应。

知识点 20 排气管冒黑烟故障原因

1）冷却液温度传感器故障：冷却液温度传感器在不同温度下的电阻值大于标准值，会使 ECU 误认为发动机处于低温状态，从而进行冷车加浓控制，使油耗增加。

2）空气流量传感器或进气管压力传感器故障。

3）燃油压力过高。

4）喷油器漏油或卡滞。

5）氧传感器故障。

知识点 21 排气管冒蓝烟故障的现象、原因、诊断与排除

1）故障现象：发动机运行过程中出现排气管冒蓝烟现象，与此同时发现曲轴箱的润滑油量不足，同时伴有火花塞积炭增加、动力不足、加速无力等现象。

2）故障原因：发动机润滑油进入气缸或排气管燃烧。

3）故障诊断与排除：润滑油进入发动机燃烧，其原因之一是发动机气缸磨损，致使活塞和气缸的配合间隙过大；或是由于活塞环磨损严重，弹性下降而失去密封性，使油底壳内的润滑油穿过活塞环窜入燃烧室和混合气一起燃烧。润滑油进入发动机燃烧的原因之二是气门导管油封失去密封性，致使气门室内的润滑油经进气门导管进入燃烧室燃烧；或经排气门导管进入排气管，在废气的高温作用下燃烧。如果在发动机出现排气管冒蓝烟故障的同时还伴有发动机动力不足、加速无力、气缸压缩压力明显低于标准等现象，则说明该发动机的气缸或活塞环有磨损，应检查气缸和活塞环的技术状况，根据其磨损的具体情况，采取更换活塞环或对发动机进行大修。如果在排气管冒蓝烟的同时发动机动力良好，气缸压缩压力正常，则为气门导管油封漏油，只要拆下气缸盖，更须气缸导管油封即可，无须更换活塞环或对发动机进行大修。

知识点 22 排气管冒白烟故障的现象、原因、诊断与排除

1）故障现象：发动机运行过程中排气管出现冒白烟现象，同时伴有发动机运转不稳，冷却液消耗过大，发动机冷却液温度高等。

2）故障原因：燃油中含有水分或冷却液漏入气缸，炽热后汽化，由排气管排出

而冒白烟。

3）故障诊断与排除：

① 发动机气缸套有砂眼裂纹。若有此故障，则更换气缸套。

② 汽油中有水，也是造成排气管冒白烟的原因。解决方法是更换汽油。

③ 轿车的电喷发动机由于在排气管中安装有三元催化反应器，在发动机的控制系统工作正常的情况下，混合气的浓度接近理论混合比，排气中的一氧化碳、碳氢化合物、氮氧化合物在经过排气管中的三元催化反应器时产生一定的化学反应，生成二氧化碳、氧气、氮气和水。因此，其排气中的白烟是水雾，此现象在发动机冷车运转或气温较低时特别明显。检查时，可将手掌靠近排气管口，如果排气中的水雾会在手掌上结出一层水膜，或在排气管口有少许水滴滴出，说明发动机工作正常，无须修理。

④ 发动机在冷车运转时冒白烟，待热车后变为冒黑烟，此现象表明发动机的控制系统或燃油系统工作不正常，导致混合气过浓。对此，应按混合气过浓故障进行检修。

⑤ 发动机在运转中排气管有大量的水雾和水滴排出，同时还伴有发动机运转不稳、冷却液消耗量过大、发动机冷却液温度过高等现象，则为发动机气缸盖变形或气缸垫密封不严，使冷却液进入发动机气缸，在燃烧后从排气管排出。此时应拆卸气缸盖，检查气缸盖下平面有无变形，若有变形，应进行修整或更换气缸盖，同时应更换新的气缸垫。

知识点23 排气管烧红故障的现象、原因、诊断与排除

1）故障现象：发动机运行后排气管出现烧红的现象，发动机无力，发抖。

2）故障原因：发动机的个别气缸没有点火或点火不良。

3）故障诊断与排除：在诊断排气管烧红的故障时，首先应判别发动机在运转中是否有个别气缸不工作或工作不良的现象（如怠速发抖等）。若是，则应采用断缸检查等方法，找出不工作或工作不良的气缸，检查该缸的火花塞、高压线、点火线圈等有无故障。如果在怠速工况下各缸工作正常，还应检查在发动机高速运转时有无个别气缸不点火的现象（如高速运转中发抖等），此时应采用示波器检查高速时各缸的点火电压，如有高速不点火现象，其原因通常是点火线圈问题，应更换新的点火线圈。如果在怠速和高速时都没有个别气缸工作不良或不工作的现象，应检查点火提前角是否过小，若是，应予以调整。如果点火系统工作正常，则应检查发动机有无混合气过稀的现象（如动力不足、高速时进气管回火等），若混合气过稀，应检查燃油压力是否过低，电动汽油泵的工作是否正常，喷油器是否堵塞等。如果燃油系统工作正常，应进一步拆检排气管，检查排气管是否堵塞。特别要注意检查三元催化反应器有无堵塞现象，若堵塞，应更换。

知识点 24 增压器的常见故障及原因

1）增压器突然停止运转，其原因多为增压器轴承损坏、转子绕组烧坏，外界物将涡轮、泵轮叶片打坏而卡死等。

2）增压器涡轮或泵轮端“排油”，当增压器转子轴磨损严重，转子轴密封环失去作用，或操作不当造成润滑条件恶劣致使密封环磨损、拉伤而失效时，涡轮端或泵轮端出现“排油”故障。涡轮端“排油”，会使排气管、消声器产生大量油污和积炭，增大排气阻力，降低增压器的转速，使发动机动力下降；泵轮端“排油”，会使发动机进气管存有大量机油，机油消耗量加大，进气阻力加大，使发动机动力下降。

3）增压器振动剧烈且有噪声，其主要原因是转子轴严重磨损，使轴承间隙加大产生振动，涡轮与泵轮损坏或沾有油泥使转子动平衡被破坏而产生噪声和振动。若噪声明显表现为金属摩擦，则是泵轮或涡轮叶片与壳体碰擦。

4）增压器气喘，进气系统堵塞（如空气滤清器堵塞、进气道油灰沉积等），造成发动机增压压力下降且产生较大波动，在增压器泵轮端出现如气喘的异响，伴随发动机工作不稳，动力下降，排气管冒黑烟。

5）增压器增压压力下降，进气管堵塞、轴承与轴磨损、涡轮或泵轮叶片变形或损坏、与壳体摩擦等均会造成增压压力下降。

知识点 25 润滑系统常见故障

发动机润滑系统一般由油底壳集滤器、滤清器、机油泵、限压阀、旁通阀、机油压力表、报警开关和报警器等组成，润滑系统常见故障有机油压力过低、机油压力过高、机油消耗异常、机油变质等。

知识点 26 机油压力表针出现抖动故障的原因

机油压力表针抖动一般由机油滤清器堵塞所致。当滤芯被脏物或胶质堵塞而流通不畅时，机油过滤前后压差便增大，使安全阀打开，主油道油压迅速升高，机油压力表指针就上摆。此时，安全阀前后压差减少使阀门又关闭，主油道油压随之减小，机油压力表指针下摆。当压差增大到一定程度后，又使安全阀打开，如此反复，机油压力表针便出现抖动，反映出主油道机油压力不稳。出现这种现象时应更换滤芯，机油表表针抖动会随即消失。

知识点 27 发动机机油消耗量过大的原因

1）若排气管明显冒蓝烟则为烧机油造成的。当踏下加速踏板发动机高速运转时，若排气管大量冒蓝烟，同时机油加注口也冒出大量烟雾，说明活塞、活塞环与缸壁磨损严重；活塞环的端隙、边隙和背隙过大；活塞环开口转到同一处、粘环、活塞环装反、机油黏度过低等原因，造成机油窜入燃烧室而烧机油。应拆检活塞连杆组，更换活塞、活塞环。

2）若发动机在较短时间冒蓝烟，而油底壳内机油未见减少，这是湿式空气滤清器油位过高或滤清器堵塞，使空气滤清器中的机油被吸入气缸所致，应及时清洗或更换滤芯。

3）发动机大负荷运转时，若排气管大量冒蓝烟，机油加注口无烟雾冒出，这是飞溅到气门杆上的机油沿气门杆与导管的间隙被吸入燃烧室所致，应及时更换气门杆油封或气门导管。

4）检查外部有无泄漏，特别是油底壳、曲轴前后端及凸轮轴后端油堵是否漏油。曲轴前端油封破裂损坏、老化或曲轴带轮与油封接触面磨损，会引起曲轴前端漏油。曲轴后端的油封破裂损坏或后主轴承盖的回油孔过小，回油受阻，会引起曲轴后端漏油。应及时更换老化破裂的油封。

5）若发动机气缸盖罩、气门室盖、油底壳衬垫和发动机前后油封等多处有机油渗漏，应检查曲轴箱通风装置。清理曲轴箱通风管道，尤其是 PCV 阀处的积炭和结胶。因为曲轴箱通风不畅，会引起曲轴箱内压力升高，出现机油渗漏现象。

6）对于采用空气压缩机的汽车，若从贮气筒的放污螺塞处放出较多的机油，则为空气压缩机的活塞、活塞环与气缸壁磨损严重，应及时维修活塞、活塞环与气缸壁。

7）若机油滤清器盖和一些管道接头处经过紧固后还是漏油，应注意机油压力是否过高，应检查机油限压阀是否失灵。

知识点 28 发动机温度异常故障诊断与排除方法

1）从外表检查发动机冷却液是否充足，检查散热器、水泵、气缸体、水管以及橡胶软管和放水开关的损坏情况，观察其是否漏水以及水泵传动带是否太松、风扇叶是否损坏等。如果冷却液不足，要使用适合发动机的冷却液，劣质冷却液冷却效果不好、不能提高沸点、防腐也不好，甚至会产生液垢，损坏散热器、水道、缸体，对发动机冷却效果产生严重影响。

2）检查百叶窗的开度是否充足。如果开度不足，则检查连杆机构运动是否灵活或是否调整恰当；如果开度充足，则检查冷却风扇的转速是否过低。如果风扇转速太低，则检查风扇是否过松或打滑以及电控风扇热敏开关等是否工作良好等。

3）检查风扇的转速和风量是否正常。在风扇转动的状态下，在散热器前面放一张薄纸，如果薄纸能被牢牢吸住则说明风量充足，否则检查风扇叶片是不是装反以及风罩是否损坏等。在风量充足的情况下，用手触摸散热器和发动机的温度，如果散热器温度低而发动机温度高，则说明冷却液循环不良。此时逐渐提高发动机的转速，观察散热器出水胶管，如果胶管被吸瘪，则说明散热器堵塞严重，应进行清洗。如果散热器出水管良好，则提高发动机转速排除冷却液，否则说明水泵或节温器存在故障。

4）检查节温器有否工作不良导致冷却液的水量循环不足，把节温器拆下来，将节温器放在装有水的铁盘上，然后加热，同时把玻璃温度计放在水中测试，观察温度计上的读数与节温气额定开启温度是否相符。若排水量明显增多，则应进一步检查节温器；若排水量不变，则应进一步检查水泵的工作性能、气缸体内的水垢是否过多等。

5）如果散热器的进水管有利于排除冷却液，则检查散热器各部温度是否均匀，如果不均匀，则检查散热器内芯管是否被堵塞。

6）如果以上检查均正常，但是在冷却液温度过高的时候，发动机的动力明显下降，则检查点火时间以及是否燃烧室内的积炭过多等。

7）检查长期没有清洗水垢的发动机水套内是否积垢太多。

8）若发动机及冷却液温度正常，而冷却液温度表指示冷却液温度过高，则应用仪器检测 ECU 是否控制失准和冷却液温度传感器工作情况；检查冷却液温度表、传感器及控制电路是否正常。

知识点 29 燃油蒸发控制系统组成与工作原理

汽油蒸气排放控制系统的作用是收集汽油箱和浮子室（化油器式汽油机）内蒸发的汽油蒸气，并将汽油蒸气导入气缸参加燃烧，从而防止汽油蒸气直接排入大气而造成污染。同时，还必须根据发动机工况，控制导入气缸参加燃烧的汽油蒸气量。

汽油蒸气排放控制系统如图 3-2 所示。活性炭罐与油箱之间设有排气管和单向阀，汽油箱内的汽油蒸气超过一定压力时，顶开单向阀经排气管进入活性炭罐，活性炭罐内的活性炭将燃油蒸气吸附在活性炭罐内。发动机工作时，活性炭罐内的汽油蒸气经定量排放孔、吸气管被吸入进气管。活性炭罐的上端设有一个真空控制阀，真空控制阀为一膜片阀，膜片上方为真空室，控制阀用来控制定量排放孔的开闭。真空控制阀与进气管之间的真空管路中设有受 ECU 控制的电磁阀，用以调节真空控制阀上方真空室的真空度，改变真空控制阀的开度，从而控制吸入进气管的汽油蒸气量。为防止活性炭罐内的燃油蒸气被吸入进气管后使混合气变浓，活性炭罐下方设有进气滤芯并与大气相通，使部分清洁空气与活性炭罐内的燃油蒸气一起被吸入进气管。

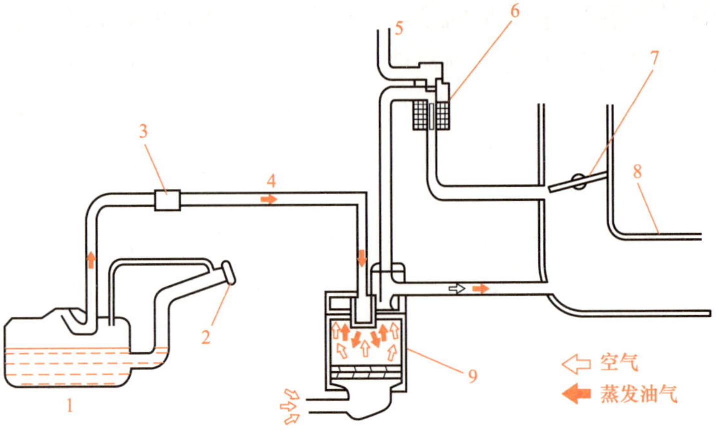

图 3-2　汽车蒸气排放控制系统

1—油箱　2—油箱盖　3—单向阀　4—蒸气通气管路　5—接大气
6—炭罐控制电磁阀　7—节气门　8—进气歧管　9—活性炭罐

三、练习题

（一）选择题

1. 发动机如果个别缸火花塞不工作将使油耗（　　）。

A. 增加　　B. 减少　　C. 不变　　D. 不能确定

2. 下述选项中（　　）影响发动机的充气效率。

A. 压缩比　　B. 润滑油品质　　C. 空燃比　　D. 气缸容积

3. 减小进气道与进气管的阻力可以提高发动机的（　　）。

A. 机械效率　　B. 充气效率　　C. 热效率　　D. 燃烧效率

4. 汽油发动机从电火花点火到火焰中心形成的这段时期为（　　）。

A. 着火延迟期　　B. 急燃期　　C. 补燃期　　D. 后燃期

5. 为了不影响汽油发动机动力性和经济性，应尽量减少（　　）。

A. 着火延迟期　　B. 急燃期　　C. 补燃期　　D. 后燃期

6. 冷却液温度对汽油发动机燃烧（　　）。

A. 有一定影响　　B. 无影响　　C. 有较大影响　　D. 可能有影响

7. 汽油发动机的不正常燃烧的形式有（　　）。

A. 爆燃　　B. 表面点火　　C. 爆燃和表面点火　D. 补燃

8. 柴油发动机混合气在（　　）形成。

A. 缸内　　B. 气门背面　　C. 进气管　　D. 化油器

9. 柴油机在进气行程进入气缸的是（　　）。

A. 混合气　　B. 纯空气

C. 先空气后混合气　　D. 雾化的柴油

10. 发动机有效转矩 M_e 与有效功率 P_e 的关系为（　　）。

A. $M_e=P_e \cdot n$　　B. $M_e=9500P_e/n$　　C. $M_e=9500n/P_e$　　D. $M_e=9500P_e \cdot n$

11. 汽油发动机在转速保持一定时，随有效功率 P_e 的增加每小时油耗（　　）。

A. 减少　　B. 增加

C. 先增加后减小　　D. 不确定

12. 比较不同转速下的柴油机的负荷特性，甲说："同一功率下，速度高的耗油率高。"乙说："同一功率下，速度高的耗油率低。"则（　　）。

A. 甲正确　　B. 乙正确

C. 甲乙都不正确　　D. 甲乙都正确

13. 下列不属于车辆检测诊断内容的是（　　）。

A. 底盘功率　　B. 发动机功率

C. 异响　　D. 曲轴磨损量

14.（　　）汽车检测站应具备汽车底盘测功仪。

A. A 级　　B. B 级　　C. C 级　　D. D 级

15. 发动机全浮式活塞销与活塞销座孔的配合，汽油机要求在常温下有（　　）mm 的过盈。

A. 0.025~0.075　　B. 0.0025~0.0075

C. 0.05~0.08　　D. 0.005~0.008

16. 用万用表检查汽车电器元件的电阻、电压或电流时，所用万用表阻抗必须大于（　　）。

A. 10kΩ　　B. 20kΩ　　C. 10MΩ　　D. 20MΩ

17. 卡门涡流式空气流量传感器用（　　）检测。

A. 万用表　　B. 频率计

C. 万用表或频率计　　D. 电压表

18. 汽车电气设备电路采用（　　）。

A. 正极搭铁　　B. 双线并联　　C. 单线串联　　D. 单线并联

19. 下列不属于汽车系统电路图特点的为（　　）。

A. 仅涉及单个系统　　B. 易于阅读

C. 实用性差　　D. 符合实际连接关系

20. 汽车用电维修设备接地线应使用（　　）。

A. 截面积大于或等于 $25mm^2$ 的铜绞线

B. 截面积大于或等于 $25mm^2$ 的铝绞线

C. 截面积大于或等于 $15mm^2$ 的铜绞线

D. 截面积大于或等于 $15mm^2$ 的铝绞线

21. 汽车维修设备接地线（　　）。

A. 电阻越大越好　　B. 电阻尽量小
C. 用尽可能细的导线　　D. 越长越好
22. 发动机电控燃油喷射系统一般由（　　）个系统构成。
A. 2　　B. 3　　C. 4　　D. 5
23. 电控汽油喷射发动机步进电动机的作用是（　　）。
A. 冷起动　　B. 测量进气量
C. 自动调整怠速　　D. 海拔高度补偿
24. 下列措施中（　　）是为了提高发动机充气效率。
A. 采用长进气管　　B. 可变进气系统
C. 加装动力腔　　D. 以上全是
25. 衡量汽车空调质量的指标主要有温度、湿度、流速和（　　）。
A. 热量　　B. 热流量　　C. 清洁度　　D. 清新度
26. 在汽车上，电控单元的工作电压为（　　）V。
A. 5　　B. 9　　C. 12　　D. 14
27. 汽车修理工艺过程不应包括（　　）。
A. 外部清洗　　B. 总成装配与调试
C. 总成件的采购　　D. 出厂检验
28. 关于汽车修理工艺规程，说法错误的是（　　）。
A. 它是法定的技术文件
B. 一般保存在修理厂技术部门
C. 工艺规程就是指每一工序如何操作
D. 只写明总的要求

29. 确定汽车修理工艺规程的原则，关于技术上的先进性，甲说："要尽量用新技术新工艺，采用先进检测手段，要不断增强自动化程度。"乙说："不论条件，优先使用新技术新工艺。"说法不正确的是（　　）。
A. 甲　　B. 乙
C. 甲和乙　　D. 甲和乙都不正确
30. 汽车修理工艺卡片内容不包括（　　）。
A. 工序号　　B. 工作图　　C. 技术要求　　D. 注意事项
31. 修理发动机气缸套，采用的方法是（　　）。
A. 修理尺寸法　　B. 压力加工法　　C. 刷镀法　　D. 电镀法
32. 整体干式气缸套的加工余量一般为（　　）mm。
A. 0.10~0.20　　B. 0.05~0.15　　C. 0.05~0.10　　D. 0.15~0.25

33. 凸轮轴轴颈的圆度、圆柱度误差不得大于（　　）mm，否则应修磨恢复或更换。

A. 0.010　　B. 0.015　　C. 0.020　　D. 0.025

34. 发动机曲轴带轮轴颈径向圆跳动量使用极限为（　　）mm。

A. 0.05　　B. 0.06　　C. 0.02　　D. 0.08

35. 汽油机铝活塞与气缸配合间隙的大修标准为（　　）mm。

A. 0.08~0.10　　B. 0.20~0.25　　C. 0.15~0.20　　D. 0.10~0.20

36. 发动机曲轴轴承座孔轴线与气缸轴线应用（　　）误差评价。

A. 平行度　　B. 垂直度　　C. 同轴度　　D. 位置度

37. 汽车修理的基本方法有（　　）。

A. 四种　　B. 两种　　C. 三种　　D. 五种

38. 汽车修理中，在一个工位完成全部修理工作，此作业方式为（　　）。

A. 固定工位作业法　　B. 流水作业法

C. 专业分工法　　D. 就车修理法

39. 发动机曲轴飞轮组上的飞轮齿圈，若单面损坏可用（　　）方法修复。

A. 焊接法　　B. 局部修复法　　C. 堆焊　　D. 黏结

40. 发动机气缸体各曲轴主轴承孔同轴度误差不应大于（　　）mm。

A. 0.10　　B. 0.12　　C. 0.15　　D. 0.20

41. 汽车零件检验、分类的技术标准项目不包括（　　）。

A. 零件的尺寸　　B. 内部隐伤　　C. 硬度　　D. 仪具使用

42. 发动机曲轴轴颈磨损情况的检验用（　　）。

A. 游标卡尺　　B. 塞尺　　C. 塑料塞尺　　D. 外径千分尺

43. 检验发动机曲轴裂纹，最好的方法是（　　）。

A. 磁力探伤法或渗透法　　B. 敲击法

C. 检视法　　D. 荧光探伤法

44. 发动机曲轴轴承异响发出（　　）声。

A. 铛铛　　B. 啪啪　　C. 嗒嗒　　D. 噗噗

45. 积炭最好采用（　　）进行清除。

A. 化学法　　B. 刮刀　　C. 铲刀　　D. 钢丝刷

46. 装配尺寸中对封闭环有影响的全部环称为组成环，下列（　　）不是组成环。

A. 增环　　B. 减环　　C. 补偿环　　D. 封闭环

47. 气缸磨损圆度误差达到（　　）mm 为发动机大修送修标志。

A. 0.050~0.063　　B. 0.075~0.085

C. 0.175~0.250　　D. 0.05~0.10

48. 检验发动机气缸盖和气缸体裂纹，可用压缩空气压力为（　　）kPa，保持5min，无泄漏为好。

A. 294~392　　B. 192~294　　C. 392~490　　D. 353~441

49. 发动机连杆轴承轴向间隙使用极限为（　　）mm。

A. 0.40　　B. 0.50　　C. 0.30　　D. 0.60

50. 柴油机活塞座孔与活塞销的配合过盈量是（　　）mm。

A. 0.0050~0.0075　　B. 0.0015~0.0050

C. 0.002~0.004　　D. 0.0025~0.0075

51. 汽车发动机大修竣工后，允许（　　）有轻微响声。

A. 正时齿轮　　B. 活塞销　　C. 连杆轴承　　D. 曲轴轴承

52. 冰点为 −35℃的汽车冷却液为（　　）号。

A. −20　　B. −25　　C. −35　　D. −45

53. 判断发动机活塞环敲击响时，可向气缸内注入（　　），若响声减弱，则可能是端隙过大。

A. 少量机油　　B. 大量机油　　C. 少量柴油　　D. 少量汽油

54. 下列（　　）不是点火过早现象。

A. 手摇曲轴有倒转　　B. 严重爆燃

C. 怠速时易熄火　　D. 发动机温度过高

55. 柴油的牌号按（　　）编制。

A. 凝点　　B. 黏度　　C. 十六烷值　　D. 闪点

56. 电控发动机燃油喷射系统中的怠速旁通阀是（　　）的组成部分。

A. 空气供给系统　　B. 燃油供给系统

C. 电子控制系统　　D. 空调系统

57. 电控发动机控制系统中，（　　）存放了发动机各种工况的最佳喷油持续时间。

A. 电控单元　　B. 执行器

C. 温度传感器　　D. 压力调节器

58. 下述选项中，（　　）影响发动机的充气效率。

A. 润滑油品质　　B. 空燃比

C. 气缸容积　　D. 燃气终了温度

59. 减小进气系统的流动损失，可以提高发动机的（　　）。

A. 机械效率　　B. 热效率　　C. 充气效率　　D. 工作效率

60. 合理选择（　　）可以提高发动机充气效率。

A. 进气迟开角　　B. 排气迟开角

C. 排气早闭角　　D. 进气迟闭角

61. 汽油机燃烧过程中火焰中心在（　　）期形成。

A. 着火延迟期　　B. 急燃期　　C. 补燃期　　D. 后燃期

62. 过量空气系数越大，着火延迟期越（　　）。

A. 长　　B. 短　　C. 不确定　　D. 不变

63. 汽油发动机出现不正常燃烧会导致（　　）。

A. 机械效率下降　　B. 充气效率下降

C. 热效率及有效功率均下降　　D. 机械效率及热效率均下降

64. 关于表面点火，说法不正确的是（　　）。

A. 是一种不正常燃烧　　B. 表面点火危害小于爆燃

C. 表面点火形成原因有两种　　D. 表面点火危害较大

65. 关于耗油率 g_e 说法正确的是（　　）。

A. g_e 越小发动机经济性越差　　B. 发动机每小时耗油量 G_T 与 g_e 等价

C. g_e 越小发动机经济性越好　　D. g_e 的量纲为 g/km

66. 下列不属于车辆检测诊断内容的是（　　）。

A. 缸径的大小　　B. 动力性　　C. 经济性　　D. 排放性

67. 比较汽油机和柴油机外特性可得出（　　）。

A. 汽油机经济性较好　　B. 柴油机经济性较好

C. 汽油机外特性曲线较平　　D. 无法比较

68. 柴油机耗油率曲线较汽油机（　　）。

A. 平坦　　B. 弯曲　　C. 无法比较　　D. 不确定

69. 由柴油机负荷特性可知，随功率的增加，柴油机排气烟度（　　）。

A. 增加　　B. 减小

C. 与速度成正比　　D. 与速度成反比

70. 无分电器点火系统的两次点火过程中，有效点火电压与无效点火电压的关系是（　　）。

A. 前者低于后者　　B. 前者等于后者

C. 前者高于后者　　D. 无法确定

71.（　　）汽车检测站检测项目最多。

A. A 级　　B. B 级　　C. C 级　　D. D 级

72. 柴油机尾气检测的主要项目是（　　）。

A. 烟度　　B. CO 含量　　C. NO_x 含量　　D. HC 含量

73. 内燃机排放的氮氧化物主要是（　　）。

A. NO　　B. NO_2　　C. N_2O_3　　D. N_2O

74. 汽车经过长时间使用后，气门间隙发生变化，（　　）。

A. 对功率不产生影响　　B. 不改变配气相位

C. 油耗增加　　D. 对排放无影响

75. 发动机停止，打开点火开关，进气压力传感器电源端与接地端电压为

（　　）V。

A. 3~4　B. 4~5　C. 5~6　D. 9~12

76. 电控汽油喷射发动机的优点是（　　）。

A. 动力性好　B. 经济性好

C. 排放性好　D. 以上都正确

77. 电控发动机可用（　　）检查进气压力传感器或电路是否有故障。

A. 油压表　B. 数字式万用表

C. 模拟式万用表　D. 油压表或数字式万用表

78. 电控汽油喷射发动机的空气阀的作用是（　　）。

A. 低温时增加进气量　B. 自动调整怠速

C. 进气预热　D. 控制排放

79. 电控汽油喷射发动机燃油压力调节器的作用是（　　）。

A. 回油　B. 缓冲

C. 保持油管中压力不变　D. 保证喷油压力恒定不变

80. 发动机曲轴位置传感器安装于（　　）。

A. 曲轴中部　B. 飞轮附近

C. 分电器内　D. 以上三个答案都有可能

81. 拆蓄电池负极桩线后，发动机 ECU 所有故障码都会（　　）。

A. 被保存　B. 被清除　C. 没有问题　D. 乱套

82. 电控点火装置（ESA）的控制主要包括点火提前角、通电时间及（　　）控制等方面。

A. 燃油停供　B. 废气再循环　C. 防止爆燃　D. 点火高压

83. 发动机运转不稳定的原因是（　　）。

A. 个别火花塞工作不良　B. 分火头烧蚀

C. 发动机过冷　D. 点火线圈过热

84. 六缸发动机怠速运转不稳，拔下第二缸高压线后，运转状况无变化，故障在（　　）。

A. 第二缸　B. 相邻缸

C. 中央高压线　D. 化油器

85. 电控汽车在车身上进行焊修时，应先断开（　　）电源。

A. 起动　B. ECU　C. 点火　D. 空调

86. 电控汽油喷射发动机起动困难是指（　　）起动困难。

A. 热车　B. 冷车

C. 常温　D. 热车、冷车、常温

87. 用（　　）检查电控燃油发动机各缸是否工作。

A. 数字式万用表　　B. 单缸断火法
C. 模拟式万用表　　D. 双缸断火法
88. 用诊断仪读取故障码时，应选择（　　）。
A. 故障诊断　　B. 数据流
C. 执行元件测试　　D. 基本设定
89. 安装湿式气缸套筒，应高出气缸体（　　）mm。
A. 0.10~0.20　　B. 0.05~0.15　　C. 0.15~0.40　　D. 0.15~0.20
90. 汽车修理工艺过程是指汽车修理的各项作业，按一定方式（　　）、顺序、协调进行的过程。
A. 组合　　B. 结合　　C. 接合　　D. 集合
91. 确定汽车修理工艺规程的原则不包括（　　）。
A. 技术上先进性　　B. 经济上合理性
C. 质量上可靠性　　D. 性能稳定性
92. 汽车修理工艺卡一般根据（　　）分类的。
A. 零件材料　　B. 工艺
C. 不同工种或性质　　D. 修理方法
93. 汽车修理工艺卡片的零件尺寸不包括（　　）。
A. 公称尺寸　　B. 允许磨损尺寸
C. 极限磨损尺寸　　D. 最小实体尺寸
94. 发动机气门导管与承孔的配合过盈量一般为（　　）mm。
A. 0.01~0.04　　B. 0.02~0.06
C. 0.025~0.085　　D. 0.05~0.10
95. 修理发动机气缸盖上气门座裂纹的最好方法是（　　）。
A. 无机粘结剂法　　B. 焊接法
C. 堵漏剂法　　D. 堵漏剂法和粘结剂法均可
96. 发动机干式气缸磨损严重超过最后一级修理尺寸时，应采取（　　）。
A. 修理尺寸法　　B. 镶套法　　C. 珩磨法　　D. 镀铬法
97. 汽油发动机曲轴连杆轴颈与主轴颈平行度误差的大修标准是（　　）mm。
A. ≤ 0.01　　B. ≤ 0.05　　C. ≤ 0.04　　D. ≤ 0.02
98. 下列汽车零件中，（　　）是用铸钢材料制造的。
A. 发动机曲轴　　B. 变速器壳体
C. 发动机凸轮轴　　D. 齿轮
99. 发动机飞轮与曲轴装配后，飞轮平面对曲轴轴线的全跳动量应不大于（　　）mm。
A. 0.10　　B. 0.20　　C. 0.30　　D. 0.25

100. 汽车修理中，应进行动平衡试验的零件或组合件是（　　）。

A. 曲轴　　B. 离合器从动盘

C. 离合器压盘　　D. 制动鼓

101. 汽车修理过程中，除车架和车身之外，其他零件组合件及总成都装配已修好的备用品，此法为（　　）。

A. 就车修理法　　B. 总成互换法　　C. 专业分工法　　D. 综合作业法

102. 铝合金发动机气缸盖下平面的平面度误差每任意 50mm × 50mm 范围内均不应大于（　　）mm。

A. 0.015　　B. 0.025　　C. 0.035　　D. 0.030

103. 发动机用百分表检验曲轴弯曲，应使触头垂直接触（　　）。

A. 中间主轴颈　　B. 两端主轴颈

C. 连杆轴颈　　D. 任意轴颈

104. 发动机曲轴磨削的目的是恢复曲轴轴颈的几何尺寸、几何精度和表面粗糙度，同时纠正曲轴的（　　）。

A. 几何误差　　B. 形状误差

C. 平行度误差　　D. 位置度误差

105. 气缸压缩压力应符合原设计规定。每缸压力与各缸平均压力之差，汽油机不超过（　　），柴油机不超过（　　）。

A. 8%，8%　　B. 5%，8%　　C. 8%，10%　　D. 10%，10%

106. 安装桑塔纳 2000 型轿车 AFE 发动机正时带，应使凸轮轴带轮标记与（　　）平面标记对齐。

A. 曲轴齿轮　　B. 气门室罩盖

C. V 带轮盘　　D. 齿带张紧轮

107. 利用拉线法检查汽车前轴时，若拉线偏离了钢板弹簧座中心，表明前轴存在（　　）变形。

A. 水平方向的弯曲或扭曲　　B. 水平方向的弯曲

C. 扭曲　　D. 垂直方向的弯曲

108. 汽油机活塞环槽与第一环侧隙为（　　）mm。

A. 0.05~0.11　　B. 0.08~0.36　　C. 0.10~0.25　　D. 0.05~0.30

109. 发动机气门工作面的修复方法（　　）。

A. 研磨　　B. 铰削　　C. 砂纸打磨　　D. 珩磨

110.（　　）不是发动机总成大修送修标志。

A. 气缸磨损　　B. 最大功率下降

C. 燃料消耗异常　　D. 异响

111. 汽油机大修后，各缸压力差应不超过平均值的（　　）。

A. 3%　　B. 4%　　C. 5%　　D. 6%

112. 汽车发动机气缸体上下平面，平面度误差不应大于（　　）mm。

A. 0.10　　B. 0.20　　C. 0.02　　D. 0.05

113. 送修汽车修复合格后，承修单位应签发出厂合格证并将（　　）和合格证移交托修方。

A. 维修资料　　B. 修理工艺卡

C. 行驶证　　D. 大修竣工检验单

114. 汽车发动机大修后，怠速运转稳定，转速波动不大于（　　）r/min。

A. 100　　B. 50　　C. 80　　D. 150

115. 发动机动力性能功率不得低于标定功率的（　　）。

A. 75%　　B. 80%　　C. 85%　　D. 70%

116. 汽车使用的 –45 号冷却液，沸点达到（　　）。

A. 102℃　　B. 104℃　　C. 106℃　　D. 108℃

117. 汽车 –25 号冷却液的 pH 值应为（　　）。

A. 7.5~11.0　　B. 11.0~12.5　　C. 7.5~8.5　　D. 5.5~12.5

118. 柴油机废气排放检测的是（　　）。

A. CO　　B. HC　　C. HO　　D. 碳烟

119. 柴油发动机动力不足，这种故障往往伴随着（　　）。

A. 气缸敲击声　　B. 气门敲击声

C. 排气烟色不正常　　D. 排气烟色正常

120.（　　）是汽车动力性的总指标。

A. 最高车速　　B. 加速性能　　C. 平均速度　　D. 加速时间

121. 汽油发动机五气分析仪能测量（　　）五种气体的浓度。

A. CO、HC、SO_2、CO_2、O_2　　B. CO、HC、NO_x、CO_2、H_2

C. CO、HC、NO_x、CO_2、O_2　　D. CO、HC、SO_2、CO_2、O_2

122. 发动机废气分析仪取样导管长度规定为（　　）m。

A. 3　　B. 4　　C. 5　　D. 6

123. 在冷压校正时，球墨铸铁发动机曲轴的压校量不得大于原弯曲量的（　　）倍。

A. 5　　B. 8　　C. 10　　D. 15

124. 发动机气缸镗削量的计算公式为：（　　）

A. 镗削量 = 活塞最大直径 – 气缸最小直径 + 配合间隙 – 磨缸余量

B. 镗削量 = 活塞最大直径 – 气缸最大直径 + 配合间隙 – 磨缸余量

C. 镗削量 = 活塞最大直径 – 气缸最小直径 – 配合间隙 – 磨缸余量

D. 镗削量 = 活塞最大直径 – 气缸最大直径 – 配合间隙 + 磨缸余量

125. 发动机活塞选配时，同一组活塞的直径差不得大于（　　）mm。
A. 0.10~0.15　　B. 0.15~0.20　　C. 0.01~0.02　　D. 0.02~0.025
126. 发动机活塞销异响是一种（　　）响声。
A. 无节奏的　　B. 浑浊的有节奏
C. 钝哑无节奏　　D. 嗒嗒
127. 若发动机活塞敲缸异响，低温响声大，高温响声小，则为（　　）。
A. 活塞与缸壁间隙过大　　B. 活塞质量差
C. 连杆弯曲变形　　D. 机油压力低
128. 下列（　　）是汽车发动机不能起动的主要原因。
A. 油路不过油　　B. 混合气过稀或过浓
C. 点火过迟　　D. 点火过早
129. 柴油发动机起动困难，应从（　　）、燃油雾化、压缩终了时的气缸压力和温度等方面查找原因。
A. 喷油时刻　　B. 油箱内无油
C. 燃油输送　　D. 喷油泵驱动万向节损坏
130. 发动机每循环实际进入气缸的新鲜充量与在进气状态下充满气缸工作容积的新鲜充量的比值，称为发动机的（　　）。
A. 过量空气系数　　B. 充气效率
C. 充气比　　D. 燃气比
131. 下述选项中（　　）影响发动机充气效率。
A. 润滑油品质　　B. 空燃比
C. 进气终了时压力　　D. 气缸容积
132. 利用进气管的动态效应，可以提高发动机的（　　）。
A. 机械效率　　B. 热效率　　C. 工作效率　　D. 充气效率
133. 汽油机缸内压力达到最大的时期为（　　）。
A. 着火延迟期　　B. 急燃期　　C. 补燃期　　D. 后燃期
134. 下面关于点火提前角和着火延迟期的说法，正确的是（　　）。
A. 两者无关　　B. 前者影响后者
C. 前者对应时间等于后者对应时间　　D. 前者对应时间大于后者对应时间
135. 发动机负荷对汽油机燃烧（　　）。
A. 影响较大　　B. 无影响　　C. 影响较小　　D. 可能有影响
136. 下列关于爆燃的说法，正确的是（　　）。
A. 对发动机压缩比提高有限制作用　　B. 轻微爆燃会造成热效率下降
C. 爆燃有助于提高汽车经济性　　D. 爆燃有助于提高汽车动力性
137. 柴油在（　　）时被喷入气缸。

A. 进气行程终了　　B. 压缩行程中段

C. 压缩行程接近终了　　D. 排气行程终了

138. 下列关于发动机有效功率的说法，正确的是（　　）。

A. 有效功率为指示功率与机械损失功率之和

B. 有效功率实用价值较大

C. 有效功率用来评价经济性

D. 有效功率大于指示功率

139. 发动机每小时耗油量大，则（　　）。

A. 动力性好　　B. 经济性差

C. 经济性不一定差　　D. 耗油率 g_e 一定大

140. 由汽油机外特性曲线可知有效功率 P_e（　　）。

A. 随转速增加而增加　　B. 随转速增加而减小

C. 随转速增加先增加，后稍有下降　　D. 无变化

141. 由汽油机负荷特性可知，耗油率随功率的增加而（　　）。

A. 减小　　B. 增加

C. 先减小后增加　　D. 不确定

142. 汽车综合性能检测线上，发动机废气分析仪常采用（　　）型。

A. 无分光红外线　　B. 氢火焰离子

C. 化学发光　　D. 透光

143. 电控燃油喷射发动机严禁在运转时，将（　　）从电路中断开。

A. 蓄电池　　B. 传感器　　C. 点火线圈　　D. 电动汽油泵

144. 测试汽车有关电阻及传感器必须用（　　）万用表进行。

A. 模拟式　　B. 高阻抗数字式

C. 低阻抗数字式　　D. 模拟式或数字式

145. 电控燃油喷射发动机怠速不稳是指发动机在怠速运转时（　　）。

A. 转速过高　　B. 转速过低　　C. 忽高忽低　　D. 突然熄火

146. 电控发动机油压调节器是否有故障，可用（　　）来检查。

A. 模拟式万用表　　B. 万用表

C. 油压表　　D. 油压表或万用表

147. 检测线路是否断路应选择万用表（　　）档。

A. 直流电压　　B. 交流电压　　C. 电阻　　D. 蜂鸣

148. 将 220V 交流试灯接在点火线圈初级绕组两端的接线柱上，灯亮则表示（　　）故障。

A. 有断路　　B. 有搭铁　　C. 无断路　　D. 有断路或搭铁

149. 发动机电控燃油喷射系统按喷射方式分为（　　）喷射。

A. 缸内和缸外　　B. 缸内和进气管
C. 间歇和连续　　D. 机械和电子

150. 电控汽油喷射发动机空气流量传感器的作用是（　　）。
A. 测量进气压力　　B. 测量进气流量
C. 测量进气压力或进气的质量　　D. 测量进气密度

151. 电控汽油喷射发动机燃油泵布置在（　　）。
A. 油箱内　　B. 油箱外　　C. 油箱内或外　　D. 发动机侧面

152. 电控汽油喷射发动机喷油器喷油量由（　　）决定。
A. 喷油时间　　B. 进气管真空
C. 系统油压　　D. 驱动电压或电流

153. 对于汽车修理工艺过程的进厂检验，甲说：“应先咨询了解汽车技术状况，然后进行外表检查和行驶检查。”乙说：“只咨询了解汽车技术状况，就可以进行维修了。”（　　）说法正确。
A. 甲　　B. 乙　　C. 甲和乙　　D. 都不正确

154. 某一汽车零件修理工艺规程的最佳方案有（　　）。
A. 一个　　B. 多个　　C. 两个　　D. 无

155. 汽车修理工艺卡有（　　）形式。
A. 单一和综合两种　　B. 五种
C. 三种　　D. 四种

156. 汽车修理工艺规范主要指（　　）。
A. 数据、热处理及力学性能　　B. 技术要求
C. 技术规范　　D. 特殊条件

157. 发动机曲轴主轴承孔轴线与凸轮轴轴承孔轴线平行度误差一般不大于（　　）mm。
A. 0.05　　B. 0.15　　C. 0.10　　D. 0.20

158. 用固定式镗缸机镗削发动机缸套，应选用气缸体的（　　）作为定位基准。
A. 下平面　　B. 上平面
C. 曲轴主轴轴承孔中心线　　D. 凸轮轴孔中心线

159. 发动机主轴颈公称直径在 80mm 以下，圆度、圆柱度误差使用极限是（　　）mm。
A. 0.05　　B. 0.01　　C. 0.015　　D. 0.15

160. 发动机气缸镗磨后，各缸直径差的大修标准为（　　）mm。
A. ±0.025　　B. ±0.20　　C. ±0.01　　D. ±0.015

161. 发动机气缸体轴承座孔同轴度检验仪主要由定心轴套、定心轴、球形触头、

百分表以及（　　）组成。

A. 等臂杠杆　　B. 千分表　　C. 卡尺　　D. 定心器

162. 黏结法用于修理汽车零件的裂纹，主要缺点是（　　）。

A. 设备复杂，操作困难　　B. 易产生热应力

C. 易造成腐蚀　　D. 抗冲击能力差，不耐高温

163. 同一台发动机各缸燃烧室容积差一般不大于其平均值的（　　）。

A. 4%　　B. 5%　　C. 3%　　D. 6%

164. 直径小于 80mm 的发动机曲轴轴颈圆度和圆柱度误差，不得大于（　　）mm。

A. 0.025　　B. 0.035　　C. 0.040　　D. 0.050

165. 发动机曲轴磨损不均匀，但还没有到最后一级修理尺寸，可以进行（　　）。

A. 磨削　　B. 光磨　　C. 校正　　D. 振动堆焊

166. 凸轮轴的修理级别一般分四个等级，级差为（　　）mm。

A. 0.10　　B. 0.20　　C. 0.30　　D. 0.40

167. 装配尺寸链中，增环属于（　　）。

A. 组成环　　B. 减环　　C. 补偿环　　D. 封闭环

168. 发动机是否大修可根据气缸圆度误差确定，此时的圆度误差应该以磨损量为（　　）的一个气缸为准。

A. 最小　　B. 中间

C. 最大　　D. 各缸的平均值

169. 发动机活塞环选配的间隙检验项目至少应有（　　）项。

A. 五项　　B. 四项　　C. 三项　　D. 二项

170. 汽车发动机飞轮工作面端面对曲轴轴心线全跳动使用极限不大于（　　）mm。

A. 0.10　　B. 0.15　　C. 0.08　　D. 0.20

171. 柴油机曲轴的主轴颈和连杆轴颈光磨后，其圆度误差使用极限是（　　）mm。

A. 0.005　　B. 0.010　　C. 0.050　　D. 0.015

172. 关于车辆技术管理，甲说：“车辆维护要坚持视情维护的原则。”乙说：“车辆技术管理要采取现代化管理方法。”丙说：“车辆技术管理要建立车辆质量监控体系。”说法不正确的是（　　）。

A. 甲　　B. 乙　　C. 丙　　D. 乙和丙

173. 汽车路试前必须加足（　　）。

A. 润滑油、油脂、冷却液、制动液、电解液

B. 冷却液、制动液、电解液

C. 制动液、电解液

D. 润滑油、油脂、冷却液

174. 发动机大修后，在正常工作温度下，应能在（　　）s 内顺利起动。

A. 5　　B. 8　　C. 10　　D. 15

175. 汽车发动机大修竣工后，必须加装（　　）。

A. 添润滑油　　B. 添汽油　　C. 连接牢固　　D. 限速装置

176. 在我国最低气温在 −35℃以上的严寒地区应选用（　　）号冷却液。

A. −20　　B. −25　　C. −35　　D. −45

177. 我国在进行最高车速试验时，要求汽车载荷为（　　）。

A. 满载　　B. 半载

C. 空载　　D. 最大载荷的 65%

178. 汽车燃料经济性评价指标通常用（　　）。

A. 每小时耗油　　B. 百公里油耗　　C. 油耗率　　D. 吨公里油耗

179. 在冷压校正时，钢制曲轴一般压弯量为原弯曲量的（　　）倍。

A. 5~10　　B. 10~15　　C. 15~20　　D. 20~25

180. 发动机废气再循环 EGR 的作用为（　　）。

A. 降低 CO 的排量　　B. 降低 HC 排量

C. 降低 NO_x 的排量　　D. 减少爆燃

181. 为了确保发动机的动力性和经济性，气缸压力必须达到原厂标准的（　　）。

A. 70%　　B. 75%　　C. 80%　　D. 85%

182. 发动机连杆衬套与连杆小端的配合应有（　　）mm 的过盈量。

A. 0.050~0.10　　B. 0.10~0.15　　C. 0.10~0.20　　D. 0.20~0.25

（二）判断题

（　　）1. 电控发动机进气压力传感器装备在 D 型 EFI 上。

（　　）2. 大修后发动机的功率不应小于原车功率的 90%。

（　　）3. 碳烟是柴油机排放的主要有害成分之一。

（　　）4. 汽车用 PCV 阀曲轴箱通风装置控制曲轴箱污染。

（　　）5. 汽车零部件或总成拆卸时应注意各部位的装配标记，防止破坏。

（　　）6. 汽车修理工艺规程的经济合理性，应先考虑新技术和修理质量。

（　　）7. 汽车修理工艺卡片包括拆卸工艺、技术检验工艺等综合工艺卡片。

（　　）8. 采用焊接法修补发动机缸体裂纹，需先钻出止裂孔。

（　　）9. 发动机曲轴前端定位基准孔的锥面必须完好，螺纹损伤不多于 2 牙。

（　　）10. 现在球墨铸铁作为发动机曲轴材料得到广泛使用，是因为价格低并能满足各项性能要求。

(　　) 11. 发动机气缸体检验，其曲轴轴承孔轴心线与凸轮轴轴承孔轴心线的平行度误差应进行检测。

(　　) 12. 就车修理法适用于车型单一且易保证质量的修理厂。

(　　) 13. 发动机气缸体轴承孔同轴度的检测可通过百分表读取。

(　　) 14. 发动机连杆如有弯曲和扭曲变形，校正时应先校正弯曲，后校正扭曲。

(　　) 15. 发动机曲轴圆度和圆柱度误差检测既可用游标卡尺也可用千分尺。

(　　) 16. 通常发动机凸轮轴只可修磨一次，应尽可能在凸轮轴磨床上修磨。

(　　) 17. 装配尺寸链是指在装配过程中，各零件相互关联的尺寸彼此连接，构成封闭外形的总称。

(　　) 18. 汽车使用 -45 号发动机冷却液，其冷却液沸点能达到 105℃。

(　　) 19. 耗油率 g_e 小表明发动机经济性较好。

(　　) 20. 电控发动机进气压力传感器测量进气管进气压力。

(　　) 21. 汽车装用蒸发污染控制系统收集汽油蒸气。

(　　) 22. 拉出发动机湿式旧缸套后，可用砂纸轻磨使其显现出金属光泽。

(　　) 23. 汽车修理卡片格式与内容，国家有统一规定。

(　　) 24. 零件产生动不平衡的原因是零件材料强度不够。

(　　) 25. 发动机曲轴扭曲变形只是个别缸卡缸造成的。

(　　) 26. 发动机曲轴轴承的修理，需要进行刮配，要求接触面积不小于 85%。

(　　) 27. 在发动机大修时，应根据气缸的修理尺寸选配同一修理级别的活塞。

(　　) 28. 安装 AFE 发动机活塞环，有“TOP”标记的一侧应朝向下方。

(　　) 29. 汽车发动机大修后，最大功率和最大转矩不允许低于原设计额定值的 85%。

(　　) 30. 发动机每循环实际进入气缸的新鲜充量与在进气状态下充满气缸工作容积的新鲜充量的比值，称为发动机充气效率。

(　　) 31. 汽油发动机有效功率 P_e 随转速增加一直增加。

(　　) 32. 使用发动机废气分析仪时，从排气管取出取样导管，指示值必须能回到零。

(　　) 33. 汽车 VIN 第十位英文字母表示生产年代。

(　　) 34. 汽车修理工艺过程是指汽车修理的各项作业，按一定方式组合、顺序、协调进行的过程。

(　　) 35. 汽车修理工艺是将方案内容用条文、图表形式予以确定。

（　　）36. 修理工艺卡片是有具体操作规范的。

（　　）37. 汽车修理技术规范主要指零件尺寸、表面粗糙度、精度和配合公差。

（　　）38. 发动机干式气缸镗削后，可不必进行珩磨。

（　　）39. 气缸体平面度误差（50mm × 50mm）使用极限大于 0.10mm。

（　　）40. 发动机曲轴要有足够的强度、刚度和一定的耐磨性。

（　　）41. 发动机曲轴的动不平衡，可通过钻孔进行解决。

（　　）42. 气缸镗削后，进行珩磨，目的在于消除镗削加工所残留的螺旋状刀痕。

（　　）43. 发动机曲轴的变形量用百分表检测即可。

（　　）44. 更换或修磨发动机凸轮轴时，更换的凸轮轴轴承不必进行铰削加工。

（　　）45. 总成装配是以基础零件为基础，按一定的顺序在它上面装入其他零件、部件及辅助总成。

（　　）46. 发动机最大功率比规定降低 15% 以下必须进行大修。

（　　）47. 进气终了时压力的高低不影响发动机充气效率。

（　　）48. 发动机工作时，若转速保持一定，其经济性指标随负荷而变化的关系，称为速度特性。

四、参考答案及解析

（一）选择题

1. A

2. A　发动机在燃烧过程中需要充足的氧气，影响发动机充气效率的因素有进气终了压力、进气终了温度、排气终了残余废气压力和温度。提高发动机充气效率的措施有：减小进气系统的流动损失、减少排气系统对气流的阻力、减少排气系统对气流的阻力、气门叠开角、合理选择配气正时，保证最好的充气效率。

3. B　解析同 2。

4. A　　5. C

6. A　影响汽油机燃烧过程的因素有：可燃混合气成分、点火提前角、发动机转速、负荷、冷却液温度、压缩比。

7. C

8. A　柴油机在进气行程中吸入的是纯空气。在压缩行程接近终了时，柴油经喷油泵将油压提高到 10MPa 以上，通过喷油器喷入气缸，在很短时间内与压缩后的高温空气混合，形成可燃混合气。由于柴油机压缩比高（一般为 16~22），所以压缩终了时气缸内空气压力可达 3.5~4.5MPa，同时温度高达 750~1000K，大大超过柴油的自燃温度。因此，柴油在喷入气缸后，在很短时间内与空气混合后便立即自行发火燃烧。

9. B　解析同8。

10. B　本题主要是考核发动机的性能指标：$M_e=9500P_e/n$。

11. B

12. C　开始时，耗油率随转速的增加而减小，当转速增大到一定程度后，由于进气阻力增大，进气量减少，而摩擦损失随转速升高有所增大，所以有效耗油率又随转速的增加而微微有所上升。

13. D　车辆检测诊断内容有动力性、经济性、排放性等。

14. A　根据检测站的职能，检测站分为A、B、C三级。

A级站：能检测车辆的制动、侧滑、灯光、转向、前轮定位、车速、车轮动平衡、底盘输出功率、燃料消耗、发动机功率、点火系统状况、异响、磨损、变形、裂纹、噪声、废气排放等状况。

B级站：能承担在用车辆技术状况和车辆维修质量的检测，即能检验车辆的制动、侧滑、灯光、转向、车轮动平衡、燃料消耗、发动机功率、点火系统状况、异响、变形、噪声、废气排放等状况。

C级站：能承担在用车辆技术状况的检测，即能检测车辆的制动、侧滑、灯光、转向、车轮动平衡、燃料消耗、发动机功率及异响、噪声、废气排放等状况。

A级站和B级站出具的检测结果证明，可以作为维修单位维修质量的凭证。

15. B　16. C　17. C　18. D　19. C　20. A　21. B　22. B　23. C　24. D　25. C　26. A

27. C　汽车修理工艺主要包括以下几个过程：汽车验收和外部清洗、诊断检测、汽车解体、零件清洗、零件检验分类、零件修理、总成及部件装配试验、汽车总装试车、出厂检验和交车等。

28. C　一种生产对象的工艺过程有若干种方案，在诸多方案中，通过对具体情况的分析（如工效、成本、质量等），选定某一最为合理的方案，将其内容用条文、图表等形式予以确定，并编写为文件，这就是工艺规程。它是法定的技术性文件，一般保存在技术部门作为技术档案。

工艺规程只写明总的要求，并不具体写明每一工序如何操作。根据工艺规程，再详细编写工艺卡片。

29. D　技术上的先进性，要求应尽量采用新技术、新工艺、新设备，采用先进的加工手段和检测手段，不断增强机械化和自动化程度。但要结合自己企业的实际情况，不能盲目追求技术上的先进性，要做到长期目标和近期目标相结合，先进性和可行性相结合。

30. D　工艺卡的主要内容应包括工序号、工作图和技术要求等。

（1）工序号　工序号是按作业顺序编排的序号，以便各项作业有序实施，不发生错乱。

（2）工作图　工作图是标明零件或总成工作部位的图形，如检验图和装配图。它应在图中引线上注码标明其耗损部位或配合副之间的公差、间距、角度及方位等相互位置。

（3）技术要求

1）工艺规范：主要指用于工艺上的数据，如加工余量、零件清洗液成分、热处理温度及应达到的力学性能等。

2）技术规范：主要指零件的尺寸、表面粗糙度及精度、配合副的公差等。

3）性能条件：指装配中某部位的压力、扭矩、工作性能及耗损极限条件等。

4）其他要求：如指明所用的设备、夹具、刀具、量具和仪器的名称、型号；材料的型号、尺寸；完成工序所用的时间定额等。

31. A　修理尺寸法是将配合件中较重要的零件或较难加工的零件进行机械加工，消除其工作表面的损伤和几何形状误差，使之具有正确的几何形状和新的公称尺寸——修理尺寸。依此修理尺寸制造与之配合的另一零件，使二者具有原设计配合间隙值。

32. A　33. B　34. A　35. A　36. B

37. B　汽车修理的基本方法有两种：就车修理法和总成互换法。

38. A　固定工位作业法是指在一个工位完成全部修理工作的方法。

39. B　40. A

41. D　汽车零件检验、分类的技术标准项目包括零件的尺寸、内部隐伤、硬度。

42. D　曲轴轴颈的磨损情况通常用外径千分尺来测量。每个轴颈测量两个截面，每个截面测量3~4个点的直径。将每次测量的直径记录下来，最后计算出曲轴各轴的圆度误差和圆柱度误差。

43. A　44. A

45. A　消除积炭的最好方法是采用煤油等浸泡，通过发生化学反应消除。如果用铲刀、刮刀或钢丝刷等清除，容易造成零件损伤。

46. D

47. A　发动机总成大修标志为：气缸磨损后，其圆柱度误差达到0.175~0.250mm，圆度误差已达到0.050~0.063mm；最大功率或气缸压力较标准降低25%以上；燃料和润滑油消耗量显著增加。

48. A　49. B　50. D　51. A　52. C　53. A

54. D　发动机点火过早，容易出现爆燃，怠速时容易熄火，当手摇曲轴时有倒转现象。

55. A　　56. A

57. A　电控单元（ECU）是发动机的综合控制装置。它的功用是根据自身存储的程序对发动机各传感器输入的各种信息进行运算、处理、判断，然后输出指令，控制有关执行器动作，达到快速、准确、自动控制发动机工作的目的。

电控单元（ECU）的基本构成主要是微型计算机。

58. D　解析同 2。

59. C　解析同 2。

60. D　为了有效地利用惯性进气，最重要的是决定进气门关闭的时间，一般进气门关闭时间的最佳值，可随下述情况适当延迟：发动机转速提高时；进气管长度增加、断面减小时；发动机排气量增大时；进气温度降低时。

61. A

62. C　着火延迟期和过量空气系数没有太大关系。

63. C　发动机出现不正常燃烧，导致发动机热效率降低，功率下降，排放污染严重，发动机过热，同时，使发动机零件磨损严重、振动及噪声增大、寿命降低。发动机的不正常燃烧主要是爆燃和表面点火。

64. B　不依靠火花塞点火，而由炽热表面（如过热的火花塞电极、燃烧室内壁零件表面棱角、凸起物、积炭等沉积物）点燃了混合气而引起的不正常燃烧现象，均称为表面点火现象。

发动机在高速、大负荷运转过程中产生的炽热点火对发动机危害较大。因为表面点火与爆燃之间存在某种相互促进的内在关系。强烈的爆燃燃烧，必然加剧向燃烧室壁面的加热，从而促进燃烧室炽热点的形成，导致表面点火。表面点火又使气缸压力升高，最高燃烧压力增大，使末端混合气受到较大压缩和传热，从而促使爆燃发生。

65. C　耗油率 g_e 越小发动机经济性越好。

66. A　车辆检测诊断内容有动力性、经济性、排放性等。

67. B　汽油机和柴油机相比，柴油机经济性较好。

68. A

69. A　柴油机随功率的增加排气烟度增加。

70. C

71. A　解析同 14。

72. A　　73. A　　74. C　　75. B　　76. D　　77. B　　78. A　　79. D

80. D　发动机曲轴位置传感器安装在曲轴中部、飞轮或者是分电器内都可以。

81. B　本题主要是考核电控系统检修注意事项：

1）拆卸和安装传感器、信号开关的插接器前应首先将点火开关关闭。

2）拆卸和安装发动机 ECU 插接器前应先将点火开关关闭，然后拆下蓄电池负极柱上的极柱线。

3）安装蓄电池时应特别注意正、负极不可接反。

4）拆蓄电池负极柱线后，发动机 ECU 所有故障码都会被清除，因此，如有必要，应在拆蓄电池负极柱线前，读取故障码。

5）不可用起动电源帮助起动。

6）不可用水冲洗发动机室。

7）检测控制系统中输入信号和发动机控制系统输出信号，不可用汽车上的灯泡做试灯。

8）万用表有指针型和液晶显示两种，检测控制系统电阻必须使用内阻 10MΩ 以上的液晶显示万用表。

82. C

83. A　个别火花塞工作不良，气缸不工作，造成发动机运转不稳定。

84. A　六缸发动机怠速运转不稳，拔下第二缸高压线后，运转状况无变化，说明第二缸不工作，故障在第二缸。

85. B　　86. D　　87. B　　88. A　　89. B　　90. A

91. D　本题主要是考核汽车修理工艺规程的制订原则：

1）技术上的先进性　应尽量采用新技术、新工艺、新设备，采用先进的加工手段和检测手段，不断增强机械化和自动化程度。但要结合自己企业的实际情况，不能盲目追求技术上的先进性，要做到长期目标和近期目标相结合，先进性和可行性相结合。

2）质量上的可靠性　质量是企业的生命，也是为用户服务的首要宗旨。汽车维修质量关系到汽车的动力性、经济性、安全性，关系到运输企业的经济效益。因此，在确定工艺规程时，一定要在保证汽车大修质量的前提下进行。

3）经济上的合理性　在保证修理质量的前提下，要考虑企业的经济效益。尽可能降低修理成本，节约开支，修旧利废，降低消耗，加强管理，革新挖潜，延长零件的使用寿命，增加大修间隔里程。

4）劳动上的安全性　确定工艺规程时，必须考虑劳动生产的规章制度和安全生产的规定，保证生产工人的人身安全；必须注意降低劳动强度和改善劳动条件，使工人从笨重的体力劳动中解放出来。同时，要考虑工件在运输中不受损坏。要认真治理“三废”，消除环境污染，降低噪声。

92. C　汽车修理工艺内容复杂，工序较多，工艺卡片很难做成统一的形式，一般根据不同工种或作业性质制成不同的工艺卡片。

93. D　汽车修理工艺卡片的零件尺寸包括公称尺寸、允许磨损尺寸和极限磨损尺寸。

94. B

95. A　对于发动机气缸盖上气门座的裂纹，最好的修理方法是无机黏结剂法。

96. B　　97. A　　98. D　　99. B

100. A　汽车修理后，因拆卸曲轴与飞轮离合器，破坏了曲轴与飞轮、离合器动平衡的相对位置，故要对曲轴进行动平衡试验。

101. B　总成互换法是指汽车修理过程中，除车架和车身之外，其他零件组合件及总成都装配已修好的备用品。

102. B

103. A　将曲轴放在检验平板的V形块上，将百分表触头垂直地触及中间一道主轴颈，转动曲轴，此时百分表指针所示的最大摆差（径向圆跳动误差）即为曲轴主轴颈的同轴度误差。

104. A　　105. C　　106. B　　107. A　　108. A　　109. A

110. D　汽车总成大修标志为：

1）发动机总成。气缸磨损后，其圆柱度误差达到0.175~0.250mm，圆度误差已达到0.050~0.063mm；最大功率或气缸压力较标准降低25%以上；燃料和润滑油消耗量显著增加。

2）车架总成。车架断裂、锈蚀、弯曲、扭曲变形超过极限，大部分铆钉松动或铆钉孔磨损，必须拆卸其他总成后才能进行校正、修理或重铆，才能修复。

3）变速器（分动器）总成。壳体变形、破裂，轴承座孔磨损超过极限，变速器齿轮及轴恶性磨损、损坏等，需要彻底修复。

4）后桥（驱动桥、中桥）总成。桥壳破裂、变形，半轴套管承孔磨损超过极限，主减速器齿轮恶性磨损，需要校正或恢复性修理。

5）前桥总成。前轴裂纹、变形，主销承孔磨损超过极限，需要校正或彻底修复。

6）客车车身总成。车厢骨架断裂、锈蚀、变形严重，蒙皮破损面积较大时，需要彻底修复。

7）货车车身总成。驾驶室锈蚀、变形严重、破裂；货厢纵梁、横梁腐蚀，底板、栏板破损面积较大时，需要彻底修复。

111. C　　112. C

113. A　本题主要是考核汽车大修竣工检验：

1）大修竣工的汽车，经检验合格，应签发合格证。

2）大修竣工的汽车，应在明显部位安装铭牌，其内容包括发动机和车架号码，承修单位名称，修竣出厂年、月、日等。

3）大修竣工的车辆，经送修与承修单位双方确认合格后，办理出厂交接手续。出厂合格证和有关技术资料应随车交付送修单位。

114. B

115. A 根据《机动车运行安全条件》要求，发动机动力性能功率不得低于标定功率的 75%。

116. D 117. A 118. D 119. C

120. C 汽车动力性指标是指汽车在良好的路面上行驶时由汽车受到的纵向力决定的，汽车所能达到的平均行驶速度。其评价指标有：汽车的最高车速、加速时间、最大爬坡度。平均速度是汽车动力性的总指标。

121. C 122. C 123. C 124. A 125. D 126. D 127. A 128. A 129. A 130. B

131. C 解析同 2。

132. D 发动机在换气过程中，由于间断进气而引起进气管内发生压力波动，这种现象称为进气管的动态效应。分析其原因，可归纳为惯性效应和波动效应两类。影响进气管动态效应的结构因素是进气管长度、直径和形状。利用进气管的动态效应，可以有效地提高高转速时的充气效率和改善转矩特性。

133. B

134. B 点火提前角影响着火延迟期。

135. A 影响汽油机燃烧过程的因素有：可燃混合气成分；点火提前角；发动机转速；发动机负荷；冷却液温度；压缩比。

136. A 汽油机燃烧过程中，火焰前锋以正常的传播速度向前推进，使得火焰前方未燃的混合气（末端混合气）受到已燃混合气强烈的压缩和热辐射作用，加速其先期反应，并放出部分热量，使其本身的温度不断升高，以至于在正常的火焰到达之前，末端混合气内部最适宜着火的部位已出现一个或多个火焰中心，这种现象称为爆燃。爆燃对发动机压缩比提高有限制作用。

137. C 解析同 8。

138. B 发动机净输出的功率是发动机扣除本身机械摩擦损失和带动其他辅机的外部损耗后向外有效输出的功率。

139. C 在其他因素没有确定的情况下，发动机每小时耗油量与经济性之间没有必然的联系。

140. C

141. C 汽油机耗油率随功率的增加，先减小后增加。

142. A 143. A 144. B 145. C 146. C 147. D 148. C 149. C 150. B 151. C 152. A

153. A 汽车修理工艺主要包括以下几个过程：汽车验收、外部清洗、诊断检测、汽车解体、零件清洗、零件检验分类、零件修理、总成及部件装配试验、汽车总装试车、出厂检验和交车等。汽车验收包括咨询了解汽车技术状况，然后进行外表检查和行驶检查。

154. A 汽车修理的工艺过程及采取的措施有多种方案，通过对其做综合的技术、经济分析，而选定一种最佳方案，将其内容用条文、图表等形式确定下来并形成文件，这就是汽车修理工艺规程。

155. A 汽车修理工艺的内容复杂，工序较多，工艺卡片很难做成统一的形式，一般根据不同工种或作业性质制成不同的工艺卡片，如拆卸工艺卡片、检验工艺卡片、零件修复工艺卡片、调试工艺卡片、装配工艺卡片等单一形式。也有的把零件或总成编制成检、修、调、装、试的综合卡片形式。

156. A 汽车修理工艺规范主要指用于工艺上的数据，如加工余量、零件清洗液成分、热处理温度及应达到的力学性能等。

157. C 158. A 159. B 160. A 161. A 162. D 163. A 164. A 165. A

166. B 凸轮轴的修理级别一般分为 -0.20mm、-0.40mm、-0.60mm、-0.80mm 四个级别。通常凸轮轴只可修磨一次，在凸轮轴磨床上修磨时，应尽量减小磨削量，以消除缺陷为主，修磨后应达到质量标准。

167. A 168. B 169. C 170. A 171. A

172. A 车辆维护要坚持强制维护的原则。

173. A 174. A 175. D 176. D 177. A

178. C 汽车燃料经济性评价指标通常用油耗率表示。

179. B 180. C 181. B 182. C

（二）判断题

1. √ 在 L 型 EFI 系统中，采用装在空气滤清器后的空气流量传感器直接测量发动机吸入的进气量。其测量的准确度高于 D 型 EFI 系统，可以精确地控制空燃比。“L”是德文“空气”的第一个字母。

D 型 EFI 系统是根据进气歧管压力传感器进行检测的。由于进气管内的空气压力在波动，所以控制的测量精度稍微差些。“D”是德文“压力”的第一个字母。

2. √

3. √ 在理想燃烧条件下，柴油机燃烧产物中的成分是二氧化碳、水蒸气、氮气和过量的氧气，这些成分基本上都是无害的。但是，由于实际燃烧过程受到诸如柴油品质与雾化质量、燃烧室内换气条件、可燃混合气形成速度以及燃烧室势力状态等因素的制约，柴油机燃烧产物中除含有上述无害的主要成分外，还会含有少量的一氧化碳、未燃碳氢、氢、氮氧化物及碳烟等有害成分。柴油机的这些有害排放对人们的呼吸器官、神经系统等有较强的毒害作用，同时也会恶化生态环境。

4. √ PCV 阀由阀体、阀门、阀盖、弹簧组成，不可分解。其主要作用是：将曲轴箱内的气体通过 PCV 阀导入进气歧管，并有少量的空气由空气滤清器经 PCV 阀直接进入进气歧管，这就避免了节气门处结冰、燃烧不充分、排放恶化等现象，防止窜气进入大气，同时防止机油变质。

5. √

6. × 经济上的合理性，在保证修理质量的前提下，要考虑企业的经济效益。尽可能降低修理成本，节约开支，修旧利废，降低消耗，加强管理，革新挖潜，延长零件的使用寿命，增加大修间隔里程。

7. × 解析同选择题 155。

8. √ 9. √ 10. √ 11. √

12. × 汽车修理过程中，从汽车上拆下的零件、组合件及总成除报废的更换外，其余修理后仍装回原车的方法称为就车修理法。

采用总成互换修理法时，企业承修的车辆必须车型单一，而且互换总成的修理质量必须达到统一的修理标准。

13. √

14. √ 当连杆既弯曲又扭曲时，应先校正弯曲，再校正扭曲。

15. × 发动机曲轴圆度和圆柱度误差检测只能用千分尺，不能用游标卡尺。

16. × 同一根凸轮的各支承轴颈的直径应修磨为同一级修理尺寸。分级修理尺寸见表 3-1。

表 3-1 分级修理尺寸

级别	0	1	2	3	4	5	6
轴颈直径缩小量 /mm	0	0.10	0.20	0.30	0.40	0.50	0.60

17. √

18. × 汽车使用 –45 号发动机冷却液，其冷却液沸点能达到 108℃。

19. √

20. √ 压力传感器在汽车上应用非常广泛，其中进气歧管绝对压力传感器在电喷系统的应用最为典型。进气歧管绝对压力传感器应用在 D 型 EFI 汽油喷射系统中，它是 D 型汽油喷射系统的重要部件，相当于 L 型 EFI 汽油喷射系统中的空气流量传感器。进气歧管绝对压力传感器的功能是根据发动机的负荷状况检测出进气歧管内压力的变化，并转换成电信号与转速信号一起输入 ECU 中，作为发动机基本喷油量控制和点火控制的依据。进气歧管绝对压力（或简称进气管压力）传感器有的车型安装在发动机驾驶室内，有的车型安装在发动机 ECU 控制盒内，但安装在进气歧管上的车型较多。

21. √ 22. √

23. × 解析同选择题 155。

24. × 零件产生动不平衡的原因是制造质量不均匀。

25. × 发动机曲轴扭曲变形的原因主要是个别活塞卡缸、个别气缸不工作或各缸工作不均衡，各道主轴承松紧度不一致，发动机长期在超负荷或爆燃等条件下工作，汽车起步过猛或紧急制动时未切断动力源。

26. × 发动机曲轴轴承的手工刮削，只适合于小型修理单位和小修作业中采用（有些车型发动机不宜用这种方法）。按工艺技术要求，用手工刮削的轴承，要求接触均匀，且接触面积不得少于 75%。

27. √

28. × 安装 AFE 发动机活塞环，有“TOP”标记的一侧应朝向上方。

29. × 汽车发动机大修后，最大功率和最大转矩不允许低于原设计额定值的 90%。

30. √

31. × 由汽油机外特性曲线可知，有效功率 P_e 随转速增加先增加，后稍有下降。

32. √　33. √　34. √　35. √

36. √ 解析同选择题 30。

37. √

38. × 发动机干式气缸镗削后，必须进行珩磨。

39. × 气缸体平面度误差（50mm × 50mm）使用极限小于 0.10mm。

40. √

41. × 一般的发动机曲轴因为负荷大，会采用在曲轴加装平衡块（环）的方法解决动不平衡问题。

42. √　43. √

44. × 凸轮轴颈与凸轮轴承的配合间隙一般为 0.03~0.07mm，最大不得大于 0.15mm，当配合间隙大于 0.15mm 时，应更换新轴承。

为获得轴颈与轴承的配合间隙和保证各道轴承的同轴度，应用铰削凸轮轴承的专用铰刀进行铰削。轴承铰削后，其轴承内孔圆度和圆柱度误差应不大于 0.01mm，表面粗糙度值小于 0.8μm。

45. √

46. × 有以下情况时，发动机必须进行大修：气缸磨损后，其圆柱度误差达到 0.175~0.250mm，圆度误差已达到 0.050~0.063mm；最大功率或气缸压力较标准降低 25% 以上；燃料和润滑油消耗量显著增加。

47. × 解析同选择题 2。

48. × 发动机工作时，若转速保持一定，其经济性指标随负荷而变化的关系，称为负荷特性。

模块二 底盘检修

一、考核范围

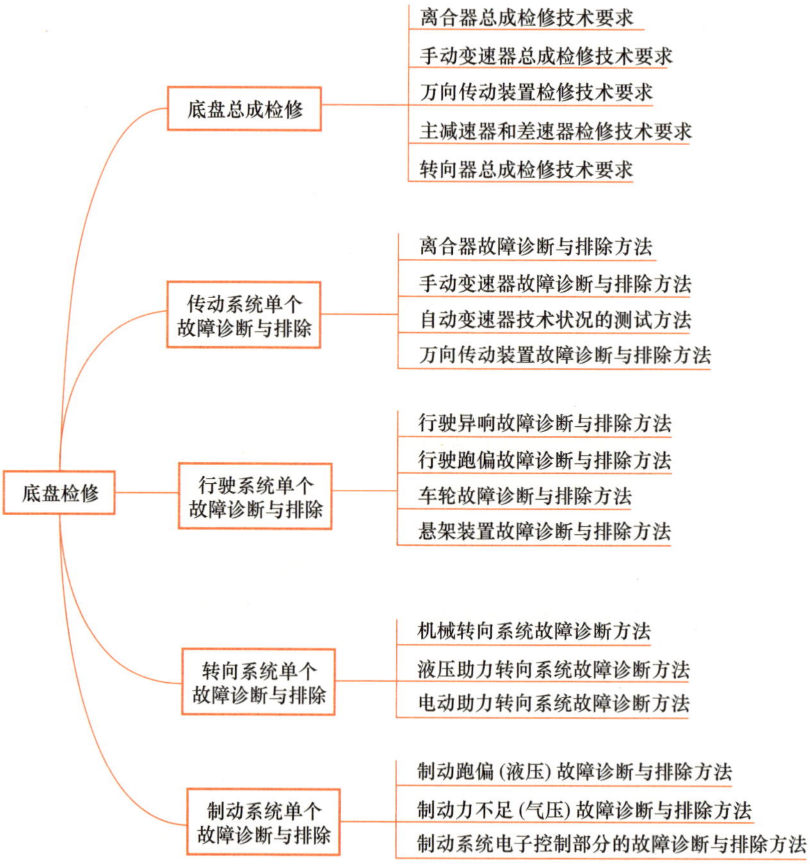

二、考核要点详解

知识点 1 离合器总成检修技术要求

1. 从动盘的检修

1）从动盘铆钉埋入深度不小于 0.3mm，若超过极限值，应更换从动盘总成。

2）用百分表检查从动盘的摆差，其最大极限为 0.4mm，从外缘测量径向圆跳动量，最大为 2.5mm，若超过极限值，应更换从动盘总成。

2. 压盘总成的检修

（1）膜片弹簧的检修

1）用卡尺测量膜片弹簧的深度和宽度。若磨损深度大于 0.6mm，宽度大于 5mm，应予以更换。

2）检查膜片有无变形，要求弹簧片的小端均在同一平面上，翘曲变形所引起的平面度误差不大于 0.5mm。平面度误差过大时，需用专用工具对弹簧进行校正，把弹簧弯曲到正确位置。

3）若膜片分离指过软或折断，则应更换压盘总成。

（2）压盘的检修

检查压盘平面是否有过度烧蚀、不平或沟痕。轻度的不平或烧蚀，可用磨石修磨；平面上沟痕严重时，应予以更换。

3. 分离轴承的检修

1）检查时，先擦净分离轴承，然后手持分离轴承内缘再转动外缘，如果有阻滞或明显间隙，则应更换分离轴承。

2）轴向间隙超过规定也要更换分离轴承。

4. 其他零件的检修

1）踏板衬套与支承销、分离轴与轴承磨损松旷时，应更换衬套、轴承。

2）若拉索卡滞、复位弹簧折断，则应更换新件。

3）若驱动臂变形，应予以校正或更换；若导向套筒配合表面不光滑，可用细砂布进行修磨。

5. 离合器踏板的检修

自由行程为 15~25mm，不符合要求时应予以调整。

知识点 2 手动变速器总成检修技术要求

1. 变速器壳体修理技术要求

1）壳体应无裂损。壳体上所有联接螺孔的螺纹损伤不得多于 2 牙。

2）壳体上平面长度不大于 250mm 时，其平面度公差为 0.15mm；壳体上平面长度大于 250mm 时，平面度公差为 0.20mm。

3）壳体前端面对第一、二轴轴承承孔的公共轴线的轴向圆跳动：其端面最大可测直径为 50（不含）~120mm 时，公差为 0.08mm；直径为 120（不含）~250mm 时，公差为 0.10mm；直径为 250（不含）~500mm 时，公差为 0.12mm；直径大于 500mm 时，公差为 0.15mm。

4）壳体后端面对第一、二轴轴承承孔的公共轴线的轴向圆跳动公差为 0.15mm。

5）壳体前、后端面的平面度公差值，分别不大于标准规定的轴向圆跳动公差值。

6）壳体上平面与第一、二轴轴承承孔的公共轴线的平行度公差为 0.20mm。

7）壳体上各轴承（或轴）承孔轴线间尺寸偏差的绝对值，允许比原设计规定增加 0.02mm。

8）壳体上各轴承承孔轴线的平行度公差允许比原设计规定增加 0.02mm。

9）壳体上各轴承承孔的圆度公差为 0.008mm。表面粗糙度值一般不低于 *Ra*1.16μm。

10）滚动轴承与承孔的配合公差：当公称尺寸为 50（不含）~80mm 时，其值允许比原设计规定增加 0.02mm；公称尺寸为 80（不含）~120mm 时，其值允许比原设计规定增加 0.04mm；公称尺寸为 120（不含）~180mm 时，其值允许比原设计规定增加 0.025mm。

11）轴颈与壳体上轴承承孔的配合公差允许比原设计规定增加 0.015mm。

2. 变速器盖修理技术要求

1）变速器盖应无裂损。

2）变速器盖与壳体的结合平面长度不大于 250mm 时，其平面度公差为 0.15mm；结合平面长度大于 250mm 时，平面度公差为 0.20mm；非上置式盖，平面度公差为 0.10mm。

3）变速器盖上变速杆中部球形承孔直径允许比原设计规定增加 0.50mm。

4）变速叉轴与盖（或壳体）承孔的配合间隙为 0.04~0.20mm。

3. 变速器轴修理技术要求

1）第一、二轴及中间轴，当以两端轴颈的公共轴线为基准时：长度为 120（不含）~250mm 时，中部的径向圆跳动公差为 0.03mm；长度为 250（不含）~500mm 时，中部的径向圆跳动公差为 0.06mm。

2）第一轴的轴向间隙不大于 0.15mm，其他各轴的轴向间隙不大于 0.30mm。

4. 齿轮与花键修理技术要求

1）齿轮的啮合面上不允许有明显的缺陷或不规则磨损。

2）接合齿轮或相配合的滑动齿轮齿端部位磨损量不得超过齿宽的 15%。

3）常啮合齿轮的啮合侧隙为 0.15~0.50mm。接合齿轮的啮合侧隙为 0.10~0.40mm。各齿轮的啮合印痕应在轮齿啮合面中部，且不小于啮合面的 60%。

4）各轴花键与滑动齿轮键槽的侧隙允许比原设计规定增加 0.15mm。

5）各轴花键与齿座、凸缘及其他非滑动部件的花键槽侧隙，应符合原设计规定。

5. 变速叉修理技术要求

1）变速叉端面磨损量应不大于 0.40mm。

2）变速叉端面对变速叉轴孔轴线的垂直度公差为 0.20mm。

3）变速叉两端工作侧面与环槽的配合间隙为 0.20~1.00mm。

知识点 3 万向传动装置检修技术要求

1. 万向节检修技术要求

1）检查十字轴轴颈表面，若有严重损伤，如金属剥落、明显凹陷或滚针压痕深度大于 0.10m，均应更换十字轴。若轴颈表面有轻微剥落，可用磨石打光剥落表面后继续使用。

2）滚针轴承油封损坏，或滚针断裂、缺针，都应更换新件。

3）检查万向节十字轴与滚针轴承的配合间隙。检查时，十字轴夹在台虎钳上，滚针轴承壳套在十字轴颈上，用百分表测头抵住轴承壳外表面最高点，用手上下推动滚针轴承壳，百分表上指针移动变化值即为该轴承与十字轴配合的间隙值。当轴承间隙超过规定值极限时，应予以更换。

2. 传动轴检修技术要求

（1）传动轴直线度检查　可利用万向节叉和花键轴上的中心孔，两端用顶尖顶起来，用百分表测量轴管外圆的径向圆跳动。也可以在轴管两端用 V 形架支起来，用百分表测量轴管外圆的径向圆跳动。当传动轴的弯曲量超过规定值时，可在压床上冷压校直。

（2）轴承的检查　若发现轴承滚珠、滚道上有烧蚀、金属剥落等现象，应予以更换；将轴承拿在手上进行空转，观察轴承转动是否轻便灵活。

1）检查轴承的径向间隙。将轴承放在平板上使百分表的测头抵住轴承外座圈，然后一只手把轴承内圈压紧，另一只手推动轴承外圈，此时百分表指针所摆动的数值即为轴承的径向间隙。

2）检查轴承的轴向间隙。将轴承外圈搁在两垫块上并使轴承内圈悬空，再在轴承内圈上放一块平铁板，然后将百分表测头抵住平铁板中央，上下推动轴承内圈，此时百分表指针所指示的数值即为该轴承的轴向间隙。

（3）检查中间支承轴承座内表面　检查中间支承轴承座内表面的磨损情况，磨损深度大于 0.05mm 的应予以更换。

（4）检查前后油封盖、支架等　检查前后油封盖有无磨损，支架有无裂损，橡胶环有无腐蚀老化，视需要及时更换或修复。

知识点 4　主减速器和差速器检修技术要求

1. 主减速器壳修理技术要求

1）壳体应无裂损。壳体上各部位螺纹损伤不得多于 2 牙。

2）差速器左、右轴承承孔同轴度公差为 ϕ0.10mm。

3）主动圆柱齿轮轴承（或侧盖）承孔轴线及差速器轴承承孔轴线对减速器壳前端面的平行度公差：当轴线长度在 200mm 以上时，其值为 0.12mm；当轴线长度小于或等于 200mm 时，其值为 0.10mm。

4）主减速器壳纵轴线对横轴线的垂直度公差：当纵轴线长度在 300mm 以上时，其值为 0.16mm；纵轴线长度小于或等于 300mm，其值为 0.12mm；纵、横轴线应位于同一平面（准双曲面齿轮结构除外），其位置度公差为 0.08mm。

5）主减速器壳与侧盖的配合及主动圆柱齿轮轴承与减速器壳（或侧盖）的配合应符合原设计规定。

2. 主、从动锥齿轮修理技术要求

1）齿轮不应有裂纹，齿轮工作表面不得有明显斑点、剥落、缺损。

2）以主动锥齿轮壳后轴承承孔轴线为基准，前轴承承孔的径向圆跳动及各端面的轴向圆跳动公差为 0.06mm。

3）主动锥齿轮轴承预紧力应符合原设计规定或主动锥齿轮轴承的轴向间隙不大于 0.05mm。

4）主动锥齿轮花键与凸缘键槽的侧隙不大于 0.20mm。

5）主动锥齿轮前后轴承与轴颈、承孔的配合应符合原设计规定。

6）从动锥齿轮与其轴连接：铆接的应铆接可靠；螺栓联接的，联接螺栓的拧紧力矩应符合原设计规定。

7）从动锥齿轮端面对其轴线的轴向圆跳动公差为 0.10mm。

8）主、从动锥齿轮啮合齿隙为 0.15~0.50mm。

9）主、从动锥齿轮接触痕迹：应达到沿齿长方向接触，位置控制在齿的中部偏小端，离小端端面 2~7mm，接触痕迹的长度不小于齿长的 50%，齿高方向的接触痕迹应不小于有效齿高的 50%，一般应离齿顶 0.80~1.60mm。

3. 主、从动圆柱齿轮修理技术要求

1）齿轮不应有裂纹，齿轮工作表面不得有明显斑点、剥落、缺损。

2）主动圆柱齿轮轴承与轴颈的配合间隙不得大于原设计规定 0.012mm。

3）主、从动圆柱齿轮啮合齿隙为 0.15~0.70mm。

4. 差速器修理技术要求

1）差速器壳应无裂损。壳体与行星齿轮、半轴齿轮垫片的接触面应光滑、无沟槽。

2）十字轴承孔轴线长度在 160mm 以上，两轴线垂直度公差为 0.10mm，长度小于或等于 160mm，垂直度公差为 0.06mm；两轴线应相交，其位置度公差为 0.15mm；每一轴线又应与半轴齿轮承孔轴线位于同一平面内，其位置度公差为 0.20mm。

3）整体式十字轴与差速器壳及行星齿轮的配合间隙分别不大于 0.10mm 及 0.25mm；分开式十字轴与差速器壳及行星齿轮的配合间隙分别不大于 0.05mm 及 0.18mm。

4）分别以左右差速器壳内、外圆柱面的轴线及对接面为基准，或者以差速器壳与从动圆柱（锥）齿轮结合的圆柱面的轴线及端面为基准：

① 与差速器轴承配合的轴颈径向圆跳动公差为 0.08mm。

② 与差速器轴承结合端面的轴向圆跳动公差为 0.05mm。

③ 半轴齿轮承孔的径向圆跳动公差为 0.08mm。

④ 与半轴齿轮垫片结合平面的轴向圆跳动公差为 0.08mm。

⑤ 与从动锥齿轮（或从动圆柱齿轮）结合面的轴向圆跳动公差为 0.10mm。

⑥ 与从动锥齿轮（或从动圆柱齿轮）配合的外圆柱面的径向圆跳动公差为 0.08mm。

5）差速器壳联接螺栓拧紧力矩应符合原设计规定。

6）差速器轴承与壳体及轴颈的配合应符合原设计规定。

7）差速器壳承孔与半轴齿轮轴颈的配合间隙为 0.05~0.25mm。

8）行星齿轮端隙应符合原设计规定。

知识点 5 转向器总成检修技术要求

1. 壳体及盖

1）转向器壳体及盖应无裂损，壳体与盖整个结合平面的平面度公差为 0.10mm。

2）壳体上两蜗杆轴承承孔公共轴线与两摇臂轴轴承承孔公共轴线的垂直度公差应符合规定。

3）蜗杆轴两轴承承孔轴线的同轴度公差为 ϕ0.02mm，摇臂轴两轴承承孔轴线的同轴度公差为 ϕ0.01mm。

2. 蜗杆

1）蜗杆应无裂损。

2）蜗杆齿面及轴承滚道应无金属剥落及明显的阶梯磨痕。

3）蜗杆轴承与壳体配合的最大间隙不得大于原设计规定 0.02mm。

4）蜗杆轴承与蜗杆轴配合的最大间隙不得大于原设计规定 0.006mm。

3. 摇臂轴

1）摇臂轴经探伤检查不得有裂纹，端部花键应无明显扭曲。

2）滚轮经探伤检查不得有裂纹，齿应无金属剥落和明显的阶梯磨痕。

3）摇臂轴端部螺纹的损伤不得多于两牙。

4）摇臂轴支承轴颈的径向全跳动公差为 0.05mm。

5）循环球式转向器的转向螺母的滚道，应无金属剥落。钢球规格及数量应符合原设计规定，直径差不大于 0.01mm。球与滚道的配合间隙不得大于 0.05mm。

6）转向指销工作锥面应无金属剥落，更换时应成对更换，指销装入滚道后的距离应符合设计规定。

7）摇臂轴轴承与摇臂轴配合的最大间隙不得大于原设计规定 0.005mm。

8）摇臂轴轴承与壳体及与侧盖配合的最大间隙不得大于原设计规定 0.018mm。

9）更换摇臂轴轴承时，该轴承与壳体及与摇臂轴的配合应符合原设计规定。

4. 转向器装配与调整

1）双销式转向器在装合转向蜗杆时，转向器上盖调整垫片的厚度不得任意变更，如有变更，装合后必须保证蜗杆中心在转向器壳内的正确位置。

2）装合转向摇臂轴前，转动转向轴所需力矩一般应不大于 0.8N·m。

3）转向器装合后，应按原设计要求进行检验，其摇臂轴轴向间隙及转动转向轴所需力矩应符合原设计规定，在全程内应转动灵活，无漏油现象。

知识点 6 离合器故障的原因

汽车离合器是汽车传动系统中的关键部件之一。在实际使用中，离合器产生故障，主要是有些零件磨损严重、损坏，或装配、调整不当及液压系统引起的。

1. 配合间隙过大

配合间隙是汽车机械装配质量的重要指标，当离合器使用到一定阶段后，某些运动机件因自然磨损使间隙增大超出允许的范围导致离合器出现故障，如离合器分离不彻底、离合器接合不平顺等。

2. 装配、调整不当

更换的摩擦片过厚或装反、双片离合器中间压盘限位螺钉调整不当、离合器踏板自由行程过大或过小、螺旋弹簧式离合器分离杠杆高度调整不一致等。

3. 个别机件损坏、变形

在离合器使用过程中，频繁高强度使用是离合器的一大特点，再加上驾驶人一些人为的操作不当等因素，必然会导致离合器一些机件损坏或变形，如从动片严重翘曲或破裂，从动盘在变速器一轴上移动困难，分离杠杆内端不在同一平面内，个别分离杠杆或调整螺钉折断，膜片弹簧过软，离合器压盘变形，飞轮壳有裂纹等，从而引起离合器出现故障，无法正常工作。

4. 紧固件松动

例如，离合器盖与飞轮联接螺栓松动会导致离合器打滑故障。

5. 液压操纵系统工作不良

由于液压操纵离合器存在操作轻便舒适，摩擦阻力小，长期运行不会使踏板力显著增加，易实现系列化、标准化等优点，故广泛用于要求结构紧凑、接合频繁、高速和远距离操纵的车辆上，但也存在着液压油渗漏、管路老化、系统渗入空气，以及液压操纵系统主缸、工作缸工作不良等一些常见故障。

知识点 7 离合器的常见故障诊断方法及程序

离合器常见故障有：离合器分离不彻底，离合器打滑，离合器接合不平顺，离合器异响等。当离合器出现故障时，可依以下顺序进行诊断：

1. 通过故障现象或经过基本的试验判断故障类型

1）发动机怠速运转，当踩下离合器踏板时，挂档困难或不能挂上档位，或者挂上起步档后踩下离合器踏板，起动发动机时，车辆移动，则可判断为离合器分离不彻底故障。

2）挂低档起步时，离合器踏板完全放开后，必须加大加速踏板行程才能起步，或者汽车加速行驶时，行驶速度不能随发动机转速升高而升高，负载上坡时，打滑较明显，则可判断为离合器打滑故障。

3）汽车低档起步时，按照正确操作规范执行，但离合器不能平稳接合，而且产生振抖，严重时整车产生振抖，则可判断为离合器接合不平顺故障。

4）在汽车行驶过程中，踩下离合器踏板时发出异响，放松离合器踏板时异响消失，或者踩下、放松离合器踏板时都有异响（离合器异响往往在发动机起动后、汽车起步前离合器接合和分离时产生），则可判断为离合器异响故障。

2. 根据故障类型及故障特点，按先简后繁、先外后内的原则分析并查找故障原因

1）操纵机构方面：检查离合器自由行程，液压操作系统内有无空气，油液量是否充足或是否漏油，主缸、工作缸工作情况，分离轴承等。

2）离合器方面：查看是否为新更换的摩擦片，从动片是否严重翘曲或破裂，从动盘在变速器一轴上移动情况，分离杠杆内端高度，个别分离杠杆或调整螺钉是否折断，膜片弹簧是否过软，离合器压盘是否变形；调整双片离合器中间压盘限位螺钉等。

3）其他方面：检查变速器一轴与曲轴同心线同轴度，飞轮壳有无裂纹，发动机曲轴轴向间隙，离合器盖与飞轮联接螺栓等。

3. 确认故障并进行排除

若调整不当，则重新调整到位，如踏板自由行程、分离杠杆高度等。若零件损坏、变形或紧固件松动，则进行更换或重新紧固。若液压操纵系统工作不良，则进行修复。

知识点 8 手动变速器故障的原因及特征

车辆行驶过程中，手动变速器频繁使用，必然会导致零件过度磨损。此外，零件配合、变形损坏、驾驶人操作、润滑油等因素，造成手动变速器出现故障而无法正常使用。具体故障原因可归纳为如下：

1. 磨损

1）操纵机构：机构各件特别是拨叉过度磨损，使齿轮不能正常啮合；同步器接合套与拨叉轴轴向间隙太大等。

2）齿轮变速机构：齿轮端的摩擦锥面磨损严重，端头有严重毛刺、严重锈蚀，造成变速叉轴移动困难；主轴的花键齿和滑动齿轮的花键槽磨损严重；齿轮轴向间隙过大等。

2. 装配调整不当

操纵机构调整不当，齿轮与轴装配不当，自、互锁装置定位调整不当。

3. 零件变形、损坏

1）操纵机构：换档拨叉变形，拨叉轴弯曲，变速杆定位销磨损松旷或折断。

2）齿轮变速机构：档位齿轮断裂，轴变形、弯曲，同步器失效散架，壳体裂纹等。

4. 润滑不良、缺油

变速器内缺油，润滑油过稀、过稠或质量变差；油封老化、破裂，导致渗漏；通气孔堵塞，造成箱内压力太大等。

5. 驾驶操作不当

不按规程操作变速器，不切断动力强行挂档，不循序换档等。

综上所述，汽车变速器在使用中，常见的故障表现有跳档、乱档、换档困难、异响及漏油等。这些故障的存在，不但使驾驶人操作困难，难以正常行驶，还可能直接造成机件损坏，所以发现故障应及时排除。

知识点 9 手动变速器的故障诊断方法及程序

1. 通过故障现象或经过基本的试验判断故障类型

1）车辆起步、加速、减速或上下坡时，变速杆自动跳回空档位置——属于跳档故障。

2）离合器在工作良好的情况下，变速杆不能正常挂上档位或者勉强挂上档位后又很难退档，齿轮发响——属于换档、挂档困难故障。

3）在离合器分离彻底的情况下，车辆在起步或行驶中换档时，挂不上所需档位；虽能挂上所需档位，但不能退回空档；车辆静止时同时挂入两个档位——属于乱档故障。

4）变速器工作时出现金属撞击声或变速器盖周边、壳体侧盖周边、加油口螺塞、第一轴油封（或回油螺纹）或各轴承盖等处有明显漏油痕迹——属于异响或渗漏故障。

2. 分析故障原因，确定故障部位

1）操纵机构方面：自、互锁机构；操纵机构调整；拨叉弯曲、过度磨损，使齿轮不能正常啮合；同步器接合套与拨叉轴轴向间隙等。

2）齿轮变速机构：齿轮齿面磨成锥形，轴与轴之间不平行、不同轴，齿轮啮合不到位，轴承间隙；主轴的花键齿和滑动齿轮的花键槽磨损，在运转时上下摆动等。

3）其他因素：缺油、渗油；润滑油品质；离合器使用、驾驶人操作等。

知识点 10 自动变速器故障诊断与检测程序

初步检查→故障码检查→手动换档试验→机械系统试验→液压系统试验→电控

系统试验→查找常见故障及原因→排除方法。

1）根据故障现象，判断故障类型。

2）读取故障码，排除故障码所指故障。

3）进行自动变速器和发动机的常规检查，主要项目有检查变速器油油位和品质；检查并调整加速踏板拉索和节气门位置传感器；检查变速杆连接杆及档位开关；检查并调整发动机怠速；检查其他与自动变速器有关的零部件；检查电控系统各连接线的接触情况。

4）进行失速试验，检查发动机、变矩器、自动变速器内部机械技术状况。

5）进行手动换档试验，确定故障是在电控部分还是在自动变速器内部。

6）做时滞试验，检查自动变速器内部离合器、制动器的磨损情况。

7）进行油压测试，检查油泵、调压器和油路压力。

8）进行道路试验，检查自动换档点、异响、振动、打滑及发动机制动情况。

9）综合各种试验结果，分析、判断故障原因、部位。

知识点 11 万向传动装置故障的原因及特征

万向传动装置异响和振抖，通常包括传动轴的异响，中间支承总成的异响，万向节和伸缩节（花键轴副）的异响并伴有振抖等。

1. 传动轴异响及振抖原因

1）传动轴弯曲，轴管凹陷，传动轴装配时未将标记对正或传动轴万向节叉和花键轴与轴管焊接时歪斜，破坏了原件的动平衡。

2）传动轴上的平衡片失落或原件未进行动平衡补偿。

3）装配时，同一传动轴两个万向节叉不在同一平面。

4）中间支承橡胶圆环磨损、松旷、紧固方法不当，或吊架固定螺栓及万向节凸缘盘联接螺栓松动，使传动轴位置发生偏斜。

5）传动轴花键轴与套管叉的花键磨损严重，间隙过大。

2. 中间支承总成异响原因

1）中间支承轴承脱层、麻点、磨损严重或缺少润滑油。

2）中间支承轴承隔离圈散架，滚珠轴承损坏。

3）中间支承橡胶圆环损坏或橡胶圆环隔套装配方法不当，过紧或过松、偏斜，致使滚动轴承承受附加载荷。

4）中间支承架安装不正确，与车架固定的螺栓松动或松紧不一致及车架变形等。

3. 万向节和伸缩节异响原因

1）由于长期缺少润滑油，引起万向节轴颈磨损，轴承磨损或损坏，造成松旷，使万向节游动角度过大。

2）连接件的固定螺栓松动，包括万向节凸缘盘联接螺栓松动。

3）伸缩节花键副因磨损严重或传动轴过短，以致花键啮合长度不足，导向作用差，造成松旷。

4）车辆经常用高速档走低速，行驶中车体本身发生抖动对万向节和伸缩节造成可损坏性的冲击。

5）变速器第二轴、中间传动轴及主减速锥齿轮的花键轴与凸缘花键槽磨损严重。

知识点 12 驱动桥的故障诊断方法及程序

驱动桥常见的故障有异响、发热、漏油等，其中异响与车辆的行驶状况关系很大。具体的故障诊断流程如下：

1. 根据故障现象、特点及部位判断故障类型

异响故障可通过异响出现时机、响声特点、试验与转速、负荷变化之间的关系进行确定；驱动桥发热及漏油故障，可直接触摸和观察进行确认。

2. 分析产生故障的原因，查找并确认故障点

1）异响故障主要有：主减速器齿轮响、差速器响、半轴和半轴套管响、轴承响等。

2）驱动桥过热故障主要是因为：轴承装配过紧；齿轮啮合间隙过小；齿轮过度磨损；缺少润滑油或使用的润滑油牌号与要求不符等。

3）驱动桥漏油故障主要是因为：油封磨损或装配不当；轴承轴颈磨损严重而出现凹槽；衬垫损坏或螺栓松动导致结合面不严密；齿轮油油量过多，通气塞堵塞，放油螺塞松动；壳体有裂纹等。

知识点 13 行驶系统异响故障常见原因

1）悬架螺旋弹簧弹力不足或断裂。

2）稳定杆、上下摆臂变形。

3）各铰接点磨损、配合松旷。

4）车轮定位参数不当。

5）轮胎变形、动不平衡。

6）轮毂轴承过松或过紧、缺少润滑。

7）减振器故障，衬套磨损和泄漏。

知识点 14 行驶系统异响故障的诊断方法

1）根据异响现象和特点确定异响区域或部位。

① 传动系统异响：一般响声出现在驾驶人操作动力总成的传动路线结构上，随

车辆行驶速度的改变、方向的改变和负荷改变而变化。

② 悬架的异响：响声无明显规律，一般与车速及路面状况有关，伴随车辆振抖、转向盘抖动、行驶跑偏等。

③ 车轮异响：具体声响来自车轮，有轴承松紧异响、制动时声响等。

2）针对不同的异响特征，检查相关部位或区域的结构配合、零件磨损损坏、润滑状况等，确定故障产生的原因和故障点。

3）排除相关故障，并复检。

知识点 15 行驶跑偏故障常见原因

造成汽车行驶跑偏的根本原因是汽车车轮的相对位置不正确，两侧车轮受到的阻力不一致。

1. 造成车轮相对位置不正确的因素

（1）轮胎的影响

1）轮胎压力：轮胎气压不等会使轮胎变得大小不一样，滚动起来必然会跑偏。

2）轮胎花纹：两侧的轮胎花纹不一样或花纹一深一浅不一样高。汽车长时间没有做车轮动平衡会导致车轮轮胎出现较为严重的磨损，如果左右车轮的磨损量不同，也会出现车身倾斜，使左右两侧外倾角不一致而导致汽车行驶跑偏。

最好是全车都使用同一种型号的轮胎，最起码前轴及后轴的两个轮胎必须是一样的，而且花纹深度必须一样，超过磨损极限时必须更换。

（2）底盘或车架变形的影响　底盘车架的变形会使左右两轴的长度不相等，导致汽车行进时绕前轮轴线和后轮轴线的交点转动，最终导致行驶跑偏。

（3）弹性元件和减振器的影响　弹性元件在汽车行驶时由于受到路面不平引起的对车身的交变冲击载荷，时间长了，会导致弹性元件出现疲劳现象，使弹性元件失效，承受并传递垂直载荷的能力大大下降。情况更严重的会看到车身明显倾斜，车身倾斜必然导致汽车向一边偏行。

前减振器弹簧变形，两侧缓冲不一致，前减振器失效。前减振器失效后在车辆行驶中两悬架一高一低，受力不均匀，导致跑偏。

2. 造成两侧车轮受到的阻力不一致的因素

造成两侧车轮受到的阻力不一致的主要原因有轮胎与地面的摩擦阻力、单侧制动拖滞和车轮轴承预紧力不一致等。

知识点 16 行驶跑偏故障的诊断方法

1）如果发现车辆产生转向盘不居中、行驶跑偏现象，应按以下方法进行诊断：

① 用气压表检查、调整全部轮胎气压。

② 若无气压表，可用目测法观察轮胎的变形及压痕来判断车轮的轮胎气压。

③ 调整后，所有轮胎气压应保持一致。同一车辆必须安装同种型号轮胎，否则，必然导致转向盘不居中、行驶跑偏。

④ 当两侧轮胎磨损差别较大时，应进行换位，使左右轮，尤其是左前轮和右前轮的磨损状况一致或接近一致。

2）行车中发现汽车跑偏，可停车用手摸制动鼓、轮毂是否发热，若发热，说明轮毂或制动鼓过紧，必要时予以调校或修复；若不热，则依次检查轮胎气压、轴距、车架，如无故障，则检查前轮定位。按规定充气，确保左右轮胎气压一致；若钢板弹簧断损或弹性太差，应予以及时换新；若前轮定位失准，应按规范予以校正和调整。

3）车桥、转向传动机构或车架发生左右方向的变形时，将导致车辆朝一个方向跑偏。车桥、转向传动机构各配合部位间隙过大时，会造成车辆任意方向跑偏。根据跑偏的方向，判断故障原因并进行调整和修理。通过测量左右轴距判定前后桥是否平行，不平行时多由于车桥或车架变形所致。发现变形时应予以校正或修整。对于独立悬架，前后桥不平行是由于悬架装置安装调整不当造成的，可通过调整下控制臂的安装位置来解决。

4）车在行驶中自动偏向一边，特别是在平直道路上更为明显，主要原因为：

转向器中控制阀与阀套之间的定位弹簧弹性降低或折断。弹簧片弹性减弱或折断时，易使阀套和控制阀产生偏转，引起单边液压缸运动，致使车辆跑偏。弹簧片弹性降低产生的跑偏多数是偏向一侧，而回位弹簧一端折断，车辆跑偏则是忽左忽右。

知识点 17 悬架故障常见原因及特征

1）非独立悬架故障原因：钢板弹簧弹力衰退、断片和减振器失效。

钢板弹簧定位不好、固定不好形成应力集中及中心螺栓或 U 形螺栓固定力矩不符，导致钢板弹簧弹力衰退、断片。

减振器故障为缺油和减振器失效。

2）独立悬架故障原因：转向节及其支承、定位杆系的铰销磨损过大，杆系变形、裂纹。悬架弹簧弹力衰退、断裂；减振器失效；橡胶消音垫损坏、润滑不良等。

知识点 18 液压助力转向系统故障诊断方法

1. 转向时有异响

转向时有异响一般是由机械部分，例如主销与衬套损伤、立柱推力轴承损坏等造成。检查时可以左、右转向，观察响声的部位进行拆检。

2. 转向机漏油

转向机向外漏油不外乎以下几个位置：转向机上盖、侧端盖和转向轴拐臂连接处。这三个部位都有密封圈，更换新的油封和密封圈就可解决。如果其他部位漏油就很可能是由于转向机壳体砂眼或裂痕。细小的裂痕和砂眼可以用乐泰 290 高渗透性密封胶来堵漏。

3. 转向回位较困难

一般车辆都有转向自动回位的功能。液压助力的汽车，由于液压阻尼的作用，自动回位的功能有所减弱，但还应保持一定的自动回位能力。如果回位时也要像转向时那样施力，就说明回位功能有故障。这种故障一般都发生在转向机械部分。例如转向节主销与衬套缺油而烧损，转向横、直拉杆接头缺油而锈蚀，转向盘与转向机连接的操纵轴万向节缺油或别劲以及转向机的转向轴扇齿与活塞直齿啮合太紧等，都会造成这种故障。

4. 助力泵漏油

如果从助力泵后端盖漏油，显然是后端盖密封圈破损，这是比较容易发现的。实际中还有一种难于发现的故障，这就是转向油罐里的油不断减少（总需要补充），而发动机油底壳内的机油却不断增多或者表面上看起来发动机丝毫不烧机油。放出部分油底壳机油观察没有什么异常现象，也嗅不出其他异味，这种情况显然是助力泵驱动轴端的油封漏油所致。助力泵低压油腔的液压油由油封漏至发动机正时齿轮室，流入油底。液压油与机油混合无法分辨。

5. 转向沉重

（1）单边转向沉重　在实际中往往发生向一个方向转向轻快，而向另一个方向转向沉重的故障，这一般是由于负责密封一侧高压腔的密封件漏损所致。

有的时候会发生向某一方向转向时从头至尾都很轻，而向另外一个方向转向时，开始很轻，每转到某一个位置，转向就突然沉重。这种故障一般是由于该方向的限位阀调整不当，使车轮还没有到极限位置时，限位阀就打开卸荷，此后转向立刻沉重。遇有此故障只要按前面所述进行限位阀的重新调整即可。

（2）两侧转向都沉重　如果遇有转向沉重的故障，特别是向两侧转向都沉重，应当从两个方面查找原因：一方面查找转向机械部分的原因，如果机械部分没有问题，再查找转向助力方面的原因。

引起转向沉重机械方面的原因主要在于转向节。

（3）快速转向沉重　在转向时如果慢慢转向，转向还轻；在急转弯时快速转向，转向立刻就重。这说明在快速转向时，助力泵的有效排量不够，助力油对液压缸高压腔的补充还跟不上活塞的运动，助力油压得不到建立。这类故障主要在助力泵。助力泵流量控制阀泄漏、弹簧失效以及泵叶片与腔室表面严重磨损都会造成这种现象。

知识点 19　制动跑偏（液压）故障诊断与排除方法

1. 制动管路原因

1）制动管（如接头处）渗漏或阻塞、制动液不足、制动油压下降而失灵。

排除方法：应定期检查制动管路、排除渗漏，添加制动液、疏通管路。

2）制动管内进入空气使制动迟缓。制动管路受热、管内残余压力太小，导致制动液汽化，使管路出现气泡，由于气体可压缩，从而在制动时导致制动力下降。

排除方法：将制动分泵及管内空气排尽并按规定添加制动液。

2. 车轮制动器原因

1）制动间隙不当

① 制动摩擦片工作面与制动鼓内壁工作面在不制动时的间隙过大，制动时，分泵活塞行程过大导致制动迟缓、制动力下降。

排除方法：按规范全面调校制动间隙，即用一字槽螺钉旋具从调整孔拨动棘轮，使制动蹄完全张开，间隙消除，然后将棘轮退回 3~6 齿，以得到所规定的间隙。

② 制动间隙过小，制动踏板自由行程过小，当放松制动踏板时，制动力没有完全解除，使摩擦副长时间处于摩擦状态；起步困难，行驶无力，用手触摸轮毂表面感到烫手。

排除方法：按规范重新调整制动间隙即可。

2）制动鼓（盘）与摩擦片接触不良

① 制动盘变形或制动鼓失圆，其圆度误差超过 0.5mm，导致片与鼓接触不良，制动摩擦力下降。

② 制动鼓工作面变形（椭圆），制动时片与鼓贴合瞬间便发生碰撞，同时发出尖锐的撞击响声。

排除方法：必须镗削或校正修复。制动鼓镗削后的直径不得大于 220mm，并需做平衡性能校验，不平衡量控制在 200g/cm 之内，否则应更换新件。

3）制动摩擦片被油垢污染或浸水潮湿，摩擦系数急剧降低，引起制动失灵。

① 制动摩擦片表面太光滑、摩擦系数小而制动压力大时，光滑的表面滑磨时便产生摩擦噪声，或在摩擦副之间塞进了异物挤压摩擦表面，由此也会出现摩擦噪声。

② 制动摩擦片严重磨损，表面出现沟槽及不规则形状，制动时不能完全有效地和制动鼓贴合，或制动支承板变形，破坏了鼓与片的同轴度，局部摩擦、碰撞而出现噪声。

排除方法：① 拆下摩擦片用汽油清洗，并用喷灯加热烘烤，使摩擦片中的油渗出来，渗油严重时需更换新片。对于浸水的摩擦片，可用连续制动以产生热能使水分蒸发，恢复其摩擦系数即可。② 拆下制动鼓，清除异物，并且用粗砂纸修磨摩擦片，并使之与配合副的接触面积达 70% 以上即可。③ 更换摩擦片，校正制动支承板。

4）制动总泵、分泵皮碗（或其他件）损坏，制动管路无法建立必要的内压，而且油液渗漏而制动不良。

排除方法：及时拆检制动总泵、分泵皮碗，更换磨蚀损坏部件。

3. 左右两侧车轮制动器制动性能不一致

1）同轴左右两边制动器制动时间不一致，大多是由于两边制动器制动间隙不均或接触面积差异所引起的。

排除方法：可按规定重新调校前后轮制动间隙，必要时修磨摩擦片，使前轮先于后轮制动。

2）同轴两边制动器的制动力各异，致使车轮转速不同，直线行驶的距离也就不相等，从而造成制动单边。这通常是由于某边制动分泵漏油、制动摩擦片严重油污、摩擦系数出现差异或左右轮胎气压不等而引起的。

排除方法：可用汽油清洗摩擦片，调整轮胎气压，修复渗漏处，分别予以排除。

3）两边制动鼓与摩擦片工作表面粗糙度不同，或一侧制动管路进空气或接头堵塞等。

排除方法：分别查找根源，予以修复。

4）左右轮胎气压、磨损程度不一致。左右轮胎充气气压必须一致，否则两边车轮的实际转动半径不同，行驶的直线距离不等而出现侧滑。左右轮胎磨损不同，路面对左右车轮的阻力差也会造成跑偏侧滑。

排除方法：按规定的标准给各轮胎充气。按规定予以调校或换件。

4. 车轮定位失准

排除方法：按规定予以调校。

5. 行驶制动出现异响

前轮轴承损坏，滚道和滚珠表面出现麻坑、沟槽，甚至碎裂，行驶中制动就会出现异响。

排除方法：更换前轮轴承，即可消除此噪声。

知识点 20 制动力不足故障诊断与排除方法

1. 制动力（气压）不足的现象及原因

汽车在行驶过程中，制动力明显不足。在一般制动时，需要比平时早踩和增大制动踏板行程，才能取得预期的制动效果；而在紧急制动时，制动距离明显增长，制动时间也增大。

造成制动力不足的主要原因有：储气筒内压缩空气压力不足；双管路制动系统的某一制动管路断裂而不产生制动作用；制动阀故障；制动器故障；制动管路有漏气处；制动气室皮碗破裂；制动软管老化。

2. 制动力（气压）不足的故障诊断与排除方法

1）观察气压表。若气压达到 490kPa，则说明空气压缩机、储气筒正常；若气压不足 329kPa，而且长时间行驶也不上升，可能是下述原因所致：

① 气压上升缓慢或长时间不上升，发动机熄火后，气压也不下降，大都为压缩机故障，如传动带打滑、压缩机泵气不足、压缩机卸荷压力过低及储气筒安全阀放气压力过低等。

② 气压上升缓慢，发动机熄火后，气压不断下降，说明存在漏气处，如储气筒安全阀漏气、制动踏板自由行程过小导致进气阀不能关闭而漏气（此时伴随制动拖滞）以及进气阀密封不严等。

2）踩下制动踏板。观察气压表指针，若气压下降过少，说明制动阀不良，如进气阀开度过小或平衡弹簧过软等。若踩住制动踏板后气压不断下降，说明有漏气处，如排气阀关闭不严、制动气室漏气、制动软管漏气等。踩住制动踏板，靠听的方法找到漏气处。

3）察看制动气室推杆外伸情况。若外伸过短，说明气管有堵塞或者凸轮轴有锈蚀卡滞；若外伸过大，很可能是制动间隙过大。

4）若上述检查均正常，则故障原因在制动器，如制动蹄沾油、太薄、铆钉外露，制动鼓失圆、磨出沟槽等，应拆开制动器检查。

知识点 21 ABS 故障初步诊断

ABS 是在常规的制动系统上增加了控制系统，当 ABS 出现故障而不能正常工作时，首先应进行初步检查：

1）先检查 ABS 的外部连接情况，如线路连接、管路连接等，看是否有异常情况存在。

2）检查制动液液位是否正常。

3）检查 ABS 故障指示灯是否正常闪亮。

4）用故障诊断仪读取存储的故障码和数据流，最终诊断出 ABS 的故障。

三、练习题

（一）选择题

1. 下列（　　）不是变速器异响原因。

A. 壳体变形　　B. 油少　　C. 轴变形　　D. 密封不良

2. 在任何档位和车速条件下均有啮啮声，说明（　　）。

A. 变速器缺油　　B. 中间轴弯曲

C. 第一轴变形　　D. 啮合齿轮间隙过大

3. 车速急剧变化时，变速器响声加大；而车速相对稳定时，变速器响声消失，说明（　　）。

A. 齿隙过大　　B. 中间轴弯曲

C. 第二轴弯曲　　D. 轴承损坏

4. 离合器分离轴承缺少润滑油，造成（　　）异响。

A. 离合器　　B. 变速器　　C. 变速器壳　　D. 驱动桥

5. 连续踩踏离合器踏板，在即将分离或接合的瞬间有异响，则为（　　）。

A. 摩擦片铆钉松动　　B. 连接松旷

C. 分离轴承缺油　　D. 离合器片花键齿磨损

6. 万向传动装置异响，下列（　　）是异响现象。

A. 起步发抖　　B. 车速变化发抖

C. 高速档轻踩加速踏板时发抖　　D. 金属撞击声

7. 汽车起步，车身发抖并发出嚓啦的撞击声是（　　）异响。

A. 万向传动装置　　B. 变速器

C. 离合器　　D. 驱动桥

8. 汽车起步或行驶中，始终有明显的异响并伴有振抖，说明（　　）松旷。

A. 中间支架固定螺栓　　B. 万向节十字轴

C. 联接螺栓　　D. 万向节十字轴轴承

9. 汽车后桥某一部位的齿轮啮合印痕不当，会使汽车在（　　）时发响。

A. 下坡　　B. 上坡　　C. 上、下坡　　D. 起步

10. 当汽车主减速器（　　）折断时，会导致汽车行车中突然出现强烈而有节奏的金属敲击声。

A. 锥齿轮轮齿　　B. 行星齿轮轮齿

C. 半轴齿轮轮齿　　D. 半轴花键

11. 自动变速器失速转速标准一般为（　　）r/min 左右。

A. 1800　　B. 2000　　C. 2300　　D. 2600

12. 子午线轮胎的滚动阻力小，与一般斜交轮胎相比可节油（　　）。

A. 2%~3%　　B. 4%~6%　　C. 6%~8%　　D. 8%~10%

13. 在正常装载的情况下，汽车所能爬上的最大坡道角度一般为（　　）左右。

A. 30°　　B. 75°　　C. 45°　　D. 60°

14. 子午线轮胎侧偏刚度比普通斜交轮胎（　　）。

A. 小　　B. 大　　C. 一样　　D. 不能确定

15. 汽车振动固有频率的理想值为（　　）次 /min。

A. 30~40　　B. 40~50　　C. 55~70　　D. 60~85

16. 在松软路面上行驶，降低汽车轮胎气压会（　　）附着系数。

A. 降低　　B. 增加　　C. 不影响　　D. 不改变

17. 汽车最高车速是指（　　）。

A. 最高的平均速度

B. 能达到的最高速度

C. 最高稳定行驶速度

D. 平坦良好路面上，最高稳定行驶速度

18. 下列因素中造成汽车转向沉重的原因是（　　）。

A. 蜗杆与滚轮啮合间隙过大　　B. 蜗杆与滚轮啮合间隙过小

C. 蜗杆上下轴承间隙过大　　D. 转向传动机构松旷

19. 汽车转向节臂变形会造成（　　）。

A. 转向沉重　　B. 前轮摆头　　C. 行驶跑偏　　D. 制动跑偏

20. 当汽车在行驶中后桥出现连续的“嗷嗷”声响，车速加快时声响也加大，滑行时稍有减弱，说明（　　）。

A. 主、从动锥齿啮合间隙过小　　B. 主、从动锥齿啮合间隙过大

C. 主、从动锥齿啮合轮齿折断　　D. 半轴花键损坏

21. 绝大多数汽车 ABS 都具有的传感器为（　　）。

A. 轮速传感器　　B. 车速传感器

C. 减速传感器　　D. 压力传感器

22. ABS 将汽车滑移率控制在（　　）。

A. 10%~15%　　B. 15%~20%

C. 20%~30%　　D. 30%~40%

23. 目前多数汽车 ABS 均采用（　　）的控制方式。

A. 以车轮减速度为控制参数

B. 以车轮滑移率为控制参数

C. 以车轮减速度、加速度及滑移率为控制参数

D. 模仿

24. 用于汽车 ABS 的轮速传感器主要有（　　）。

A. 电磁式　　B. 霍尔效应式

C. 光电式　　D. 电磁式和霍尔式

25. 汽车动力性指标主要有（　　）、加速时间、最大爬坡度。

A. 平均车速　　B. 最高车速

C. 平均加速度　　D. 制动协调时间

26. 汽车行驶时，驱动力和行驶阻力的关系为（　　）。

A. 驱动力大于行驶阻力　　B. 驱动力等于行驶阻力

C. 驱动力大于或等于行驶阻力　　D. 驱动力小于行驶阻力

27. 汽车行驶时，驱动力（　　）附着力。

A. 大于　　B. 等于　　C. 小于　　D. 小于或等于

28. 汽车行驶阻力和附着力的关系是（　　）。

A. 汽车行驶阻力大于附着力
B. 汽车行驶阻力等于附着力
C. 汽车行驶阻力小于或等于附着力
D. 汽车行驶阻力小于附着力

29. 制动效能的稳定性是指（　　）。

A. 制动时无侧滑　　B. 抗热衰退性和抗水衰退性
C. 最大制动力不变　　D. 制动时无跑偏

30. 汽车制动器制动力和地面制动力的关系是（　　）。

A. 前者大于后者　　B. 前者小于后者
C. 二者相等　　D. 二者同步增长

31. 汽车与地面的附着系数（　　）。

A. 与轮胎类型无关
B. 在制动过程中，随滑移率的变化而变化
C. 在制动过程中，始终为常数
D. 在制动过程中，逐渐减小

32. 评价汽车制动效能用（　　）。

A. 制动减速度和制动距离　　B. 制动时间和制动距离
C. 制动减速度和制动时间　　D. 制动时的最大减速度

33. 下列可作为汽车制动效能评价指标的是（　　）。

A. 制动距离　　B. 制动释放时间
C. 制动时间　　D. 制动协调时间

34. 汽车涉水后，制动效能（　　）。

A. 不受影响　　B. 下降　　C. 严重下降　　D. 不能恢复

35. 下列关于汽车制动跑偏和制动侧滑的关系，说法正确的是（　　）。

A. 制动跑偏不会引起制动侧滑
B. 制动侧滑不会引起制动跑偏
C. 严重的制动跑偏会引起制动侧滑
D. 二者在概念上是一致的

36. 汽车制动侧滑与（　　）有关。

A. 制动力大小　　B. 地面附着系数
C. 制动力增长快慢　　D. 同一轴上两车轮制动力的增长快慢

37. 汽车等速行驶耗油量的测量使用（　　）。

A. 最高档　　B. 最低档　　C. 中间档　　D. 任意档

38. 在汽车车轮制动力增长全过程中，左、右车轮制动力之差与该车左右轮中制动力大者之比，对前轴不大于 20%，对后轴不大于（　　）。

A. 30%　　B. 22%　　C. 18%　　D. 24%

39. 汽车液压制动时个别车轮制动拖滞是由于（　　）。

A. 制动液太脏或黏度过大　　B. 制动踏板自由行程过小

C. 制动蹄片与制动鼓间隙过小　　D. 制动主缸旁通孔堵塞

40. 造成汽车气压制动拖滞故障的原因是（　　）。

A. 制动阀排气间隙过大

B. 车轮制动器回位弹簧折断或过软

C. 制动凸轮轴或制动蹄轴配合间隙过大

D. 气压过高

41. 汽车制动解除时，若排气缓慢或不排气而造成全车制动鼓发热，应检查（　　）。

A. 制动气室　　B. 制动蹄回位弹簧

C. 制动操纵机构　　D. 储气筒

42. 目前国内车辆性能检测站所用制动检测设备多为（　　）。

A. 单轴反力式　　B. 二轴反力式

C. 多轴反力式　　D. 平板式

43. 汽车侧滑试验台使用（　　）后，须接受有关部门的检查以确保测试精度。

A. 6 个月　　B. 1 年　　C. 2 年　　D. 3 年

44. 变速器变速叉端面磨损极限不大于（　　）mm。

A. 0.40　　B. 0.50　　C. 0.60　　D. 0.03

45. 变速器齿轮加工工艺路线：下料→锻造→正火→机械加工→渗碳→淬火→低温回火→（　　）→精机械加工。

A. 喷丸处理　　B. 表面热处理　　C. 镀铬　　D. 喷涂处理

46. 为便于加注润滑脂，汽车万向传动装置的十字轴上注油嘴的安装方向是（　　）。

A. 朝向传动轴管　　B. 朝向汽车前进方向

C. 必须朝向汽车后方　　D. 任意方向均可

47. 汽车转向节最常见的断裂部位是（　　）。

A. 转向节上耳根部　　B. 转向节内外轴承轴颈之间

C. 转向节轴颈的根部　　D. 转向节下耳根部

48. 循环球式转向器侧盖上的调整螺钉向里拧时啮合间隙（　　）。

A. 增大　　B. 减小　　C. 不变　　D. 不影响

49. 为便于调整前轮前束，横拉杆两端每端应留出（　　）mm。

A. 5 ~10　　B. 10~15　　C. 15~20　　D. 8~12

50. 汽车变速器齿轮端面间隙可用（　　）进行检验。

A. 百分表 B. 千分尺 C. 塞尺 D. 卡尺

51. 客车大修送修标志是（　　）。

A. 以车身总成为主，结合发动机总成

B. 以发动机为主，结合车架总成

C. 以车架为主，结合两个总成

D. 只以车厢为标志

52. 货车大修送修标志以（　　）为主。

A. 发动机 B. 底盘 C. 车身 D. 电气设备

53. 定车牵引的半挂车和铰接式大客车送修标志，按照（　　）与牵引车同时进行大修。

A. 挂车车架大修 B. 发动机大修

C. 汽车大修 D. 车厢大修

54. 汽车总成断裂、锈蚀、弯曲扭曲变形等超限，大部分铆钉松动，或铆钉孔磨损严重，这是（　　）大修送修标志。

A. 变速器 B. 车架 C. 车身 D. 前桥

55. 汽车变速器大修送修标志是（　　）。

A. 壳体变形破裂 B. 变速器漏油

C. 变速齿轮磨损 D. 变速器跳档

56. 以下（　　）不是汽车前桥总成的大修送修标志。

A. 转向节上的轴承损坏 B. 前轴出现裂纹

C. 前轴变形严重 D. 主销承孔磨损逾限

57. 客车车身总成大修送修的标志是（　　）。

A. 车身有轻微锈蚀 B. 蒙皮破损

C. 车厢骨架变形严重 D. 驾驶室锈蚀

58. 车辆送修时，承修单位与送修单位应签订合同，商定送修要求、（　　）等。

A. 修理车日和质量保证 B. 修车时间

C. 修理材料 D. 工艺卡片

59. 对于送厂大修的汽车进厂检验，下面说法不正确的是（　　）。

A. 应察看气缸体有无漏水 B. 不必察听正时齿轮有无异响

C. 不必检查油量的多少 D. 应察听有无爆燃声

60. 汽车车架弯曲检验，要求纵梁上平面直线度误差为每 100mm 长度不大于（　　）mm。

A. 5 B. 4 C. 3 D. 2

61. 变速器高速行驶时有明显声响，突然加速时，响声很清晰，多为（　　）。

A. 滑动齿轮花键配合松旷 B. 轴弯曲

C. 个别齿轮折断　　D. 油少

62. 离合器异响的原因有很多，下列（　　）故障不会造成离合器异响。

A. 分离轴承损坏　　B. 从动盘松动

C. 分离轴承缺油　　D. 传动片变形

63. 汽车重载上坡时，车速不能随发动机转速提高而改变，同时可嗅到焦臭味，此故障可能是（　　）。

A. 制动拖滞　　B. 离合器打滑

C. 离合器分离不彻底　　D. 变速器脱档

64. 离合器在接合时，出现一次撞击声，则为（　　）。

A. 压盘变形　　B. 从动盘减振弹簧折断

C. 分离轴承损坏　　D. 变速器响

65. 传动轴严重凹陷，会导致汽车在高速行驶中（　　）。

A. 异响　　B. 振动　　C. 异响和振动　　D. 车速不稳

66. 汽车行驶时，变换车速，如出现“咔啦、咔啦”的撞击声，多半是（　　）。

A. 轴承磨损松旷　　B. 传动轴排列破坏

C. 螺栓松动　　D. 万向节轴承壳压得过紧

67. 汽车后桥某一部位的齿轮啮合间隙过小，会使汽车在（　　）时发响。

A. 下坡　　B. 上坡　　C. 上、下坡　　D. 起步

68. 汽车直线行驶时后桥无异响，转弯时后桥发出异响，可能是（　　）有故障。

A. 主动锥齿轮　　B. 从动锥齿轮

C. 后桥内的轴承　　D. 差速器

69. 汽车主减速器主动锥齿轮轴承（　　）会导致后桥异响，并伴随后桥壳温度升高。

A. 损坏　　B. 过紧　　C. 过松　　D. 磨损

70. 下列因素中造成汽车行驶跑偏的原因是（　　）。

A. 左右轮制动力不等　　B. 主减速器啮合间隙过小

C. 一侧减振工作不良　　D. 前束不符合要求

71. 为了避免汽车侧翻，应使侧滑发生在翻倒（　　）。

A. 之前　　B. 之后　　C. 同时　　D. 之前或之后

72. 汽车的平顺性常用（　　）作为评价指标。

A. 车身振动的固有频率　　B. 减振弹簧的刚度

C. 加速度方均根值　　D. 底盘高度

73. 下列因素中导致汽车液压制动不良的是（　　）。

A. 制动主缸回油阀密封不良　　B. 制动主缸出油阀弹簧过软

C. 制动主缸旁通孔堵塞　　D. 制动踏板自由行程过小

74. 对液压制动的汽车连续踏几次制动踏板后，制动踏板能升高但踏制动踏板感觉有弹性，则是由于（　　）。

A. 主缸皮碗破坏、顶翻　　B. 液压系统有空气或制动液汽化

C. 液压系统有渗漏　　D. 制动液牌号不对

75. 汽车气压制动排气缓慢或不排气，应检查（　　）。

A. 制动凸轮轴的配合间隙　　B. 制动操纵机构

C. 制动阀　　D. 制动操纵机构和制动阀

76. 当车轮抱死时，（　　）。

A. 纵向附着系数最大　　B. 横向附着系数最大

C. 纵向附着系数最小　　D. 横向附着系数几乎为零

77. 汽车 ABS 循环式制动压力调节器的电磁阀多采用（　　）电磁阀。

A. 二位三通　　B. 二位二通　　C. 三位三通　　D. 三位四通

78. 一般汽车前轮制动力与后轮制动力的关系是（　　）。

A. 前轮制动力等于后轮制动力　　B. 前轮制动力小于后轮制动力

C. 按一定比例增长　　D. 不确定

79. 下面关于汽车制动时的说法正确的是（　　）。

A. 附着力一定大于制动器制动力

B. 地面制动力一定等于制动器制动力

C. 地面制动力一定小于或等于附着力

D. 地面制动力一定等于附着力

80. 汽车在制动过程中横向附着系数随滑移率增加而（　　）。

A. 逐渐变小　　B. 逐渐变大

C. 先变小而增加　　D. 先变大后变小

81. 用制动距离评价汽车制动效能最（　　）。

A. 直观　　B. 客观　　C. 有效　　D. 准确

82. 汽车产生制动热衰退的原因是（　　）。

A. 制动鼓过热　　B. 制动蹄的摩擦材料含有有机聚合物

C. 制动蹄受热变形　　D. 制动鼓变形

83.（　　）会造成汽车制动跑偏。

A. 涉水　　B. 制动热衰退

C. 制动力增长过慢　　D. 左右轮制动力增长不一致

84. 下列关于汽车侧滑的说法正确的是（　　）。

A. 汽车发生后轴侧滑时应该向相反方向转动转向盘

B. 前轴侧滑易失去转向

C. 后轴侧滑易产生甩尾

D. 前轴侧滑比后轴侧滑更危险

85. 台试检验制动力要求：制动力总和与整车质量的百分比，空载时为（　　）。

A. ≥ 40%　　B. ≥ 50%　　C. ≥ 60%　　D. ≥ 70%

86. 在进行自动变速器道路试验时，超速档开关（　　）。

A. 置于 ON 指示灯灭　　B. 置于 OFF 指示灯亮

C. 先开后关　　D. 先关后开

87. 大部分自动变速器 N-D 换档延时时间小于（　　）s。

A. 1.0~1.2　　B. 0.6~0.8　　C. 1.2~1.5　　D. 1.5~2.0

88.（　　）可以提高汽车制动试验台的附着力。

A. 增大滚筒直径　　B. 增大车轮直径

C. 减小滚筒中心距　　D. 增大安置角

89. 汽车侧滑试验台使用（　　）后需拆下滑动板检查。

A. 1 个月　　B. 3 个月　　C. 6 个月　　D. 1 年

90. 汽车侧滑试验台的测量装置主要有（　　）两种。

A. 电位计和应变仪式　　B. 差动变压器和应变仪式

C. 电磁感应和电位计式　　D. 电位计式和差动变压器式

91. 汽车 ABS 在正常制动时有（　　）种工作状态。

A. 一　　B. 两　　C. 三　　D. 四

92. 汽车电子控制防抱死制动系统由（　　）组成。

A. 传感器、电控单元、电磁阀

B. 传感器、电控单元、比例阀

C. 传感器、电控单元、液压调节器

D. 传感器、电控单元、制动压力调节器

93. 调整转向器啮合间隙时，转向器应处于（　　）位置。

A. 中间啮合　　B. 两端啮合　　C. 任意　　D. 前端

94. 装合横直拉杆时，应保证球头销轴颈与相应的锥形孔配合，其端面应低于锥形孔上端面（　　）mm。

A. 0.5~1　　B. 1~2　　C. 1.5~2.5　　D. 0.5~1.5

95. 汽车传动轴组装和发动机曲轴检验后，还必须进行（　　）。

A. 动平衡试验　　B. 传动试验　　C. 装车试验　　D. 整体检验

96. 在同条件下，车轮半径越大汽车驱动力（　　）。

A. 越大　　B. 越小　　C. 不变　　D. 无法确定

97. 前轮定位检测应该使用（　　）。

A. 线绳　　B. 米尺

C. 前束尺或前轮定位仪　　D. 水平仪

98. 汽车制动器摩擦衬片的外径应（　　）制动鼓的内径。

A. 大于　　B. 小于　　C. 等于　　D. 小于或等于

99. 汽车道路试验中，下列（　　）是要进行的项目。

A. 制动液检查　　B. 动力性能检查

C. 离合器踏板自由行程检查　　D. 转向盘自由行程检查

100. 汽车大修竣工外观检视不包括（　　）。

A. 仪表及指示值　　B. 后视镜

C. 转向性能　　D. 灯光信号标志

101. 汽车竣工验收路试中要进行检验的是（　　）。

A. 滑行性能　　B. 喇叭音质

C. 灯光性能　　D. 离合器踏板自由行程

102. 汽车发动机大修后，最大功率和最大转矩不允许低于原设计额定值的（　　）。

A. 80%　　B. 85%　　C. 90%　　D. 95%

103. 汽车大修基本检验技术文件是三单一证，一证是指（　　）。

A. 行驶证　　B. 汽车产品合格证

C. 大修合格证　　D. 检验合格证

104. 以车厢为主，结合发动机总成符合大修条件作为大修送修标志的是（　　）。

A. 客车　　B. 货车　　C. 轿车　　D. 面包车

105. 挂车大修送修标志是（　　）。

A. 挂车车架和货厢　　B. 转盘和货厢

C. 车架　　D. 货箱和转盘

106. 以下（　　）不是汽车车架总成大修送修标志。

A. 前桥变形严重　　B. 断裂、锈蚀、变形超限

C. 车架大部分铆钉松动　　D. 车架弯曲变形超限

107. 以下（　　）不是汽车驱动桥总成大修送修标志。

A. 主减速器齿轮恶性磨损　　B. 差速器壳支承轴承响

C. 桥壳破裂、变形　　D. 半轴套管承孔磨损逾限

108. 汽车传动轴花键与滑动叉和凸缘键槽的侧隙，轿车应不大于（　　）mm。

A. 0.25　　B. 0.20　　C. 0.15　　D. 0.10

109. 手动变速器异响，下列不是其现象的是（　　）。

A. 踏下离合器踏板发响　　B. 低速档发响

C. 个别档位异响　　D. 温度过高

110. 变速器中某常啮合齿轮副只更换了一个齿轮，可导致（　　）。

A. 异响　　B. 挂不上档　　C. 脱档　　D. 换档困难

111. 发动机不运转，空档释放驻车制动，晃动第二轴凸缘，若其晃动量大，则说明（　　）。

A. 第二轴轴承松旷　　B. 齿轮松动
C. 啮合间隙过大　　D. 壳体变形

112. 离合器从动盘钢片破裂会造成（　　）异响。

A. 离合器　　B. 变速器　　C. 驱动桥　　D. 万向传动轴

113. 发动机怠速，踏下离合器踏板少许时，离合器有异响，则为（　　）。

A. 从动盘铆钉松动　　B. 从动盘钢片破裂
C. 传动片松动　　D. 分离轴承响

114. 已判断分离轴承异响，加注润滑油再试响声增大，则为（　　）。

A. 分离轴承磨损严重　　B. 分离轴承损坏
C. 分离叉损坏　　D. 分离杠杆损坏

115. 万向传动装置异响的现象之一是（　　）时，车身发抖并能听到“嚓啦”的撞击声。

A. 起步　　B. 匀速行驶　　C. 低速行驶　　D. 急加速

116. 行驶中，突然改变速度时，出现一种金属撞击声，一般是（　　）。

A. 十字轴轴承松旷　　B. 联接螺栓松动
C. 传动轴等速万向节损坏　　D. 中间支承轴承散架

117. 汽车后桥某一部位的齿轮啮合间隙过大，会使汽车在（　　）时发响。

A. 下坡　　B. 上坡　　C. 上、下坡　　D. 起步

118. 若汽车（　　）时有异响，应检查齿轮的啮合间隙是否合适。

A. 加速　　B. 减速　　C. 起步　　D. 上、下坡

119. 主减速器（　　）损坏，可引起汽车在转弯时产生异响，而在直线行驶时没有异响。

A. 锥齿轮　　B. 行星齿轮　　C. 圆柱齿轮　　D. 轴承

120. 在同条件下（　　），汽车驱动力越大。

A. 主减速器传动比越大　　B. 主减速器传动比越小
C. 轮胎半径越大　　D. 变速器传动比越小

121. 对于普通制动，希望实现前后轮在紧急制动时（　　）。

A. 同时抱死　　B. 前轮先于后轮抱死
C. 后轮先于前轮抱死　　D. 后轮先于前轮起作用

122. 汽车制动器制动力（　　）地面制动力。

A. 大于　　B. 小于　　C. 大于或等于　　D. 等于

123. 汽车在制动过程中，附着系数（　　）。

A. 为常数　　B. 与滑移率有关

C. 增大　　D. 减小

124. 车辆车轮抱死时产生的最大减速度与附着系数（　　）。

A. 成正比　　B. 成反比　　C. 不成比例　　D. 无关

125. 汽车制动效能随着制动器工作温度的升高而（　　）。

A. 不变　　B. 减弱　　C. 增强　　D. 先减弱后增强

126. 为防止汽车制动跑偏，要求前轴左右轮制动力之差不大于该轴轴荷的（　　）。

A. 5%　　B. 10%　　C. 12%　　D. 2%

127. 汽车产生侧滑的原因是（　　）。

A. 车身变形　　B. 制动力不等　　C. 受到侧向力　　D. 车架变形

128. 汽车耗油量的测量采用（　　）。

A. 路试　　B. 台架　　C. 路试或台架　　D. 发动机测功仪

129. 对液压制动的汽车连续踩几次制动踏板，始终踩到底且无力是因为（　　）。

A. 制动主缸皮碗损坏、顶翻　　B. 制动蹄片和制动鼓间隙过大

C. 制动系统渗入空气或制动液汽化　　D. 制动液牌号不对

130. 汽车气压制动时，有"哽哽"异响或车身发抖，应（　　）。

A. 更换摩擦片、光磨制动鼓　　B. 调整制动蹄片和制动鼓间隙

C. 检查制动气室　　D. 检查制动阀

131. 汽车变速器壳体的材料一般选用（　　）。

A. 高碳合金钢　　B. 低碳合金钢　　C. 碳素工具钢　　D. 铸钢

132. 变速器增加了超速档可以（　　）。

A. 提高发动机转速　　B. 降低发动机负荷

C. 提高动力性　　D. 提高经济性

133. 用试棒角尺检验汽车前轴时，若两者之间出现间隙，表明前轴存在（　　）变形。

A. 垂直弯曲　　B. 水平弯曲　　C. 扭曲　　D. 扭曲并弯曲

134. 对于汽车前轮前束值的测量部位，甲说："测量部位应略低于轮胎水平中心线。"乙说："测量部位为沿轮胎水平中心线处。"说法正确的是（　　）。

A. 甲　　B. 乙

C. 甲、乙都正确　　D. 甲、乙都不正确

135. 在检修机械循环球式转向器，装复螺杆螺母时，甲说："两组钢球应成组交换装入导管螺纹孔。"乙说："两组钢球放在一起挑选分组装入导管螺纹孔。"丙说："两组钢球应分别装入原来的导管螺纹孔。"说法正确的是（　　）。

A. 甲　　B. 乙　　C. 丙　　D. 甲和乙

136. 汽车减振器伸张行程的阻力应（　　）压缩行程的阻力。

A. 大于　　B. 小于　　C. 等于　　D. 小于或等于

137. 安装自动变速器的各止推垫圈，为防止其脱离原安装位置，则应涂（　　）。

A. 齿轮油　　B. 润滑脂

C. 机油　　D. 自动变速器润滑油

138. 以发动机总成为主，结合车架总成或其他两个总成符合大修条件作为大修送修标志的是（　　）。

A. 客车　　B. 货车　　C. 轿车　　D. 面包车

139. 客车大修送修标志，以（　　）为主。

A. 底盘　　B. 车厢　　C. 发动机　　D. 电气设备

140. 挂车车架和货厢是（　　）大修送修标志。

A. 挂车　　B. 定车牵引的半挂车

C. 货车　　D. 铰接式大客车

141. 下面不是汽车车架总成大修送修标志的是（　　）。

A. 断裂、锈蚀、变形超限　　B. 锈蚀弯曲严重

C. 大部分铆钉松动　　D. 车架裂纹

142. 汽车后桥总成大修送修标志是（　　）。

A. 壳体变形、破裂　　B. 半轴套管承孔磨损

C. 减速器齿轮磨损　　D. 后桥总成有响声

143. 汽车前轴裂纹、变形，主销承孔磨损严重是（　　）总成大修送修标志。

A. 前桥　　B. 中桥　　C. 后桥　　D. 前轮

144. 货车车身总成大修送修标志是（　　）。

A. 驾驶室锈蚀、变形、破裂严重　　B. 底板、栏板破损

C. 货厢纵横梁破裂、腐蚀　　D. 车架破损

145. 汽车进厂首先要向驾驶人查询车况，下列项目中要查询的是（　　）。

A. 车容　　B. 轮胎

C. 全车电气　　D. 该车历次维修内容

146. 汽车车架的变形检验，用（　　）即可进行。

A. 拉线和直尺　　B. 直尺　　C. 水平仪　　D. 拉线

147. 汽车大修竣工后，汽车空载行驶，初速为30km/h，滑行距离应不小于（　　）m。

A. 200　　B. 150　　C. 220　　D. 240

148. 甲说："客车车身蒙皮漆膜光泽度不低于90%。"乙说："货车车身蒙皮漆膜光泽度不低于75%。"说法正确的是（　　）。

A. 甲　　B. 乙　　C. 甲、乙　　D. 都不正确

149. 中负荷齿轮油适用于低速高转矩，高速低转矩下操作传动箱、螺旋齿轮，特别是多种车用（　　）的润滑。

A. 准双曲面齿轮　　B. 普通螺旋齿轮
C. 直齿轮　　D. 斜齿轮

150. 下列说法不正确的是（　　）。

A. 汽车轮胎气压偏低会增加油耗
B. 汽车轮胎的形式和规格影响油耗
C. 要充分利用汽车滑行性能节油
D. 尽可能用汽车中间档行驶

151. 装有电子控制 ABS 的汽车在紧急制动时（　　）。

A. 制动距离长，但稳定性好　　B. 制动距离短，但易跑偏
C. 制动距离短，不易侧滑　　D. 在滑路上易侧滑

152. 汽车 ABS 的功用是（　　）。

A. 缩短制动距离
B. 提高制动时的方向稳定性
C. 延长轮胎使用寿命
D. 提高制动效能和制动时的方向稳定性

153. 下列传感器中（　　）用于汽车 ABS 的各种控制方式。

A. 车速传感器　　B. 轮速传感器
C. 减速传感器　　D. 高度传感器

154. 自动变速器的齿轮变速器采用的是（　　）。

A. 定轴轮系　　B. 周转轮系
C. 定轴轮系或周转轮系　　D. 混合轮系

155. 在实际行驶条件下，汽车离心力产生的轮胎侧偏角一般不超过（　　）。

A. 1°~2°　　B. 2°~3°　　C. 4°~5°　　D. 5°~6°

156. 汽车应具有（　　）才能保证安全行驶。

A. 转向不足特性　　B. 转向中性特性
C. 转向过多特性　　D. 激转特性

157. 通过性主要取决于车辆的（　　）和支承牵引参数。

A. 几何参数　　B. 接近角
C. 离去角　　D. 最小离地间隙

158. 越野车要爬很大的坡道角，要求最大动力因数（　　）。

A. 较小　　B. 较大　　C. 适中　　D. 比轿车小

159. 发动机无外载测功仪测得的发动机功率为（　　）。

A. 额定功率　　B. 总功率　　C. 净功率　　D. 机械损失功率

160. 汽车和无轨电车车轮阻滞力均不得大于该轴荷的（　　）。

A. 2%　　B. 5%　　C. 7%　　D. 10%

161. 一般自动变速器的（　　）档油压较高。

A. D　　B. S 或 L　　C. N　　D. R

162. 下列因素中造成汽车前轮摆头的原因是（　　）。

A. 前束过小　　B. 车轮外倾角度大

C. 主销后倾角变大　　D. 减振器失效

163. 汽车离合器液压操纵系统漏油或有空气，会引起（　　）。

A. 离合器打滑　　B. 离合器分离不彻底

C. 离合器异响　　D. 离合器接合不柔和

164. 下列因素造成变速器乱档的原因是（　　）。

A. 轮齿磨成锥形　　B. 自锁装置失效

C. 互锁装置失效　　D. 倒档锁失效

165. 汽车检测站主要以（　　）测量汽油车的排气污染物。

A. 分工况法　　B. 等工况法　　C. 双怠速法　　D. 单怠速法

166. 驾驶人以 5~10km/h 的速度将车辆对正平板台并驶上平板，置变速器于（　　），急踩制动踏板，使车辆停住，测得制动参数值。

A. 空档　　B. 1 档　　C. 2 档　　D. 高速档

167. 汽车转向轮的横向滑移量，用汽车侧滑台检测时侧滑量不大于（　　）m/km。

A. 5　　B. 6　　C. 7　　D. 9

168. 在车辆技术性能检测中要求离合器踏板力不超过（　　）N。

A. 150　　B. 300　　C. 400　　D. 500

（二）判断题

（　　）1. 汽车变速器齿轮应有足够高的强度和韧性以及一定的疲劳强度。

（　　）2. 经过修理的汽车传动轴，由于零件按照技术要求经过了严格的检验，因此装复后无须进行动平衡试验。

（　　）3. 机械循环球式转向器螺杆螺母总成分解时，应做出标记，标出螺杆装入螺母的方向。

（　　）4. 汽车车轮制动器间隙的调整应在轮毂轴承预紧度调好后进行。

（　　）5. 装配自动变速器各部件前，应用 206kPa 干燥洁净的压缩空气对各油孔依次吹入压缩空气进行检验。

（　　）6. 定车牵引的半挂车和铰接式大客车按照汽车大修的标志或牵引车进厂大修。

（　　）7. 汽车变速器齿轮及轴严重磨损是变速器总成大修送修标志之一。

（　　）8. 车辆和总成送修时，应将车辆和总成的有关汽车说明书一并送承修单位。

（　　）9. 汽车路试后，各部位运行温度正常，各处应无漏电、漏水、漏气、漏油现象。

（　　）10. 车辆定期检测是汽车检测站纳入车辆技术管理组织的主要依据。

（　　）11. 汽车驱动力大小与轮胎气压大小有关。

（　　）12. 汽车涉水后，为确保行车安全，应踩几次制动踏板。

（　　）13. 子午线轮胎和斜交轮胎能混用。

（　　）14. 汽车底盘输出最大驱动力功率一般简称底盘输出最大功率。

（　　）15. 汽车侧滑试验台需要定期进行检定和调整，以保证测试工作的可靠性。

（　　）16. 汽车轮胎换位在二级维护时进行。

（　　）17. CO 含量达 60%~65% 时，会使人死亡。

（　　）18. 一个部件的修理方案只有一种。

（　　）19. 汽车修理工艺规程的确定，首先要考虑经济上的合理性。

（　　）20. 汽车变速器齿轮采用退火处理。

（　　）21. 汽车变速器齿轮的热处理工艺要有正火，目的是消除应力，为渗碳、淬火做好组织准备。

（　　）22. 人员少、占地小、成本低的修理厂应选择就车修理法。

（　　）23. 汽车零件的尺寸、形状、位置误差及表面质量均不符合大修标准，但修复后可用且经济，应属于可用件。

（　　）24. 十字轴滚针轴承个别磨损、疲劳剥落或折断，只更换掉损伤的滚针即可。

（　　）25. 检查机械循环球式转向器扇形齿与齿条啮合印迹时，该印迹应处在两齿面中间位置，印迹的方向大致与摇臂轴中心线相平行。

（　　）26. 汽车变速器总成组装后，必须进行磨合试验，试验前应加入齿轮油。

（　　）27. 货车以发动机为主，结合车厢符合大修条件作为汽车大修送修标志。

（　　）28. 挂车大修送修标志是挂车车架（包括转盘）和货厢符合大修条件。

（　　）29. 壳体变形、破裂就是汽车后桥总成大修送修标志。

（　　）30. 汽车四轮定位检测在静态情况可进行。

（　　）31. 汽车承修方在保证期内维修质量发生故障或提前损坏时，必须及时排除，免费维修。

（　　）32. 车辆从购置到报废全过程的技术管理，应系统地记入车辆技术档案。

（　　）33. 汽车制动性能主要从制动效能的稳定性和制动时的方向稳定性两方面来评定。

（　　）34. 汽车左右轮制动力增长不一致，会导致跑偏。

（　　）35. 通常采用车身振动的固有频率作为汽车平顺性的评价指标。

（　　）36. 汽车制动性能台试检测项目中包含车轮阻滞力的检测。

（　　）37. 汽车车速传感器安装在车轮上。

（　　）38. 利用双板侧滑试验台检测时，侧滑量应不大于 5m/km。

（　　）39. 汽车变速器壳体的位置误差包括直线度、平面度、平行度误差。

（　　）40. 固定作业法适用于占地大、成本低、所需设备多的汽车修理厂。

（　　）41. 为保证不等速万向传动装置正常工作，汽车总装配时，钢板弹簧的规格、发动机固定支架下橡胶垫的厚度等应符合技术要求。

（　　）42. 在调整主、从动锥齿轮啮合中，当其啮合印迹与啮合间隙的调整互相矛盾时，应以保证其啮合间隙合适为主。

（　　）43. 汽车同一车桥上左、右制动器摩擦衬片的材料及厚度应相同。

（　　）44. 汽车变速器磨合试验的输入轴转速一般为 800~1200r/min，在此转速下进行无负荷和有负荷试验。

（　　）45. 客车大修送修标志是发动机和其他两个总成符合大修条件。

（　　）46. 汽车主减速器齿轮磨损严重，驱动桥总成必须进行大修。

（　　）47. 装上离合器压盘固定螺栓按规定力矩拧紧，可不必交叉进行。

（　　）48. 车辆技术档案一般由车队的车管技术员负责填写和管理。

（　　）49. 客车质量检查评定方法根据得分值分为一等、合格和不合格三个等级。

（　　）50. 车辆技术档案的主要内容包括车辆基本情况、检测和维修记录等，但不包括事故处理记录。

（　　）51. 汽车在车轮抱死时，横向稳定性极差。

（　　）52. 百公里油耗能用来比较不同排量发动机的燃料经济性。

（　　）53. 接近角和离去角表示车辆接近或离开障碍物或陡坡时不发生刮碰的可能性。

（　　）54. 液压制动的汽车，由于温度过高，制动液汽化而产生气阻，会造成制动不良。

（　　）55. 滚筒式汽车制动试验台不能反映轴承移动带来的影响。

四、参考答案及解析

（一）选择题

1. D　密封不良不会造成变速器异响，只会造成变速器漏油。

2. A　3. A　4. A　5. A

6. D　金属撞击声是万向传动装置异响的现象。

7. A　8. A　9. C　10. A　11. C　12. C　13. C　14. B　15. D　16. B　17. D　18. B　19. C　20. A　21. A

22. B　滑移率是在车轮运动中滑动成分所占的比例，用 δ 表示。据试验证实，当车轮滑移率 δ 为 15%～20%时附着系数达到最大值。因此，为了取得最佳的制动效果，一定要控制其滑移率在 15% ~20%范围内。

23. C

24. D　轮速传感器的功用是检测车轮的旋转速度，并将速度信号输入电子控制单元。目前，常用的轮速传感器主要有电磁式和霍尔式两种。

25. B　汽车动力性指标是指汽车在良好的路面上行驶时由汽车受到的纵向力决定的，汽车所能达到的平均行驶速度。其评价指标有：汽车的最高车速、加速时间、最大爬坡度。

26. B　汽车行驶时，驱动力等于行驶阻力。汽车在不同路面状况和不同运行工况下的受力情况是不同的，见表 3-2。

表 3-2　汽车驱动力与行驶阻力的关系

路面状况	运行工况	驱动力与行驶阻力的关系
水平路面	减速行驶	$F_t<F_f+F_w$
	等速行驶	$F_t=F_f+F_w$
	加速行驶	$F_t=F_f+F_w+F_j$
纵向坡道	等速上行	$F_t=F_f+F_w+F_i$
	加速上行	$F_t=F_f+F_w+F_i+F_j$

注：F_t 为驱动力，F_f 为滚动阻力，F_w 为空气阻力，F_j 为加速阻力，F_i 为坡度阻力。

27. D　汽车行驶时，路面阻止驱动轮滑转（打滑）的最大反作用力叫附着力，用 F_φ 表示。它与轮胎和路面的性质以及作用在驱动轮上的压力有关，其大小为

$$F_\varphi=N\varphi$$

式中　N——附着重力，即作用在所有驱动轮上的法向反作用力；

φ——附着系数，其数值因轮胎和路面性质而异，一般由试验测定。

汽车在冰雪、泥泞或松软的路面上行驶时，由于其附着系数小，使附着力很小，汽车的驱动力受到附着力的限制而不能克服较大的行驶阻力，出现打滑现象。若继续加大油门，则驱动轮只会加速滑转，而驱动力并没有增大。显然，附着力对驱动力起着制约的作用，即驱动力 F_t 的大小不仅与发动机动力有关，还受到附着力 F_φ 的限制，即附着条件为

$$F_t\leqslant F_\varphi$$

要使驱动轮不产生滑转，附着力 F_{φ} 必须大于或等于驱动力 F_t。由此可见，保证汽车正常行驶要满足两个条件：一是发动机要有足够的功率，二是驱动轮与路面间要有足够的附着力。

28. C　汽车行驶阻力小于或等于附着力。

29. B　　30. D　　31. B

32. A　评价汽车制动效能的指标是制动减速度和制动距离。

33. A　解析同 32。

34. B

35. C　严重的制动跑偏会引起制动侧滑。

36. B　　37. A　　38. D　　39. C

40. B　车轮制动器回位弹簧折断或过软，会造成汽车气压制动拖滞。

41. C　　42. A　　43. B　　44. A　　45. A

46. A　汽车万向传动装置的十字轴上注油嘴的安装方向是朝向传动轴管。

47. C　　48. B　　49. C　　50. C

51. A　汽车大修送修标志为：

1）载货汽车以发动机附离合器总成为主，结合车架或者两个及两个以上其他主要总成需大修时，即可组织整车大修。

2）客车以车身总成为主，结合发动机附离合器总成符合送修条件时，即可组织整车大修。

3）挂车大修送修标志是挂车车架（包括转盘）和货厢符合大修条件。

4）定车牵引的半挂车和铰接车，按照汽车大修的标志与牵引车同时进厂大修。

52. A　解析同 51。

53. C　解析同 51。

54. B　汽车总成大修标志为：

1）发动机总成。气缸磨损后，其圆柱度误差达到 0.175~0.250mm，圆度误差已达到 0.050~0.063mm；最大功率或气缸压力较标准降低 25% 以上；燃料和润滑油消耗量显著增加。

2）车架总成。车架断裂、锈蚀、弯曲、扭曲变形超过极限，大部分铆钉松动或铆钉孔磨损，必须拆卸其他总成后进行校正、修理或重铆，才能修复。

3）变速器（分动器）总成。壳体变形、破裂，轴承座孔磨损超过极限，变速器齿轮及轴恶性磨损、损坏等，需要彻底修复。

4）后桥（驱动桥、中桥）总成。桥壳破裂、变形，半轴套管承孔磨损超过极限，主减速器齿轮恶性磨损，需要校正或恢复性修理。

5）前桥总成。前轴裂纹、变形，主销承孔磨损超过极限，需要校正或彻底修复。

6）客车车身总成。车厢骨架断裂、锈蚀、变形严重，蒙皮破损面积较大时，需要彻底修复。

7）货车车身总成。驾驶室锈蚀、变形严重、破裂，货厢纵梁、横梁腐蚀，底板、栏板破损面积较大时，需要彻底修复。

55. A　解析同 54。

56. A　解析同 54。

57. C　解析同 54。

58. A　汽车总成大修其他规定：

1）车辆总成及车辆送修时，承修方与送修方应签订合同，商定送修要求、修理车日和质量保证等。合同签订后必须严格执行。

2）车辆送修时，应具备行驶功能，装备齐全，不得拆换。

3）总成送修时，应在装合状态，附件、零件均不得拆换和短缺。

4）肇事车辆或因特殊原因不能行驶和短缺零部件的车辆，在签订合同时，应做出相应的规定和说明。

5）车辆和总成送修时，应将车辆和总成的有关技术档案一并送承修方。

59. B　进厂大修的汽车，进厂时应进行检验，检验的项目有：

1）了解汽车行驶里程，经过几次维护修理，最后一次维修的内容，大致汽车故障征兆等。

2）汽车的外观检查。检查汽车外部是否有损伤现象，各种零件是否齐全，确定基础件磨损情况，重点检查安全机构（转向、传动、制动、车架），进行轮胎检测。

3）行驶检查。仪表（冷却液温度、油压等）检查，汽车起步（离合器、变速器）检查，汽车行驶中（制动、转向、变速器等）检查。

60. C　61. A

62. D　传动片变形会造成离合器分离不彻底、打滑或抖动，不会造成离合器异响。

63. B　64. B　65. C　66. A　67. B　68. D　69. B

70. D　前束不符合要求会造成汽车行驶跑偏。

71. A　72. A

73. C　制动主缸旁通孔堵塞会导致汽车液压制动不良。

74. B　75. D　76. D　77. C

78. B　一般汽车前轮制动力小于后轮制动力。

79. C　地面制动力一定小于或等于附着力。

80. A　81. A　82. B　83. D

84. C　汽车后轴侧滑易产生甩尾。

85. C　86. A　87. A　88. D　89. C　90. D

91. D　汽车 ABS 在正常制动时的工作状态有常规制动过程、保压过程、减压过程和增压过程四种。

92. D　　93. A　　94. B　　95. A

96. B　汽车驱动力与传动效率、主减速器传动比、变速器传动比和档位、空气阻力系数、汽车总质量和轮胎的尺寸与结构有关等。在同条件下，车轮半径越大，汽车驱动力越小。

97. C　　98. A

99. B　汽车道路试验中，要进行动力性能检查。

100. C　汽车大修竣工外观检视不包括转向性能。

101. A　通过路试，来检查竣工车辆的动力性、经济性、操纵性及滑行性能的恢复，通过察听各部声响来判断和衡量发动机及底盘工作情况，尤其通过路试鉴定其制动效果。路试检查内容主要是制动性能、滑行性能和加速性能。

102. C

103. C　汽车大修基本检验技术文件是“三单一证”，“三单”是指汽车发动机大修进厂检验单、汽车发动机大修工艺过程检验单、汽车发动机大修竣工检验单，一证是指汽车发动机大修合格证。

104. A　解析同 51。

105. A　解析同 51。

106. A　解析同 54。

107. B　解析同 54。

108. C　　109. D　　110. A　　111. A　　112. A　　113. D　　114. A　　115. A　　116. A　　117. A　　118. D　　119. B

120. A　在同条件下主减器传动比越大，汽车驱动力越大。

121. A　　122. C　　123. B　　124. A　　125. B　　126. A　　127. C　　128. C　　129. A　　130. A　　131. D　　132. D　　133. A

134. B　前轮前束的检查方法如下：

1）将车停放在平整的路面上，将前轮补充到规定的气压，转向盘置于中间位置。

2）在两个前轮后侧花纹中心做标记，将前束尺的指针对准标记的中心线，测出距离。

3）轻轻向前推动汽车，使车轮转动 180°，将前束尺前移，再次测量两个标记之间的距离，前侧距离应小于后侧距离，两个距离之差即为前束值。

135. C　检修机械循环球式转向器，装复螺杆螺母时，两组钢球应分别装入原来的导管螺纹孔。

136. A　　137. B

138. B 解析同 51。
139. B 解析同 51。
140. A 解析同 51。
141. D 解析同 54。
142. A 解析同 54。
143. A 解析同 54。
144. A 解析同 54。
145. D 解析同 59。
146. A 147. A
148. A 客车车身蒙皮漆膜光泽度不低于 90%。
149. A
150. D 应该尽可能用高速档行驶，节省油耗。
151. C 152. D 153. B 154. C 155. C

156. A 转向不足，俗称推头，表现为车辆在转弯中的实际转向角度比前轮的转动角度小，也就是前轮出现了向外侧的滑动。转向过度，俗称甩尾，表现为车辆在转弯中的实际转向角度比前轮的转动角度大，也就是后轮出现了向外侧的滑动。

轮胎和路面可能产生的附着力不是无限的，受到轮胎、载荷和路面特性的限制。转向时车辆产生的离心力和需要的驱动力有可能超出了地面所能提供的附着力，此时，轮胎就会出现滑动。如果这个轮胎位于前轮，就会产生转向不足。如果这个轮胎位于后轮，就会产生转向过度。

当车辆发生转向不足时，车辆的转弯半径会增大，从而使离心力减小，随着离心力的减小，地面附着力将有可能提供所需要的驱动力和离心力，从而使车辆趋于稳定转向。否则，如果发生了转向过度，则转弯半径变小，离心力会逐渐变大，会导致车辆进一步转向过度，直至失控甩尾，后果非常严重。

因此，对于车辆来说，都希望有适度的转向不足特性，这样可以有效地避免转向过度的情况，保证驾驶安全。

157. A 在一定载质量下，汽车能以足够高的平均车速通过各种坏路及无路地带和克服各种障碍的能力，称为汽车的通过性。评价汽车通过性的主要性能参数有：汽车的最小离地间隙、纵向通过半径与横向通过半径、接近角与离去角、最小转弯半径等。这些参数在很大程度上表示了汽车可以通过高低不平地带和障碍物的能力。

158. B 动力因数是汽车牵引性能的主要指标，是剩余牵引力（总牵引力减空气阻力）和汽车总重之比。此值越大，汽车的加速、爬坡和克服道路阻力的能力越大。动力因数一般是衡量汽车驱动能力的一个标准。越野车要爬很大的坡道角，要求最大动力因数较大。

159. C 160. B 161. D

162. D　减振器失效会造成汽车前轮摆头。

163. B

164. C　互锁装置失效会造成变速器乱档。

165. D

166. A　驾驶人以 5~10km/h 的速度将车辆对正平板台并驶上平板，置变速器于空档，急踩制动，使车辆停住，测得各轮制动力、每轴左右轮在制动力增长全过程的制动力差、制动协调时间、车轮阻滞力和驻车制动力等参数值。

167. A　　168. B

（二）判断题

1. ×　变速器齿轮是依靠本身的结构尺寸和材料强度来承受外载荷的，这就要求材料具有较高的强度韧性和耐磨性。由于齿轮形状复杂，齿轮精度要求高，还要求材料工艺性好。

2. ×　经过修理的汽车传动轴，虽然零件按照技术要求经过了严格的检验，但是装复后还必须进行动平衡试验。

3. √　　4. √　　5. √

6. ×　定车牵引的半挂车和铰接车，按照汽车大修的标志与牵引车同时进厂大修。

7. √　变速器壳体变形、破裂，轴承座孔磨损超过极限，变速器齿轮及轴恶性磨损、损坏等，需要彻底修复。

8. ×　车辆和总成送修时，应将车辆和总成的有关技术档案一并送到承修单位。

9. √　　10. √

11. √　要使汽车运动，必须在汽车行驶方向作用一个推动力，以克服汽车行驶中遇到的各种阻力，这个推动力称为驱动力，也叫牵引力。而汽车在不同路面状况和不同的工况下运行时，受到的阻力有滚动阻力、空气阻力、上坡阻力和加速阻力。

车轮滚动时，由于轮胎与路面之间的摩擦以及轮胎和路面各自的变形产生的阻力就是滚动阻力。只要汽车运动，滚动阻力就存在，其大小与汽车的总质量、路面性质、轮胎的结构及气压等有关。

12. √

13. ×　子午线轮胎和斜交轮胎不能混用。

14. √　　15. √　　16. √　　17. √

18. ×　一个部件的修理方案有很多种，但最佳方案只有一种。

19. ×　质量是企业的生命，也是为用户服务的首要宗旨。汽车维修质量关系到汽车的动力性、经济性、安全性，关系到运输企业的经济效益。因此，在确定工艺规程时，一定要在保证汽车大修质量的前提下进行。

20. ×　汽车变速器齿轮不采用退火处理。汽车变速器齿轮的热处理工艺如下：

下料→锻造→正火→机械加工→渗碳→淬火→低温回火→喷丸处理→精机械加工。

21. √ 变速器齿轮工艺路线：下料→锻造→正火→机械加工→渗碳→淬火→低温回火→喷丸处理→精机械加工。正火的目的是消除应力，为渗碳、淬火做好组织准备。

22. √

23. × 可用件是指虽有一定的损伤，但其尺寸及形状误差均在允许范围内，符合大修技术标准，仍可继续使用的零件。

24. × 十字轴滚针轴承个别磨损、疲劳剥落或折断，需更换新的轴承。

25. √

26. × 变速器装合后，应在试验台上磨合并进行无负荷、有负荷试验。负荷为传递最大转矩的 30% 左右。运转前，选用并按规定容量加注清洁的汽油机油。各档运转时间的总和一般不少于 1h。

27. × 载货汽车以发动机附离合器总成为主，结合车架或者两个及两个以上其他主要总成需大修时，即可组织整车大修。

28. √

29. √ 桥壳破裂、变形，半轴套管承孔磨损超过极限，主减速器齿轮恶性磨损，需要校正或恢复性修理。

30. √ 31. √ 32. √ 33. √ 34. √ 35. √ 36. √

37. × 汽车车速传感器一般安装在变速器输出轴上，轮速传感器安装在车轮上。

38. √ 利用双板侧滑试验台检测时，侧滑量应不大于 5m/km；利用单板侧滑试验台检测时，侧滑量应不大于 7m/km。

39. × 汽车变速器壳体的位置误差包括直线度、平面度、平行度和垂直度误差。

40. × 固定作业法适用于生产规模小、车型复杂的修理企业。

41. √

42. × 主、从动锥齿轮啮合印迹和啮合间隙的调整都是利用改变两齿轮装配中心距来实现的，在改变接触印迹时啮合间隙也会随之变化，它们是相互联系又相互矛盾的。在调整主、从动锥齿轮啮合印迹和啮合间隙时，往往会出现间隙值符合要求而印迹却不好，或啮合印迹符合要求而啮合间隙却不好的矛盾。由于齿面接触印迹的好坏是判断齿面接触面积、装配中心距离和齿形等是否符合要求的重要依据，因此，当啮合印迹与啮合间隙调整中出现矛盾时，应保证啮合印迹为主，间隙可适当放大些，但也不得超过极限值。

43. √ 汽车同一车桥上左、右制动器摩擦衬片的材料及厚度应相同，从而保证制动力相等。

44. × 汽车变速器磨合试验的输入轴转速一般为 1000~2000r/min，油温在 15~65℃时，不允许有自动脱档、跳档现象。

45. × 客车以车身总成为主，结合发动机附离合器总成符合送修条件时，即可组织整车大修。

46. × 桥壳破裂、变形，半轴套管承孔磨损超过极限，主减速器齿轮恶性磨损，需要校正或恢复性修理。

47. × 装上离合器压盘固定螺栓，按规定力矩交叉拧紧。

48. √ 49. √

50. × 车辆技术档案是记录车辆使用、维修、检测、事故、变更等情况的重要技术资料，是道路运输业户了解运输车辆技术状况的重要依据，同时也是道路运输管理机构对运输车辆实施技术管理的重要内容。

51. √

52. × 百公里油耗能用来比较不同型号发动机的燃料经济性。

53. √ 54. √ 55. √

模块三 汽车电器检修

一、考核范围

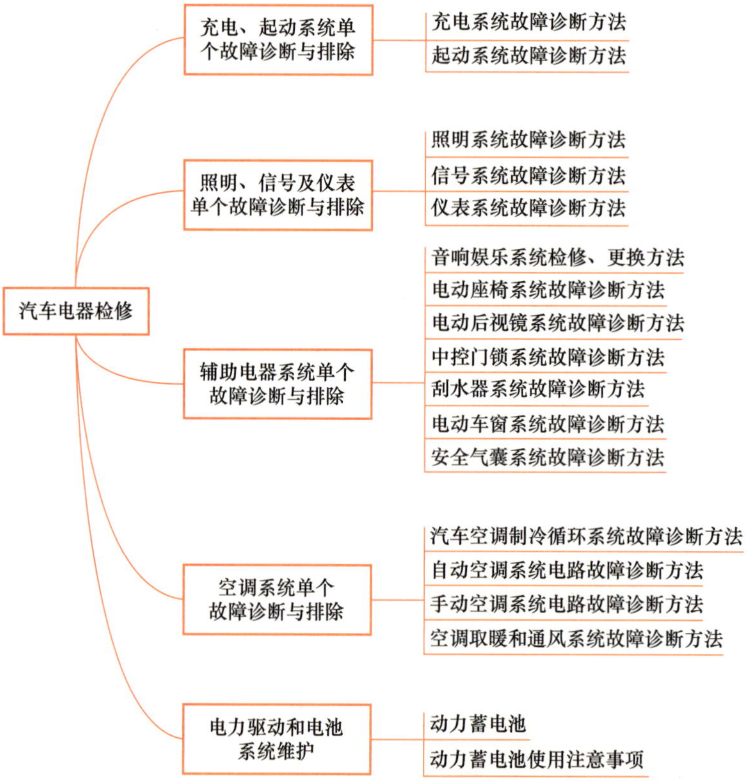

二、考核要点详解

知识点 1 汽车电气设备故障诊断一般程序

1）根据用户的反映，通电试验或试车亲自验证故障现象。

2）查找可能存在故障的系统线路，检查器件及线路连接是否正确可靠。

3）分析问题较为集中的线路及部件，逐步缩小故障范围。

4）必要时对较大的允许单独拆检的部件进行进一步的拆检。

5）进行必要的更换或修理作业。

6）重新试车，验证故障是否确已排除，并不得引发其他新故障。

说明：同一故障，可以有许多不同的分析判断方案，但首先应考虑到几个大的方面：电源是否有电；线路是否畅通（即电线、开关、继电器触点、插接器接触以及接地点等是否可靠）；用电器是否正常等。围绕这几个方面判断就能较快地缩小范围，节省时间。有些电气设备，有时候仅用仪表做静态检查是不能发现本质问题的，必须进行动态检测。

知识点 2 常用的故障诊断方法（表 3–3）

表 3-3 常用的故障诊断方法

诊断方法	图示	说明
直观检验法	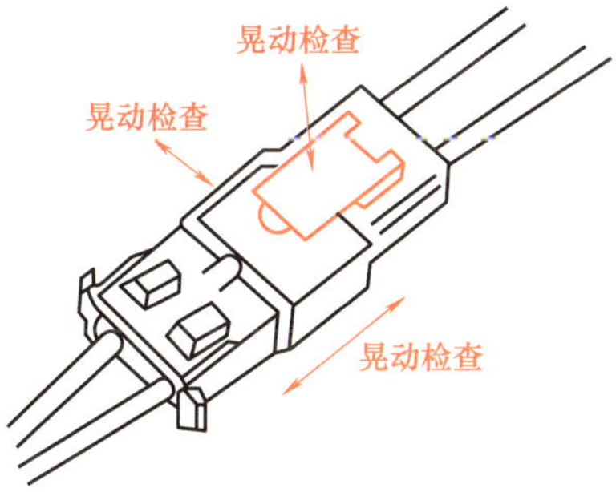	充分运用眼、耳、鼻、手等感觉器官，感知电气设备及线路的工作状态、异响、温升、气味、颜色、火花及线路接触情况等，来判断电气设备及线路工作状态的好坏
测电压法	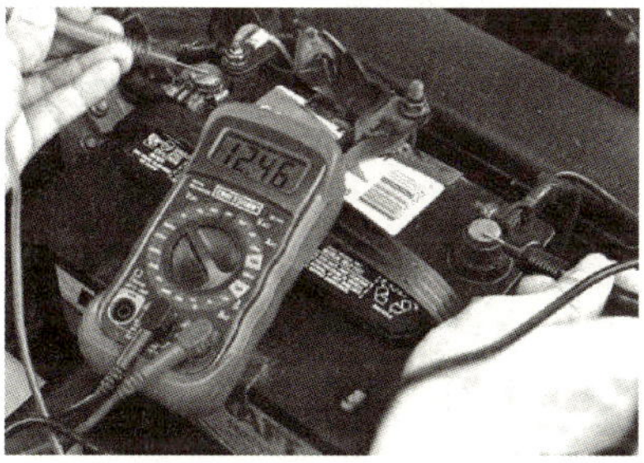	电路系统运转时通过对检测点电压的测量，根据其有无、大小判断故障范围

（续）

诊断方法	图示	说明
测电阻法	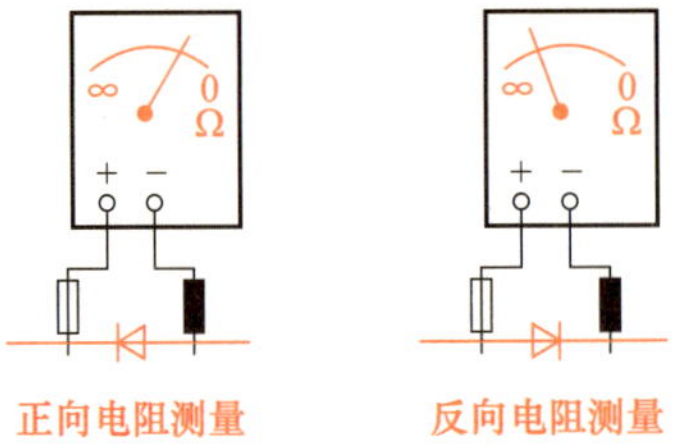	通过测量部分已切断线路或部件的电阻判断其中是否存在故障。注意：被检测电路不得带电
断路比较法	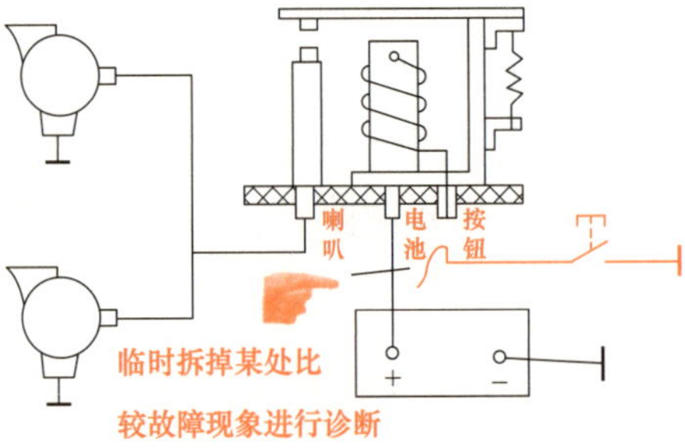	将可疑电路暂时拆下，与拆前进行现象比较，从而验证其中是否存在故障
短路比较法	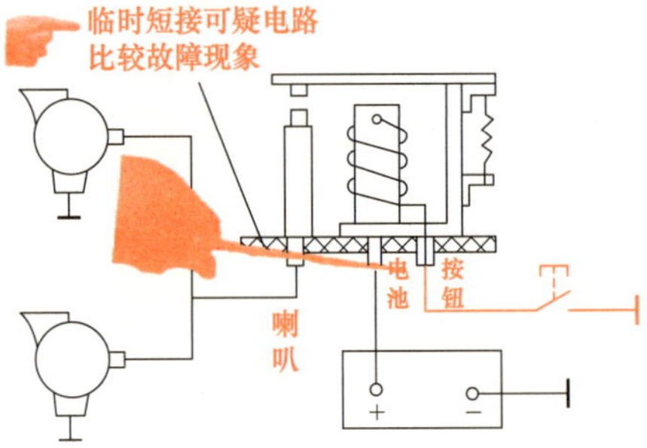	将某段电路或部件短接，如果系统工作恢复正常，则说明被短接的线路或电器内部有断路或接触不良故障
低压试灯法	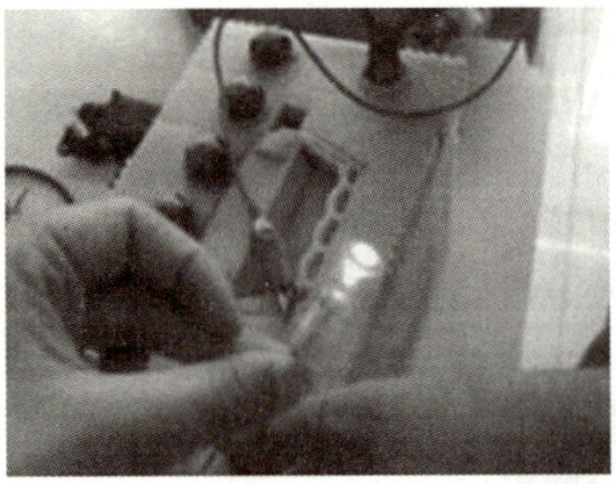	用低压试灯检测电路中某点是否有电，进而判断出故障范围

（续）

诊断方法	图示	说明
察看熔丝法	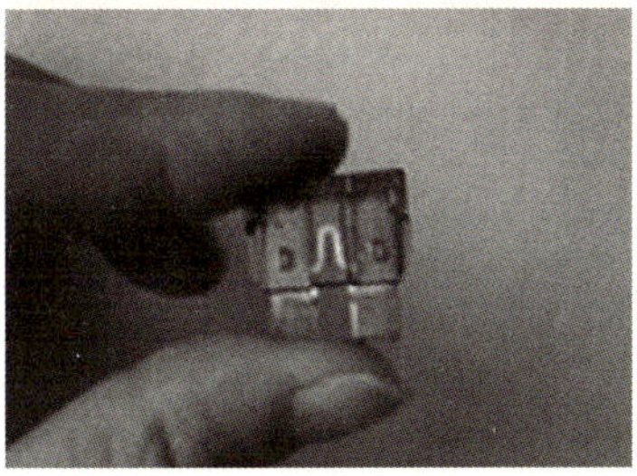	察看电路中的熔丝是否熔断，确定其后面电路中是否存在短路或过载的方法
模拟故障环境法		针对某些故障产生的特定振动、温度、湿度等条件，模拟当时环境，对可疑线路或部件通过摇动、加热、喷水等方法来验证故障并分析故障范围及原因
利用车载自诊断系统或专用仪器检测法		利用车载自诊断系统直接读出故障码或利用专用仪器仪表等对部件或总成的运行参数进行检测，从而准确判断出故障部位及原因

知识点 3　充电系统电路常见故障

充电指示灯不亮；充电指示灯常亮；充电系统不充电；充电电流过大；充电电流过小；充电电流不稳。

知识点 4　起动系统常见故障原因及排除（见表 3-4）

表 3-4　起动系统常见故障原因及排除

故障现象	故障原因	故障排除
起动机不转	点火开关损坏	更换点火开关
	插接器脱落	重新插紧插接器
	电磁开关故障	检修电磁开关
	蓄电池严重亏电或损坏	充电或更换蓄电池
	起动机内部故障	检修起动机

（续）

故障现象	故障原因	故障排除
起动机运转无力	蓄电池亏电	充电
	蓄电池极柱或起动机接线柱接触不良	清除氧化物并紧固
	电磁开关内触点、接线盘烧蚀	修复或更换电磁开关
	电动机故障	检修电动机
起动机空转	单向离合器打滑或驱动齿轮磨损过度	更换单向离合器
	拨叉或弹簧损坏	更换拨叉或弹簧
	电磁开关拉钩与拨叉未钩住或损坏	重新安装或更换
	起动机的齿圈轮齿损坏	更换齿圈
	驱动齿轮端面与挡套间隙过大	调整
起动机不停	拨叉复位弹簧折断	更换拨叉复位弹簧
	电磁开关触点烧蚀粘住	修复或更换电磁开关
	单向离合器运动发卡	检修并润滑
起动机异响	轴承松旷	更换轴承
	电磁开关线路断路	检修或更换电磁开关
	驱动齿轮轮齿损坏	更换驱动齿轮

知识点 5 汽车照明系统故障诊断程序及方法

1）操作前的准备。准备万用表、跨接导线、常用工具一套、作业指导书（电路图）。

2）接通点火开关，操作前照灯开关，观察前照灯点亮情况。

3）当前照灯出现故障时，首先要区分是机械故障还是电气故障，一般出现机械故障时，外表会出现烧蚀现象。

4）根据以上检查情况，得出故障现象，分析故障原因并记录。

5）根据分析的原因用万用表或其他仪器检测电路、元件，确定故障点，排除故障并记录下来。

6）验证故障。

7）整理工量具并清洁，按要求放好，清洁地面。

知识点 6 汽车照明系统故障检查方法

1. 断路故障检查

（1）用试灯检查　将试灯的一端夹在发动机或车架上，接通开关，把试灯另一端依次与蓄电池到该灯之间连接电路上的各测试点相连，如灯亮，再与下一个测试点接触，直至试灯不亮为止。试灯在亮与不亮的两个测试点之间有断路故障。

（2）用万用表直流电压档检测　用万用表直流电压档测试的方法与用试灯检查基本相同。将万用表黑表笔搭铁，红表笔分别与各测试点相接触，检测其电源电压是否正常。

2. 短路故障检查

当接通照明开关时，熔丝立即烧坏，说明照明开关接通的照明线路有短路故障，其短路部位通常在开关与灯之间。

知识点 7　汽车照明系统常见故障分析（见表 3-5）

表 3-5　汽车照明系统常见故障

故障现象	故障原因
所有灯全不亮	电池至总开关间电源线断路；灯总开关损坏；电源总熔丝烧断
远光灯或近光灯不亮	导线断路、插头接触不良或灯泡损坏；远光灯或近光灯熔丝烧断；灯光继电器损坏；导线接地；灯总开关损坏
前照灯灯光暗淡	熔丝松动；导线接头松动；前照灯开关或继电器接触不良；发电机输出电压低；用电设备漏电，负荷加大接地不良
一侧前照灯亮度正常，另一侧暗淡	前照灯暗淡的一侧接地不良；导线插头接触不良
前照灯、后灯正常，示宽灯不亮	灯总开关损坏；熔丝烧断；示宽灯灯泡损坏；示宽灯电路断路；继电器损坏

知识点 8　转向信号灯光常见故障

转向信号灯常见故障有灯光不亮、灯光常亮不闪、闪光频率变化等，见表 3-6。其中，灯光不亮包括所有转向信号灯不亮、一侧（左侧或右侧）转向信号灯不亮、个别转向信号灯不亮等。

表 3-6　转向信号灯常见故障

故障现象	故障原因	故障处理方法
灯光不亮	1. 熔丝断开 2. 闪光器损坏 3. 开关损坏 4. 线路断开 5. 灯泡损坏	1. 更换熔丝 2. 更换闪光器 3. 检查开关 4. 检查线路 5. 更换灯泡
灯光常亮不闪	1. 闪光器损坏 2. 线路连接错误	1. 更换闪光器 2. 检查线路连接
灯光闪烁频率变化	1. 灯泡功率不当 2. 闪光器工作不亮 3. 电源电压过高或过低	1. 检查灯泡类型 2. 更换闪光器 3. 检查电源

知识点 9 普通仪表的常见故障

燃油表、冷却液温度表和机油压力表的常见故障有单个仪表不工作或仪表显示不准、多个仪表不工作。

1. 单个仪表不工作或仪表显示不准

1）检查传感器导线连接是否松脱，如果正常，则检查仪表线路。

2）在仪表线路正常情况下，用 10Ω 的电阻代替传感器，一端接传感器导线，另一端直接搭铁，接通点火开关（ON），观察仪表（图 3-3）。如果指针摆动，则说明传感器有故障，应更换传感器；如果指针不动，则说明仪表有故障，应更换仪表。

3）检查仪表显示是否准确，应参照相关车型维修手册。如果检查结果不符合要求，则更换传感器或仪表。

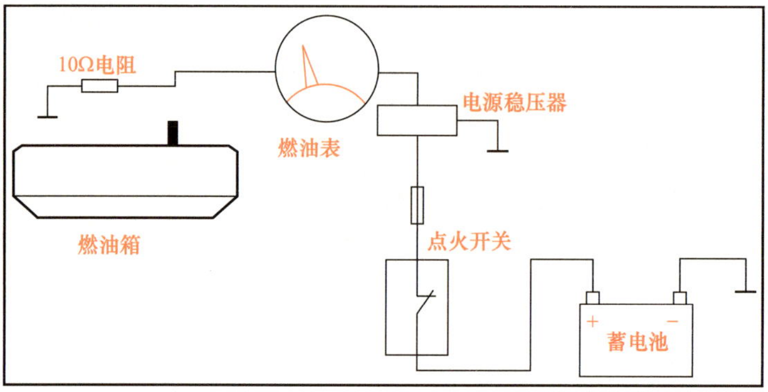

图 3-3 仪表检查示意图

2. 多个仪表不工作

在电磁式和电热式仪表电路中，一般设有熔丝，并配有电源稳压器。多个仪表同时不工作，应检查仪表熔丝和电源稳压器是否有故障，如图 3-4 所示。

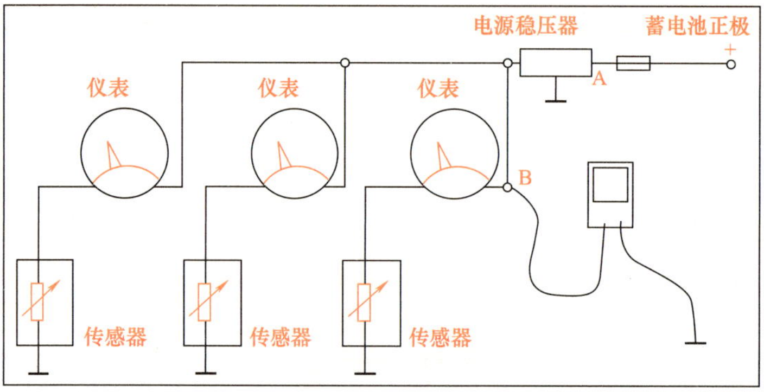

图 3-4 电源稳压器电路的检查

知识点 10 汽车仪表系统综合故障诊断与排除

汽车电子仪表显示系统的故障一般都出在传感器、插接器、导线、个别仪表及显示器上。故障诊断排除时应先将传感器电路断开或拆下，用检测设备对它们逐个进行检查。

1. 传感器的检测

对各种电阻式传感器，通常采用测量电阻的方法来确定其好坏，即把所测得的电阻值与其规定的标准电阻值相比较。若测得的电阻值小于规定值，表明传感器内部短路；若电阻值过大或无穷大，则说明传感器内部接触不良或断路，应更换传感器。

2. 插接器的检查

采用电子仪表的汽车，往往需要很多插接器把电线束连接到仪表板上去。这些插接器一般都采用不同的颜色，以便辨认它属于哪一部分的连接。为保证其连接可靠、牢固，插接器上都设有闭锁装置。检查时可用眼看或手摸的方法进行，插接器装置要齐全、完好，插头、插座应接触可靠、无锈蚀。仪表电路工作中用手触摸插接器，应没有明显的温度感觉，若温度过高，说明该插接器接触不良，应查明原因排除。

3. 个别仪表故障排除

若发现电子仪表板上有个别仪表发生故障，应检查与此仪表有关的各个部分。首先应检查各导线的连接情况，包括各插接器的接触情况，线束是否破损、搭铁、短路和断路等。若有检测设备，可用检测设备分别对该仪表及其传感器进行检测，查明故障原因，能修则修，不能修则更换新件。

4. 显示器故障检修

一旦电子仪表板上的显示屏部分笔画、线段出现故障，应将仪表板上的显示器调整到静态显示状态，仔细观察是否还有别的故障，就此时出现的故障可使用检测设备对与此有关的电路或装置进行认真检查。如果仅有一两个笔画或线段不亮或不显示，则说明逻辑电路板通过多路传输的脉冲信号正确，可能是显示装置的部分线段工作不正常。遇此情况应进一步检查，属于接触不良的应加以紧固，确保其电路畅通；若是电子器件本身问题，通常应更换显示器件或显示电路板。

知识点 11 电动座椅系统故障诊断方法

1）所有电动座椅都不能动，可能的原因是电动座椅电路断路器损坏、熔断器熔断、线路搭铁不良。

2）一个电动座椅不能动，可能是该电动座椅的输入电源线路断路或接触不良、搭铁线路断路、开关失效。

3）电动座椅前后端不能垂直升降或整个座椅不能垂直升降，可能是前或后垂直调节电动机故障或线路故障、控制开关失效、传动装置失效或调整不当。

4）电动座椅不能前后移动，可能是水平电动机故障或连线故障、开关故障、传动装置失效。结合相应的故障诊断结果，采取相应的措施排除故障。

知识点12 电动后视镜常见故障及原因

1. 电动后视镜常见故障

电动后视镜都不能调节、个别电动后视镜不能调节。

2. 故障原因

电动后视镜都不能调节可能原因有熔丝断开、插接器松脱或线路断路、开关有故障。检查熔丝是否断开、插接器是否松脱、开关及线路是否正常。

个别电动后视镜不能调节可能原因有插接器松脱或线路断路、电动机或开关有故障。检查电动机是否正常、开关及线路是否正常。

知识点13 中控门锁系统常见故障及原因

1. 中控门锁系统常见故障

所有门锁均不能锁止和开锁、单个门锁不能锁止和开锁、单个门锁不能锁止或开锁。

2. 故障原因

1）所有门锁均不能锁止和开锁，可能原因有熔断器断开；电源线断路或插接器松脱；中控开关搭铁锈蚀或松脱；门锁控制器有故障等。检查熔断器是否断开；如果熔断器正常，则检查中控开关电源线路插接器连接是否正常；如果电源电路正常，则检查中控开关搭铁是否良好；检查中控开关是否损坏。

2）单个门锁不能锁止和开锁、单个门锁不能锁止或开锁，可能原因有门锁开关有故障，门锁电动机（或电磁铁）有故障，线路断路或插接器松脱等。检查门锁电动机（或电磁铁）是否正常，检查门锁开关是否正常，检查门锁电动机（或电磁铁）至门锁开关线路或插接器连接是否正常。

知识点14 刮水器系统故障诊断与排除方法

检修电动刮水器时，先确定是电气故障还是机械故障，其方法是拆开刮水器电动机与传动机构的连接，接通刮水器开关，如果刮水器电动机工作正常，则故障在机械部分。

机械故障的主要原因有杆件连接松脱、杆件变形、刮水片损坏，应进行检修或更换机件。

电气故障的主要原因有熔丝断开、接线松脱、刮水器电动机损坏、刮水器开关损坏、间歇继电器损坏、线路断路等，应进行检修或更换部件。

知识点 15 电动车窗常见故障诊断思路

电动车窗检修主要包括对主开关的检修、分开关的检修和车窗电动机的检测三个方面。检查主开关、分开关各端子之间导通状况是否和车辆维修手册规定一致。拆下车窗电动机，将蓄电池正、负极分别接到车窗电动机两端子，电动机应能正常转动，反向接入，电动机应能反转，否则说明电动机故障。对采用多路传输通信控制方式的电动车窗系统的检修，需要借助专用检测仪、示波器等设备进行波形等数据分析排除故障。

知识点 16 安全气囊系统检修时的注意事项

1）由于安全气囊故障很难确认，存储在 SRS ECU 的故障信息对故障诊断十分重要，在拆下蓄电池负极电缆前务必读取故障码，否则，故障码将被清除，从而影响安全气囊的检修。

2）在安全气囊检修前，应拔出点火钥匙，并拆下蓄电池负极电缆 20s 或更长时间，使备用电源完全放电，以免检修中因备用电源供电使气囊误展开。

3）绝对不能检测气囊组件（测量点火器的电阻），否则气囊可能会展开。检测其他部件及线路时，应断开气囊组件插接器，使用高阻抗（10kΩ 以上）的万用表，最好使用数字万用表。

4）拆装、搬移或安放气囊组件（未展开）时，应将气囊组件的盖板一面朝上，不得将气囊组件重叠堆放，也不得将任何物品放在气囊组件上。

5）禁止对气囊组件、碰撞传感器进行修理，如果损坏或失效，则必须更换新件。

6）安装转向盘时，其安装位置必须正确，并使螺旋电缆插接器位于中间位置，否则，将影响转向盘的转动，或损坏螺旋电缆插接器。

7）在引爆报废的气囊组件时，应使用专用工具，并按规范进行安全引爆。

8）安全气囊检修后，应检查 SRS 警告灯的工作状态是否正常。

知识点 17 空调制冷循环系统故障的原因

空调制冷循环系统故障存在于涉及制冷剂循环的元件，主要原因有元件损坏、制冷剂量不符合车辆要求以及元件过脏。

1. 元件损坏

制冷剂的循环由发动机带动压缩机进行。压缩机、电磁离合器等元件的损坏会造成空调压缩机不能够有效地建立压力使制冷剂良好地循环从而导致空调故障的发生。元件内部堵塞造成制冷剂循环不畅也会导致空调制冷故障的发生。

2. 制冷剂量不符合要求

汽车空调所用制冷剂的量是有相关要求的，制冷剂的量过多和过少都会对空调的制冷效果产生一定的影响。制冷剂缺少一般由于制冷循环管路泄漏所致；制冷剂过多一般由于维修人员在制冷剂加注时没有严格按照车辆的需求进行加注。

3. 元件过脏

制冷剂循环过程中涉及制冷剂的热交换，如果热交换器表面有脏污会导致热交换不良从而影响空调的制冷效果。

知识点 18 自动空调控制电路及电控元器件故障诊断方法

1. 使用故障诊断仪

现代轿车都应用了许多计算机模块，它们通过一个多路系统 CCD 与 ECU 共享信息，使用故障诊断仪，将其连接到诊断口，就可以读出大部分故障码，按照检修程序手册，便能迅速地找到故障点。例如，对通用的 OBD Ⅱ 诊断系统，它们都配备了较丰富的车型适配器与程序存储卡。以 OBD Ⅱ 为例，进入 ECU 诊断程序的步骤如下：

1）利用部件结构图找出诊断插接器。

2）将正确的程序存储卡插入 OBD Ⅱ 诊断仪。

3）将点火开关转到 ON 档，完成发动程序后，显示屏将出现一个多层选择菜单。

4）下拉菜单进入 ECU 诊断程序，读出故障码。

5）按照检修程序手册，查找故障部位并排除。

2. 元件检查

1）温度传感器。空调上使用多个温度传感器，如环境温度传感器、车内温度传感器等。这些元件由热敏电阻构成。检查时测量该传感器电阻值，通过对照表判断传感器的状况。

2）压力传感器。安装在高压侧管上检测制冷剂压力，并将制冷剂压力信号输出至空调放大器。空调放大器根据传感器特性将该信号转换为压力，以控制压缩机。在检查时可以在正常供电的情况下测量输出电压。对照相应的表格判断元件的状况。

3）电动机。空调系统有多个电动机相互协作共同工作。判断电动机是否正常可用诊断仪的元件驱动功能来实现，再通过线路检查从而最终判定电动机的状况。

3. 自动空调系统检修注意事项

由于自动空调系统实际上是一个计算机控制的电子电路，所以不能按照传统方法检修，以免造成人为故障或元件损坏，应遵循下列注意事项：

1）禁止采用“试火”的方法让任何被控制电路搭铁或对其施加电压，且切勿使用试灯。

2）只能用高阻抗的万用表（如数字万用表）检测电路，特别是对各种传感器的检测尤为小心。

3）更改接线，断开任何到传感器或执行器的电气连接之前，应首先关掉点火开关。

4）接触 ECU 芯片时，应将手指摸在良好的搭铁处，更换元件时，应戴好防静电金属护腕，防止静电损坏电路元件。

5）拆下蓄电池时，应该遵守维修手册的程序，防止掉电时间过长，ECU 内部数据丢失。

知识点 19 空调取暖和通风系统故障诊断方法

汽车空调暖风系统可能出现的故障是不送暖风、暖风量过小或送风温度低等。由于鼓风机同时用于制冷和暖风系统，因此，鼓风机不工作或运转不良也会造成空调制冷系统不送凉风或热风。

汽车空调暖风系统本身的故障部位有暖风换热器、暖风器壳体总成、通风管道及冷却液管路等。

1. 暖风系统壳体总成

暖风系统壳体内安装有暖风换热器，可能出现的故障是因壳体破裂、紧固件松动等而造成漏气。当出现暖风量过小等故障时，需检查暖风系统壳体总成。

2. 通风管道

可能出现的故障是因破裂、紧固件松动等而造成漏气。当出现暖风量过小等故障时，需检查通风管路。

3. 暖风换热器与冷却液管暖风换热器

可能出现的故障是堵塞和表面脏污，冷却液管的可能故障是管子破裂和堵塞等。当暖风温度过低时，需检查换热器和冷却液管。

4. 暖风及通风控制开关总成

可能出现的故障是拉线断脱、开关损坏等。

三、练习题

1. 汽车前照灯检验仪发光强度的测量范围为（　　）cd。

A. 0~20000　　B. 0~30000　　C. 0~40000　　D. 0~50000

2. 汽车用示波器的波形显示的是（　　）的关系曲线。

A. 电流与时间　　B. 电压与时间　　C. 电阻与时间　　D. 电压与电阻

3. 发动机废气分析仪使用前，先接通电源预热（　　）min 以上。

A. 20　　B. 30　　C. 40　　D. 60

4. 汽车空调压缩机泄漏检查方法有多种，下列（　　）不能采用。

A. 卤化器检测器　　B. 电子检漏器

C. 肥皂泡　　D. 水压法

5. 点火正时灯是（　　）测量点火提前角的测量仪表。

A. 静态　　B. 动态　　C. 怠速　　D. 加速

6.（　　）的作用就是利用二极管的单向导电性，通过三相桥式整流电路，将电枢绕组产生的三相交流电转换成直流电。

A. 发电机　　B. 起动机　　C. 调节器　　D. 整流器

7. 交流发电机的（　　）是产生交流电动势的。

A. 定子　　B. 转子　　C. 铁心　　D. 线圈

8. 汽车起动机电磁开关通电，活动铁心完全吸入驱动齿轮时，驱动齿轮与止推环之间的间隙一般为（　　）mm。

A. 2.5~5　　B. 5　　C. 5~10　　D. 5~7

9. 在汽车制冷循环系统中，被吸入压缩机的制冷剂是（　　）状态。

A. 低压液体　　B. 高压液体　　C. 低压气体　　D. 固体

10. 与汽车前照灯有关的物理量是发光强度和照度，它们的单位符号分别为（　　）。

A. cd、ls　　B. ca、lx　　C. cd、lx　　D. cd、ld

11. 用万用表测量交流发电机整流二极管和励磁二极管的电阻值，均应为（　　）Ω，否则更换二极管底板。

A. 40~60　　B. 50~80　　C. 20~30　　D. 30~50

12. 汽车模拟示波器波形轨迹的亮度取决于（　　）。

A. 电压信号的速度和波形的重现率　　B. 调整情况

C. 电压信号的速度　　D. 信号的强弱

13.（　　）对汽车维修人员实用性较差。

A. 敷线图　　B. 线束安装图　　C. 电路原理图　　D. 系统电路图

14. 汽车用电维修设备应注意（　　）。

A. 防水　　B. 不带电维修　　C. 要加接地线　　D. 以上全对

15. 汽车维修作业时由于电路短路引起的火灾首先应（　　）。

A. 用水扑救　　B. 切断电源

C. 用布盖住　　D. 用干粉灭火器灭火

16. 聚光式前照灯检验仪规定检测距离为（　　）m。

A. 1　　B. 2　　C. 3　　D. 4

17. 全自动汽车前照灯检测仪要保证（　　）m 的检测距离。

A. 2　　B. 3　　C. 4　　D. 10

18. 在检验汽车的近光灯光束照射位置时，向左向右偏移量都不大于（　　）mm。

A. 80　　B. 90　　C. 100　　D. 1000

19. 用百分表检查起动机起动轴是否弯曲，如摆差大于（　　）mm，应进行校正。

A. 0.1　　B. 0.2　　C. 0.5　　D. 0.15

20. 发动机在正常工作温度下，（　　）s 内能起动。

A. 2　　B. 5　　C. 8　　D. 10

21. 分析发动机点火重叠角的大小要通过（　　）来分析。

A. 平列波　　B. 并列波　　C. 重叠波　　D. 频闪灯

22. 我国汽车电气设备电路采用（　　）。

A. 正极搭铁　　B. 串联　　C. 双线　　D. 单线负极搭铁

23. 下面关于分电器的说法正确的是（　　）。

A. 无分电器点火系统即独立点火系统

B. 在小负荷时提供较大的点火提前角

C. 不能实现闭环控制

D. 取消了分电器

四、参考答案及解析

1. C　2. B　3. B

4. D　汽车空调压缩机泄漏检查方法主要有卤化器检测器、电子检漏器、肥皂泡等。

5. B

6. D　整流器的作用就是利用二极管的单向导电性，通过三相桥式整流电路，将电枢绕组产生的三相交流电转换成直流电。其中，二极管的导通原则为：电枢绕组输出的三相交流电，在某一瞬间，有一相电压最高，同时还有一相电压最低，接在电压最高相线上的正极管获得正向电压导通，同时，接在电压最低相线上的负极管获得正向电压导通（其余四个二极管皆因承受反向电压而截止）。由于这两个二极管的导通，整流器的“+”端电位最高，“-”端电位最低，将电动机两相线之间的电压（线电压）加在负载上。

7. A　发电机定子总成由铁心和定子绕组组成。固定的定子绕组切割转子产生旋转的磁场（磁力线），定子绕组上就产生交流电动势。

8. B

9. C　汽车空调制冷原理如下：

1）用户按操作程序起动汽车空调系统之后，压缩机在发动机带动下开始工作，驱使制冷剂在密封的空调系统中循环流动，压缩机将气态制冷剂压缩成高温高压的制冷剂气体后排出压缩机。

2）高温高压制冷剂气体经管路流入冷凝器后，在冷凝器内散热、降温，冷凝成高温高压的液态制冷剂流出。

3）高温高压液态制冷剂经管路进入干燥储液器内，经过干燥、过滤后流进膨胀阀。

4）高温高压液态制冷剂经膨胀阀节流，状态发生急剧变化，变成低温低压的液态制冷剂。

5）低温低压液态制冷剂立即进入蒸发器内，在蒸发器内吸收流经蒸发器的空气热量，使空气温度降低，吹出冷风，产生制冷效果，制冷剂本身因吸收了热量而蒸发成低温低压的气态制冷剂。

6）低温低压的气态制冷剂经管路被压缩机吸入，进行压缩，进入下一个循环。

10. C　11. C　12. A　13. C　14. D　15. B　16. A　17. B　18. C　19. A　20. B　21. C　22. D

23. B　微机控制电子点火，在小负荷时提供较大的点火提前角。

第四部分 操作技能考核指导

Chapter 4

模块一 发动机检修

技能训练一 诊断与排除发动机燃油压力不足故障

一、训练准备

1. 上海桑塔纳 2000GSi 时代超人轿车。
2. 常用修理工具。
3. 燃油压力表。

二、训练要求

1. 掌握发动机燃油压力不足故障现象、原因。
2. 能够排除发动机燃油压力不足故障。

三、训练时间

50min。

四、基本操作步骤

操作步骤描述：观察故障现象→分析故障原因→诊断与排除故障。

步骤 1 观察故障现象

点火系工作正常，但发动机不能起动。

步骤 2 分析故障原因

1. 油箱存油不足。
2. 油管堵塞、漏油。
3. 燃油滤清器堵塞。
4. 燃油压力调节器损坏。

5. 燃油泵不工作。
6. 燃油泵继电器损坏。

步骤 3　诊断与排除故障

	1. 检查油箱是否有油，若存油量过少，则予以补足；检查油管是否堵塞、破裂或接头松动漏油，若有异常，则予以修复或更换
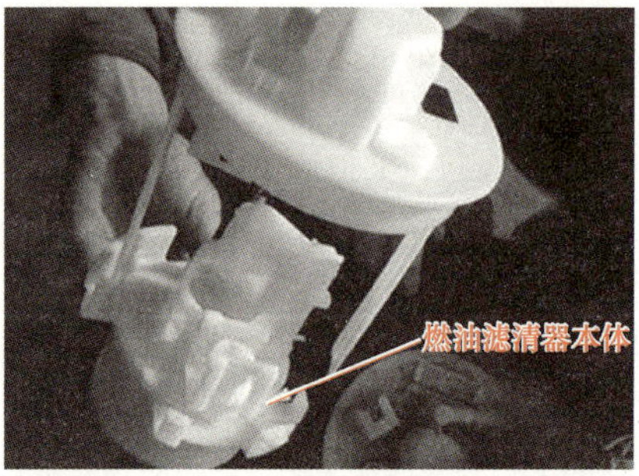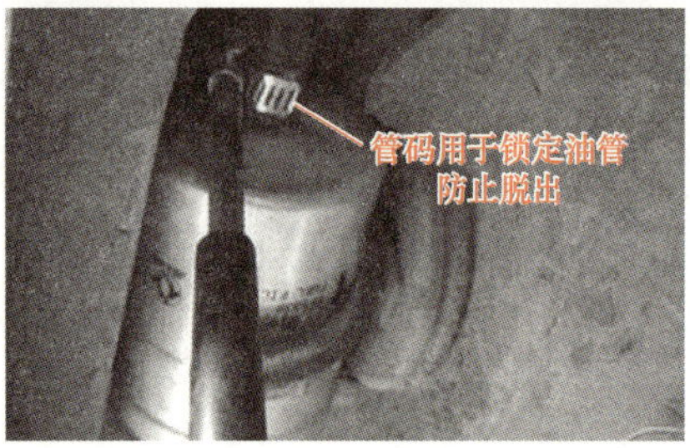	2. 拆下燃油滤清器，检查是否堵塞或失效。若有异常，更换燃油滤清器 备注：燃油滤清器集成于油泵总成中，一般位于后排座椅下，拆卸燃油滤清器需要拆除整个油泵；有的安装在底盘上
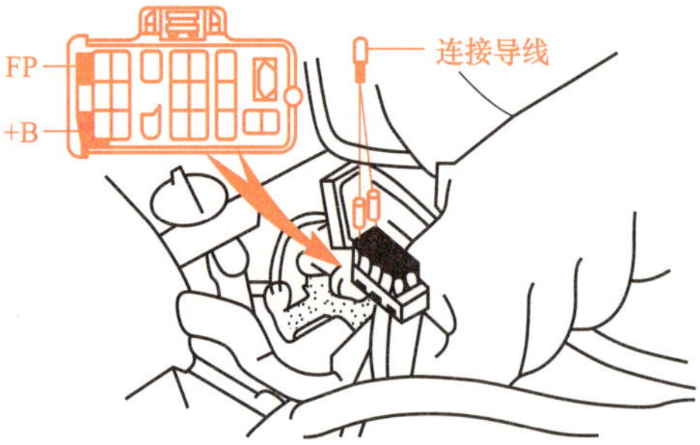	3. 检查燃油泵是否工作 （1）用一根导线将故障诊断插座内两个燃油泵检测插孔短接（丰田轿车燃油泵检测插孔为 FP 和 + B）。将点火开关置于 ON（但不起动发动机），油泵将运转

（续）

<table>
<tr><td colspan="2">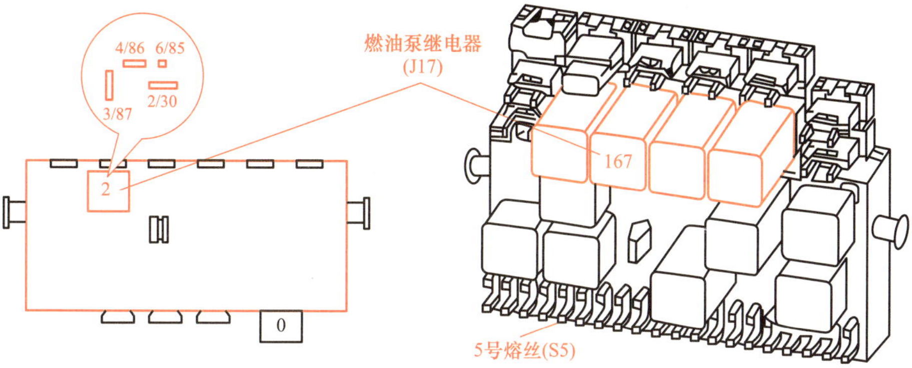

说明：上海桑塔纳 2000GSi 时代超人轿车可拔下装在中央控制盒上 2 号位置的燃油泵继电器，并用一根金属导线将燃油泵继电器插座 30、87 脚座短接，此时燃油泵应运转</td></tr>
<tr><td>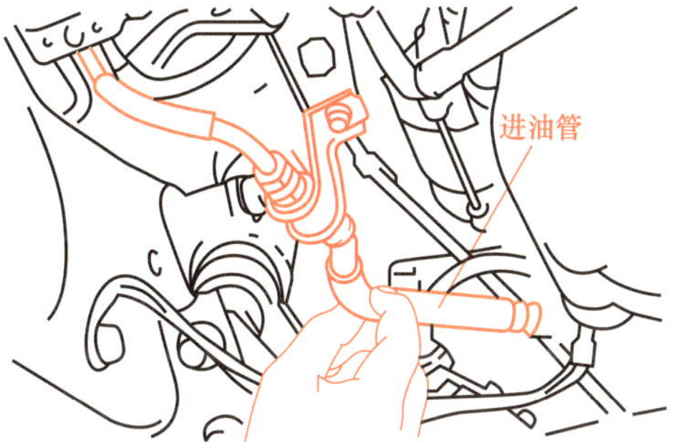
</td><td>（2）打开油箱盖，仔细听有无燃油泵运转的声音。若听不清或无燃油泵运转的声音，也可以用手检查进油软管有无压力。若听不见燃油泵运转的声音，也感觉不到进油管的压力，说明电动燃油泵不工作</td></tr>
<tr><td>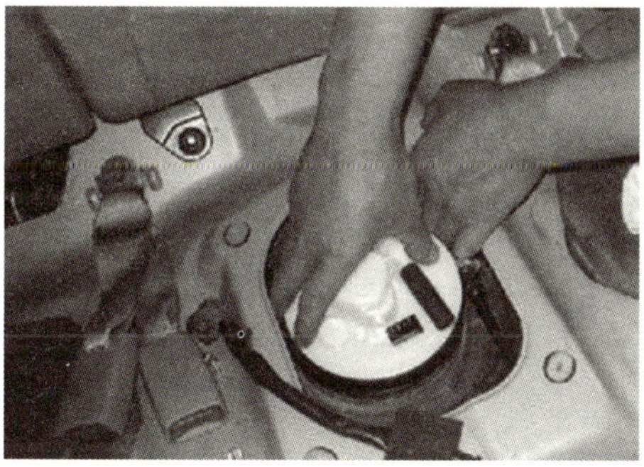</td><td>（3）检查电动燃油泵熔丝有无烧断，燃油泵继电器有无损坏，控制电路有无断路。若上述检查都正常，则应拆检或更换燃油泵</td></tr>
<tr><td>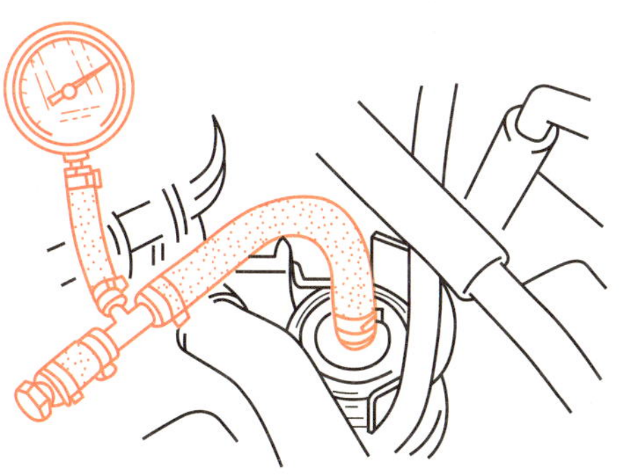</td><td>4. 检测燃油泵最大压力和保持压力
（1）释放燃油系统的油压后，将油压表接在燃油管路上，并将出油口塞住
（2）用上述步骤 3 中（1）的方法使电动燃油泵工作，同时读出油压表的压力，该压力称为电动燃油泵的最大压力，其值应比发动机运转时的燃油压力高 200~300kPa，一般为 490~640kPa。若不符合标准值，应更换电动燃油泵
（3）关闭点火开关，5min 后再观察油压表压力，此时的压力称为电动燃油泵的保持压力，其值应大于 340kPa。若不符合标准值，应更换电动燃油泵</td></tr>
</table>

（续）

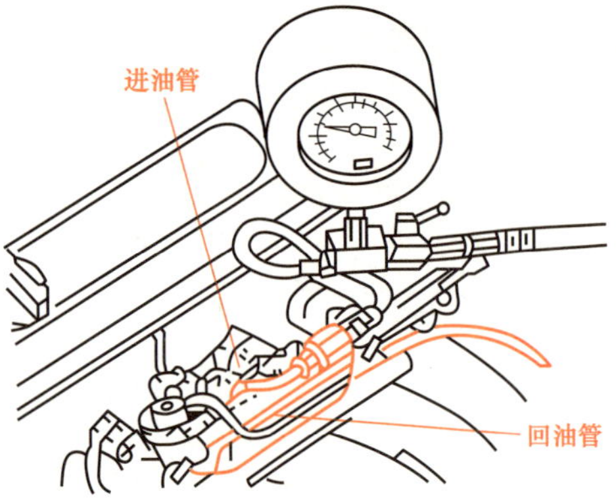

5. 检测燃油压力。如上述检查都正常，则应对燃油压力进行检测

（1）释放燃油系统的油压

（2）安装燃油压力表

（3）让电动燃油泵运转，读出燃油压力表指示的压力值，该值应不小于350kPa。若不符合，则用包上软布的钳子夹住燃油压力调节器的回油管再试，若燃油压力达到标准值，则应更换燃油压力调节器

五、评分标准

序号	考核内容	配分	评分标准	考核记录	扣分	得分
1	正确使用工作仪器	10分	使用错误扣10分			
			使用不当酌情扣分			
2	确定故障原因	25分	检查方法错误扣10分			
			检查程序错误扣5分			
			判断原因错误扣5分			
3	明确故障部位（口述）	25分	不能确定故障扣20分			
4	排除故障	35分	不能排除扣20分			
			自制一处错误扣5分			
			不能完全排除酌情扣分			
5	遵守安全操作规程，正确使用工、量具，操作现场整洁	5分	每项扣1分，扣完为止			
	安全用电，防火，无人身、设备事故		因违规操作发生重大人身和设备事故，此题按0分计			
6	分数总计	100分				

评分人：　　年　月　日　　核分人：　　年　月　日

技能训练二　诊断与排除发动机怠速不稳故障

一、训练准备

1. 上海桑塔纳2000GSi时代超人轿车。

2. 常用修理工具。
3. 数字式万用表。
4. 431 解码器。
5. 燃油压力表。

二、训练要求

1. 掌握发动机怠速不稳故障现象、原因。
2. 能够排除发动机怠速不稳故障。

三、训练时间

50min。

四、基本操作步骤

操作步骤描述：观察故障现象→分析故障原因→诊断与排除故障。

步骤 1　观察故障现象

发动机起动正常，但不论冷车或热车，怠速均不稳定，怠速转速过低，易熄火。

步骤 2　分析故障原因

1. 气缸压缩压力过低。
2. 燃油压力过低。
3. 进气系统漏气。
4. 空气滤清器堵塞。
5. 空气流量传感器有故障。
6. 怠速控制装置工作不良。
7. 怠速调整不当。
8. 喷油器雾化不良、漏油或堵塞。

步骤 3　诊断与排除故障

	1. 检查进气系统各管接头、各真空软管、废气再循环系统和燃油蒸发回收系统有无漏气现象

（续）

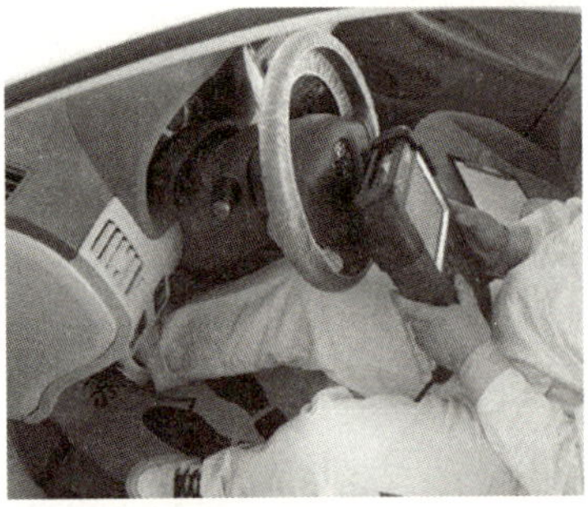	2. 进行故障自诊断，检查有无故障码。若有故障码，则按所显示的故障码查找故障原因和故障部位
	3. 检查怠速控制装置的工作是否正常。拔下怠速控制装置导线插接器，如果发动机转速无变化，说明怠速控制装置或控制电路有故障，应检修电路或更换怠速控制装置
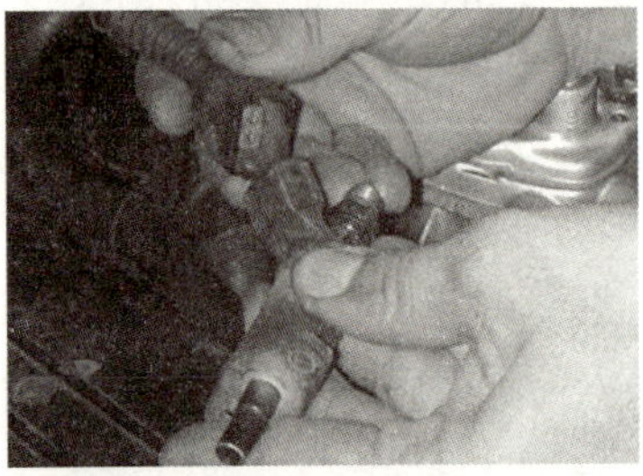	4. 仔细倾听各缸喷油器在怠速时的工作声音。如果各缸喷油器工作声音不均匀，说明各缸喷油器喷油不均匀，应拆检、清洗或更换喷油器
	5. 检查燃油压力。怠速时的燃油压力应为250kPa左右。若燃油压力太低，应检查油压调节器、电动燃油泵、汽油滤清器等
	6. 按规定的程序，调整发动机怠速

（续）

	7. 检查翼板式或量芯式空气流量传感器有无卡滞。若不良，应更换
	8. 检查气缸压缩压力。若压力低于 0.8MPa，应拆检发动机

五、评分标准

序号	考核内容	配分	评分标准	考核记录	扣分	得分
1	正确使用工作仪器	10 分	使用错误扣 10 分			
			使用不当酌情扣分			
2	确定故障原因	25 分	检查方法错误扣 10 分			
			检查程序错误扣 5 分			
			判断原因错误扣 5 分			
3	明确故障部位（口述）	25 分	不能确定故障扣 20 分			
4	排除故障	35 分	不能排除扣 20 分			
			自制一处错误扣 5 分			
			不能完全排除酌情扣分			
5	遵守安全操作规程，正确使用工、量具，操作现场整洁	5 分	每项扣 1 分，扣完为止			
	安全用电，防火，无人身、设备事故		因违规操作发生重大人身和设备事故，此题按 0 分计			
6	分数总计	100 分				

评分人：　　年　月　日　　核分人：　　年　月　日

第四部分

技能训练三　诊断与排除发动机起动困难故障

一、训练准备

1. 上海桑塔纳 2000GSi 时代超人轿车。
2. 常用修理工具。
3. 数字式万用表。
4. 431 解码器。
5. 燃油压力表。

二、训练要求

1. 掌握发动机起动困难故障现象、原因。
2. 能够排除发动机起动困难故障。

三、训练时间

50min。

四、基本操作步骤

操作步骤描述：观察故障现象→分析故障原因→诊断与排除故障。

步骤 1　观察故障现象

起动时曲轴转动速度正常，但需要较长时间才能起动，或有明显起动征兆而不能起动。

步骤 2　分析故障原因

1. 空气供给装置有漏气部位。
2. 燃油供给装置供油压力太低。
3. 空气滤清器滤芯堵塞。
4. 冷却液温度传感器工作不良。
5. 空气流量传感器故障。
6. 怠速控制阀或附加空气阀工作不良。
7. 喷油器漏油或雾化不良。
8. 气缸压力过低。
9. 冷起动喷油器不工作。
10. 点火正时不正确。

步骤 3　诊断与排除故障

<table>
<tr><td>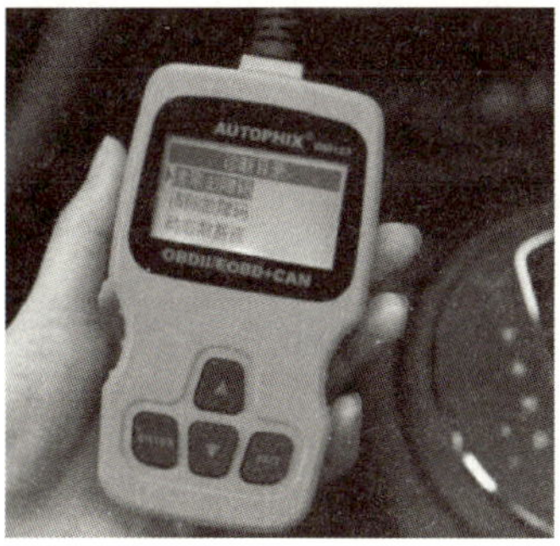</td><td>1. 进行故障自诊断，检查有无故障码，若有，则根据故障码查找故障部位</td></tr>
<tr><td>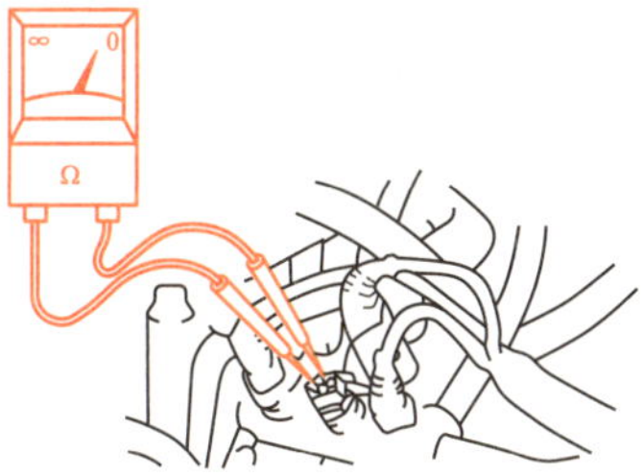
</td><td>2. 用数字式万用表检查冷却液温度传感器阻值或信号，如果不正常，则检查传感器、电路、插接件</td></tr>
<tr><td>
</td><td>3. 检查进气温度传感器、电路、插接件</td></tr>
<tr><td>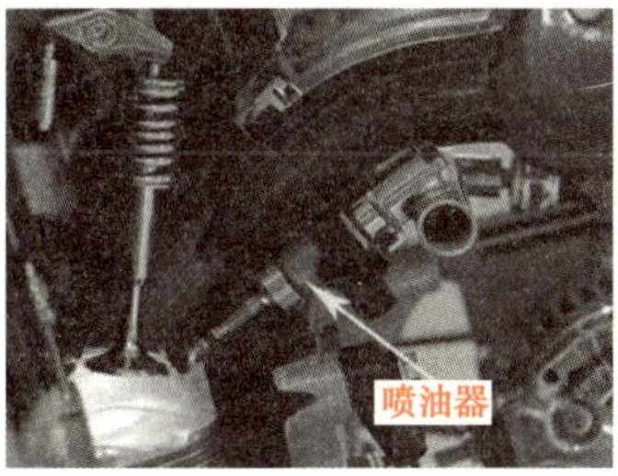

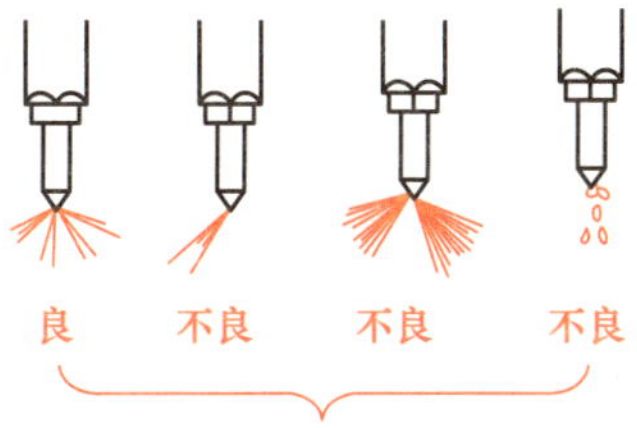

雾化效果图</td><td>4. 检查喷油器的喷雾质量，若喷油器喷雾不良，应清洗或更换喷油器</td></tr>
</table>

（续）

	5. 若喷油器喷雾良好，应检查怠速控制阀的动作，清洗怠速空气通道及旁通道的积炭
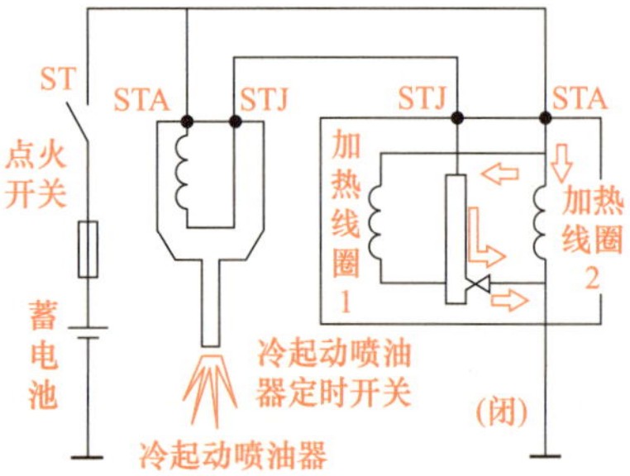 冷起动喷油器定时开关控制电路	6. 检查冷起动喷油器、控制电源、温控开关和电路

五、评分标准

序号	考核内容	配分	评分标准	考核记录	扣分	得分
1	正确使用工作仪器	10分	使用错误扣10分			
			使用不当酌情扣分			
2	确定故障原因	25分	检查方法错误扣10分			
			检查程序错误扣5分			
			判断原因错误扣5分			
3	明确故障部位（口述）	25分	不能确定故障扣20分			
4	排除故障	35分	不能排除扣20分			
			自制一处错误扣5分			
			不能完全排除酌情扣分			
5	遵守安全操作规程，正确使用工、量具，操作现场整洁	5分	每项扣1分，扣完为止			
	安全用电，防火，无人身、设备事故		因违规操作发生重大人身和设备事故，此题按0分计			
6	分数总计	100分				

评分人：　　年　月　日　　核分人：　　年　月　日

技能训练四　诊断与排除机油消耗异常故障

一、训练准备

1. 上海桑塔纳 2000GSi 时代超人轿车。
2. 常用修理工具。
3. 机油压力表。

二、训练要求

1. 掌握机油消耗异常故障现象、原因。
2. 能够排除机油消耗异常故障。

三、训练时间

50min。

四、基本操作步骤

操作步骤描述：观察故障现象→分析故障原因→诊断与排除故障。

步骤 1　观察故障现象

车辆正常行驶，每天检查机油时均发现机油消耗量过多；排气管冒蓝烟，机油加注口也出现脉动冒烟；燃烧室积炭增多。

步骤 2　分析故障原因

1. 活塞与缸壁间隙过大。
2. 活塞环弹力不足或磨损量过大。
3. 扭曲活塞环装反。
4. 活塞环抱死或活塞环端隙对口。
5. 气门杆油封损坏。
6. 进气门导管与气门杆间隙过大。
7. 曲轴箱通风不良。
8. 正时齿轮室、曲轴前后油封、凸轮轴后端油堵等密封不严而漏油。
9. 油底壳或气门室盖密封不严导致漏油。
10. 空气压缩机的活塞与缸壁间隙过大。
11. 空气压缩机曲轴的前、后端盖漏油；润滑系统各零部件有漏油现象。

步骤 3　诊断与排除故障

	1. 检查发动机上是否有机油泄漏的痕迹。若有，在清洁好发动机外部油污之后，起动发动机，观察泄漏情况，或往机油中加入荧光检漏剂，起动发动机后用荧光检漏仪检查机油泄漏部位。若有泄漏，应予以修复
	2. 使发动机中速运转，观察发动机排气烟色。若排气管排出的是蓝烟，则应检测发动机气缸压力。若气缸压力过低，同时出现发动机动力不足，起动困难，急加速敲缸现象，则说明发动机活塞环磨损过多或活塞与气缸壁间隙过大，应对发动机进行维修
	3. 若发动机气缸压力正常，则故障应为气门油封漏油，或废气涡轮增压器轴磨损过多，机油进入气管内（装有废气涡轮增压器的发动机）

五、评分标准

序号	考核内容	配分	评分标准	考核记录	扣分	得分
1	正确使用工作仪器	10 分	使用错误扣 10 分			
			使用不当酌情扣分			
2	确定故障原因	25 分	检查方法错误扣 10 分			
			检查程序错误扣 5 分			
			判断原因错误扣 5 分			
3	明确故障部位（口述）	25 分	不能确定故障扣 20 分			
4	排除故障	35 分	不能排除扣 20 分			
			自制一处错误扣 5 分			
			不能完全排除酌情扣分			

（续）

序号	考核内容	配分	评分标准	考核记录	扣分	得分
5	遵守安全操作规程，正确使用工、量具，操作现场整洁	5分	每项扣1分，扣完为止			
	安全用电，防火，无人身、设备事故		因违规操作发生重大人身和设备事故，此题按0分计			
6	分数总计	100分				

评分人：　　　年　　月　　日　　　核分人：　　　年　　月　　日

技能训练五　诊断与排除冷却液充足但发动机过热故障

一、训练准备

1. 上海桑塔纳2000GSi时代超人轿车。
2. 常用修理工具。

二、训练要求

1. 掌握冷却液充足但发动机过热故障现象、原因。
2. 能够排除冷却液充足但发动机过热故障。

三、训练时间

50min。

四、基本操作步骤

操作步骤描述：观察故障现象→分析故障原因→诊断与排除故障。

步骤1　观察故障现象

1. 冷却液充足，但行驶过程中发动机无力，冷却液温度过高。
2. 汽车行驶中发动机温度正常，一旦停车冷却液立即沸腾。

步骤2　分析故障原因

1. 风扇传动带打滑。
2. 散热器出水胶管老化吸瘪或内壁脱落堵塞。
3. 冷却风扇装反、扇叶角度变小或新换的风扇规格不对。
4. 电动冷却风扇不转，或硅油风扇离合器损坏，风扇转速过低。
5. 节温器失效。
6. 水套内水垢过多，分水管堵塞，分水不畅。
7. 散热器内水管堵塞。

8. 水泵损坏。

9. 气缸垫烧穿，使相邻两缸连通，或缸体、缸盖出现裂缝，使高温高压气体进入冷却系统产生气阻。

10. 点火时间过迟；混合气过稀或过浓。

11. 燃烧室积炭过多。

12. 车辆长时间大负荷工作等。

步骤 3　诊断与排除故障

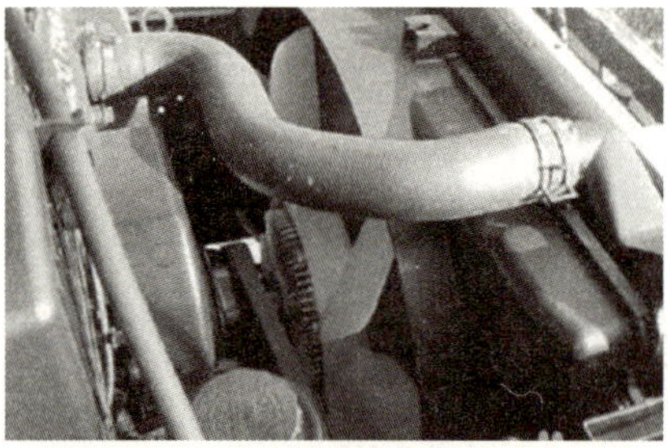	1. 检查冷却风扇转速是否过低。若风扇转速过低，则应检查风扇传动带是否因过松、油污、磨损过度而打滑；检查硅油风扇离合器工作是否正常，电控风扇的热敏开关、直流电动机、控制电路工作是否良好
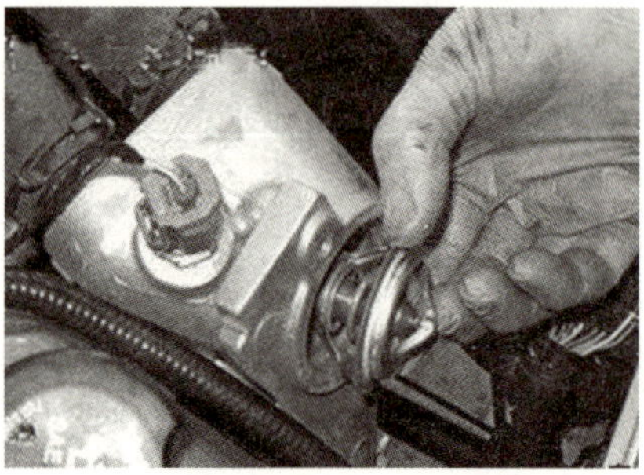	2. 检测散热器及发动机的温度。若散热器温度过低，而发动机温度过高，说明冷却液循环不良。逐渐提高发动机的转速，观察散热器出水胶管是否被吸瘪。若出水胶管被吸瘪，说明散热器的进水管堵塞严重，而应进行清洗。若散热器出水管良好，则应拆下散热器进水管，提高发动机的转速，冷却液应有力地喷出，否则说明水泵或节温器有故障。拆下节温器重复试验，若排水量明显增加，则应进一步检查水泵的工作性能、气缸体内的水垢是否厚、多等
	3. 若散热器进水管冷却液喷出有力，则应检查散热器各部位温度是否均匀。如果散热器冷热不均，则应检查散热器芯管是否堵塞
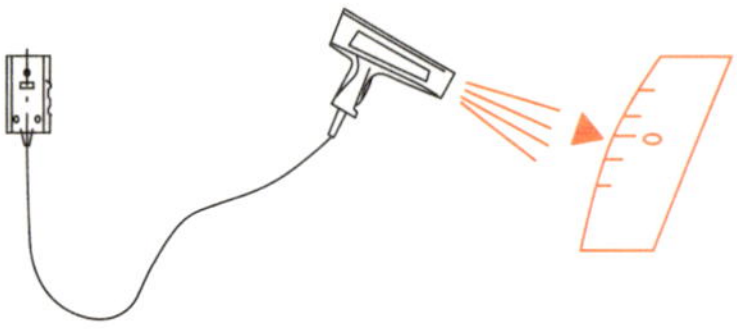	4. 若以上检查正常，在冷却液温度过高的同时，发动机动力明显下降，则应检查点火时间是否正确，混合气是否过稀，燃烧室积炭是否过多等

（续）

	5. 对于长期未清洗水垢的发动机，应检查水套内积垢是否过厚。检查方法是：将冷却液全部放出，再加满冷却液并测量注入冷却液的体积。若比规定量明显减少，则减少的体积即为水垢所占据的容积。若水垢过厚，应对发动机进行清洗
	6. 若发动机及冷却液温度正常，而冷却液温度表指示冷却液温度过高，则应检查冷却液温度表、冷却液温度传感器及控制电路是否正常

五、评分标准

序号	考核内容	配分	评分标准	考核记录	扣分	得分
1	正确使用工作仪器	10 分	使用错误扣 10 分			
			使用不当酌情扣分			
2	确定故障原因	25 分	检查方法错误扣 10 分			
			检查程序错误扣 5 分			
			判断原因错误扣 5 分			
3	明确故障部位（口述）	25 分	不能确定故障扣 20 分			
4	排除故障	35 分	不能排除扣 20 分			
			自制一处错误扣 5 分			
			不能完全排除酌情扣分			
5	遵守安全操作规程，正确使用工、量具，操作现场整洁	5 分	每项扣 1 分，扣完为止			
	安全用电，防火，无人身、设备事故		因违规操作发生重大人身和设备事故，此题按 0 分计			
6	分数总计	100 分				

评分人：　　　年　　月　　日　　核分人：　　　年　　月　　日

技能训练六　检测与调整发动机燃油、点火和排放系统

一、训练准备

1. 一台发动机、数字式万用表一只。
2. 汽油发动机分析仪、MEXA-324F 型汽车排气分析仪等汽车检测工具及设备。

二、训练要求

正确检测调整发动机燃油、点火和排放系统。

三、训练时间

60min。

四、基本操作步骤

操作步骤描述：燃油压力的检测→燃油泵工作电压的检测→发动机点火提前角的检测与调整→点火开关电路的检测→点火线圈的检测→霍尔传感器的检测→排放系统检测程序。

步骤 1　燃油压力的检测

1）关断点火开关，将油压表接在供油管和分配油管之间，如图 4-1 所示。

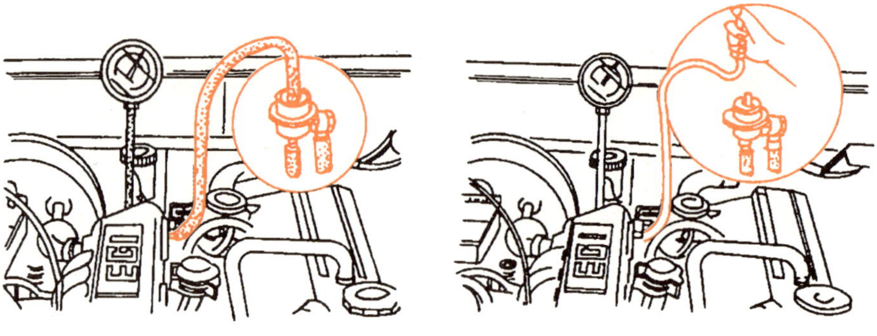

a) 测量怠速及节气门全开时的燃油压力　　b) 测量拔下油压调节器真空软管后的燃油压力

图 4-1　燃油压力的测量

2）打开点火开关，怠速运行，打开油压表阀门，油压表指示的系统压力应为（250 ± 20）kPa。

3）从燃油压力调节器上取下真空软管，油压表指示的调节压力应为（300 ± 20）kPa。

4）重新接回真空软管，关断点火开关，10min 后，压力不应低于 150kPa。若压力下降较快，应检查燃油泵上的止回阀和燃油系统的密封性能。

步骤 2　燃油泵工作电压的检测

1）测试条件：蓄电池电压正常，燃油泵熔丝、燃油滤清器、燃油泵继电器均正常。

2）接通点火开关，应能听到燃油泵起动的声音。

3）起动发动机，用数字式万用表测量导线上端子 1 和端子 3 之间的电压（见图 4-2），电压的额定值应为蓄电池的电压（12V 左右），若达不到，应查找断路故障。如果不存在断路故障，则说明燃油泵有故障，应更换。

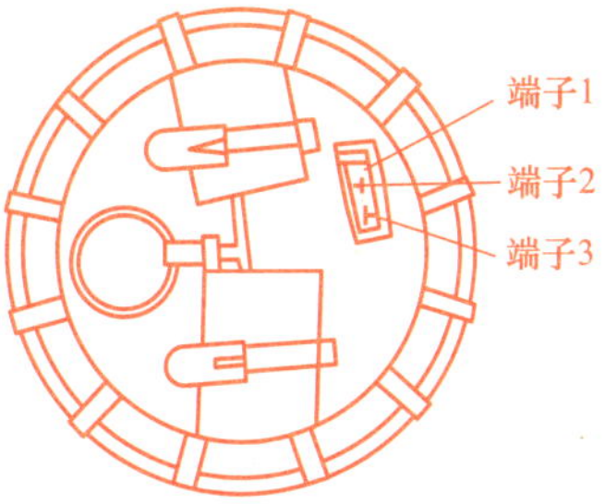

图 4-2　用数字式万用表测量导线上端子 1 和端子 3 之间的电压

步骤 3　发动机点火提前角的检测与调整

1）通过变速器壳体上的观察窗，将发动机第一缸置于压缩行程上止点。

2）使凸轮轴正时带轮上的标记与气门室罩盖底面平齐。

3）使机油泵驱动轴端的扁形缺口与曲轴方向平行。

4）将分电器的分火头指向分电器壳体上的第一缸标记，然后装入分电器。

5）检测条件。拆下发动机上有关的盖罩，检查时将阻风门开至最大位置，关闭用电设备，发动机冷却液温度应至少为 80℃，发动机油温达到 60℃。拔掉单个真空吸管分电器的真空软管，检查并调至规定怠速，怠速转速应为（800 ± 50）r/min，变速器置于空档。

6）将正时灯的触发线接在第一缸的高压线上，将正时灯的两个电源接头接在蓄电池的正、负极上。

7）用正时灯照射正时记号处，应使记号对正上止点前 11° ~ 13°的地方。否则，可旋松分电器固定螺钉，旋转分电器盘调整提前角，直到校准 11° ~ 13°为止，旋紧固定螺钉。

步骤 4　点火开关电路的检测

检测程序：打开点火开关，用数字式万用表的直流电压档测量点火控制器端子上的电压，可检查电子点火控制器、霍尔传感器及有关线路的故障。电子点火控制器线路连接图如图 4-3 所示。

将万用表的黑表笔搭铁，红表笔搭接电子点火控制器端子，查看电压大小是否符合技术要求，如不符合，说明电子点火控制器、霍尔传感器或有关电路有故障。

步骤 5　点火线圈的检测

检测程序有两种方法。

（1）用数字式万用表电阻档检查点火线圈的电阻　一次绕组的电阻应为 0.52~0.76Ω，二次绕组的电阻应为 2400~3500Ω。若测得的电阻与上述数值不符，则需更换点火线圈，同时应保证点火线圈绝缘盖板清洁、干燥，防止漏电。

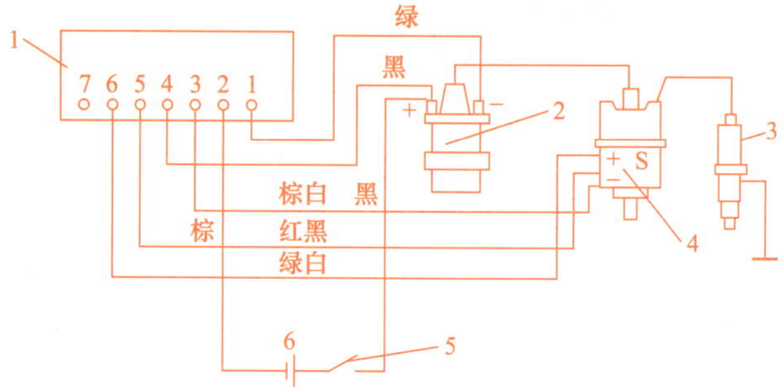

图 4-3 点火控制器线路连接图

1—点火控制器 2—点火线圈 3—火花塞 4—分电器 5—点火开关 6—蓄电池

（2）用试灯进行检查 将 220V 交流试灯接在一次绕组两端的接线柱上，若灯亮则表示无断路故障，否则为断路故障。将试灯的一端接低压接线柱，一端接外壳，若灯亮则表示有搭铁故障，否则为良好。

对于二次绕组，将试灯的一端触针接高压插孔，另一端触针接低压接线柱时，若试灯发出亮光，说明有短路故障；若试灯暗红，说明无故障；若试灯根本不发亮，则将触针在接线柱上移动，看有无火花发生，若没有则说明绕组已断路。

步骤 6 霍尔传感器的检测

以桑塔纳 2000JV 型发动机的霍尔传感器为例，为了排除干扰因素，霍尔传感器的检测应在点火线圈、电子点火控制器及连接导线检查都正常的情况下进行。

（1）检测信号发生器的输出电压 关断点火开关，打开分电器盖，拔出分电器盖上的中央高压线和搭铁，将电压表的两触针接在插接件信号输出线（绿白线）和接地线（–）接线柱上（见图 4-4），然后按发动机起动方向转动发动机，同时观察电压表上的读数，其值一般在 0~9V 之间变化，若电压不在 0~9V 之间变化，则应更换霍尔信号发生器。当分电器触发叶轮的叶片在空气隙时，其电压值为 2~9V；当触发叶轮的叶片不在空气隙时，其电压值为 0.3~0.4V。

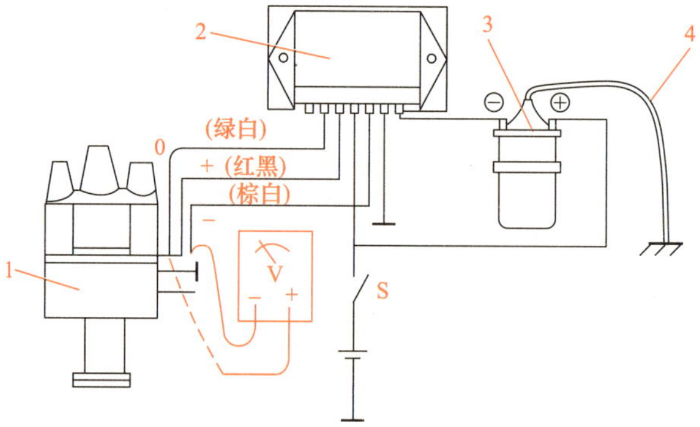

图 4-4 检查信号发生器的输出电压

1—分电器 2—电子点火控制器 3—点火线圈 4—中央高压导线

（2）模拟信号发生器动作　在实际工作中，常采用模拟信号发生器的动作来判定其好坏，其方法如图 4-5 所示。关断点火开关，打开分电器盖，转动曲轴，使分电器触发叶轮的叶片不在空气隙中。拔出分电器盖上的中央高压线，使其端部离气缸体 5~7mm，然后接通点火开关，用小旋具（或薄铁板）在信号发生器的空气隙中轻轻地插入和拔出，模拟触发叶轮叶片在空气隙中的动作。若此时高压线端部跳火，说明霍尔信号发生器、点火器、点火线圈及连接导线性能良好；否则，在电子点火控制器、点火线圈及连接导线正常的情况下，说明霍尔信号发生器有问题，应予以更换。

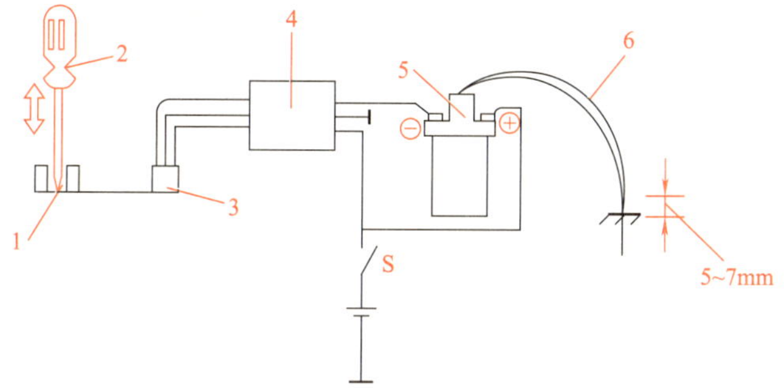

图 4-5　检查信号发生器

1—分电器霍尔触发开关　2—小旋具　3—霍尔发生器插接件
4—电子点火控制器　5—点火线圈　6—高压导线

步骤 7　排放系统检测程序

（1）仪器校准

1）接通电源，对分析仪预热 30min 以上。

2）按校准气样校准。先让分析仪吸入清洁空气，用零点调整旋钮把仪表指针调到零点，然后把仪器附带的标准气样从标准气样注入口灌入，再用标准调整旋钮把仪表指针调到标准指示值。在灌注标准气样时，要关闭分析仪上的泵开关。CO 和 CH 两种气体的标准指示值要符合规定。对于 CO 分析仪，可把标准气样瓶上标明的 CO 浓度值作为校准的标准值；对于 CH 分析仪，由于是用丙烷作为标准气样，因此要按下式求出乙烷的换算值，再用正乙烷的换算值作为校准的标准值。

校准的标准值（即正乙烷换算值）= 标准气样（丙烷）含量 × 换算系数

式中　标准气样（丙烷）含量——标准气样瓶上标明的含量值；

换算系数——分析仪的给出值，一般为 0.472~0.578。

3）简易校准。先接通简易校准开关，对于有校准位置刻线的仪器，可用标准调整旋钮把仪器指针调到正对标准刻线的位置；对于没有标准刻度线的仪器，要在标准气样校准后立即进行简易校准，使仪表指针与标准气样校准后的指示值重合。

4）把取样探头和取样管安装在分析仪上，检查取样探头和导管内是否残留 CH，如果管内壁吸附残留 CH 较多，仪表指针大大超过零点以上，要用压缩空气或布条等清洁取样探头和导管。

仪器经过上述检查和校准后，即可投入使用。

（2）车辆准备

1）进气系统应装有空气滤清器，排气系统应装有排气消声器，并不得有泄漏。

2）应保证取样探头插入排气管的深度不小于 300mm，否则排气管应加接管，且应保证接口不漏气。

3）发动机冷却液和润滑油的温度应达到规定的热状态。

4）按汽车制造厂使用说明书规定的调整法调整怠速和点火正时。

5）必要时在发动机上安装转速计、点火正时仪、冷却液和润滑油测温计等测试仪器。

（3）检测方法

1）发动机由怠速加速到中等转速或 0.7 倍额定转速，维持 60s 后，再降至怠速状态。

2）把指示仪表的读数转换开关拧到最高量程档位。

3）将取样探头插入汽车排气管中，深度等于 400mm，并固定于排气管上。

4）一边观看指示仪表，一边用读数转换开关选择适宜的排气量量程档位。

5）发动机在怠速状态维持 15s 后开始读数，读取 30s 内的最高值和最低值，其平均值即为测量结果。

6）检测工作结束后，把取样探头从排气管里抽出来，让它吸入新鲜空气工作 5min，待仪器指针回到零点后，关闭电源。

操作提示

1. 检测汽油车怠速污染物时，一定要把发动机怠速和温度控制在规定的范围内。

2. 取样探头、导管分为低浓度用和高浓度用两种，两者要分别使用。检测时导管不要发生弯折现象。

3. 多部车辆连续检测时，一定要把取样探头从排气管里抽出并待仪表指针回到零点后，再进行下一辆车的测量。

4. 检测结束后，要立即把取样探头从排气管里抽出。

5. 要注意检测地点室内的通风换气，以防人员中毒。

6. 不允许在有油或有机溶剂的地方进行检测。

五、评分标准

序号	作业项目	考核内容	配分	评分标准	评分记录	扣分	得分
1	燃油压力的检测	正确检测燃油压力	20 分	检测不正确扣 20 分			
2	燃油泵工作电压的检测	正确检测燃油泵工作电压	15 分	检测不正确扣 15 分			
3	发动机点火提前角的检测与调整	检测点火提前角	10 分	检测不正确扣 10 分			
		调整点火提前角	10 分	调整不正确扣 10 分			
4	点火开关电路的检测	检测点火开关电路	10 分	检测不正确扣 10 分			
5	点火线圈的检测	检测点火线圈	10 分	检测不正确扣 10 分			
6	霍尔传感器的检测	检测霍尔传感器	10 分	检测不正确扣 10 分			
7	排放系统检测程序	检测怠速污染物	10 分	检测不正确扣 10 分			
8	安全文明生产	遵守安全操作规程，正确使用工、量具，操作现场整洁	5 分	每项扣 1 分，扣完为止			
		安全用电，防火，无人身、设备事故		因违规操作发生重大人身和设备事故，此题按 0 分计			
9	分数合计		100 分				

评分人：　　年　月　日　　核分人：　　年　月　日

模块二　底盘检修

技能训练一　手动变速器（三轴）的检修

一、训练准备

1. EQ1092 型汽车三轴式变速器总成一个。
2. V 形铁一对，平台、探伤设备各一个。
3. 塞尺、外径千分尺、百分表、游标卡尺各一个。
4. 常用修理工具一套。

5. 清洗剂、毛刷、油盆和棉纱。

二、训练要求

1. 能够检修三轴式手动变速器。
2. 利用正确的方法拆卸、装配三轴式手动变速器。

三、训练时间

60min。

四、技术标准

1）轮齿表面点蚀面积不大于齿面面积的1/4，常啮合齿轮齿厚磨损不大于0.25mm，轮齿无折断现象。

2）变速器轴无裂纹，径向圆跳动误差不大于0.06mm，轴承轴颈磨损量不大于0.05mm，花键齿磨损量不大于0.30mm。

3）同步器锥环外锥面螺纹沟槽深度不小于0.10mm，锥盘与锥环的端面间隙不小于0.30mm，锁销锁止锥面无明显磨损。

五、基本操作步骤

操作步骤描述：拆卸→检修→装配。

步骤1　拆卸

1. 拆卸第一轴

1）拧下放油螺塞，放净变速器内的齿轮油（热车放油）。

2）拆下变速器上盖总成。

3）从变速器前端拆除锁线及第一轴轴承盖紧固螺栓，取下轴承盖，用铜锤敲击第一轴的同时，向前拔出第一轴，并取出第二轴前轴承，如图4-6所示。

2. 分解第二轴总成

1）拆掉变速器第二轴后端锁紧螺母，拆下碟形弹簧、后端凸缘、后轴承盖、隔套及里程表主动齿轮。

2）用铜锤敲击第二轴的前端，使第二轴后移一定距离，用轴承顶拔器拉出第二轴后轴承，第二轴总成即可从变速器壳体内取出。

3）取下四、五档同步器总成。

4）拆下四、五档固定齿座锁环，取下止推环，并取出固定齿座、四档齿轮的轴承挡圈、四档齿轮及轴承、止推环、三档齿轮及轴承，以及二、三档同步器总成。

5）从第二轴后端取下倒档齿轮，用螺钉旋具压下止推环锁销，转动并取下二档齿轮止推环、锁销、弹簧、二档齿轮及轴承，以及二、三档同步器总成。分解后的第二轴总成如图4-7所示。

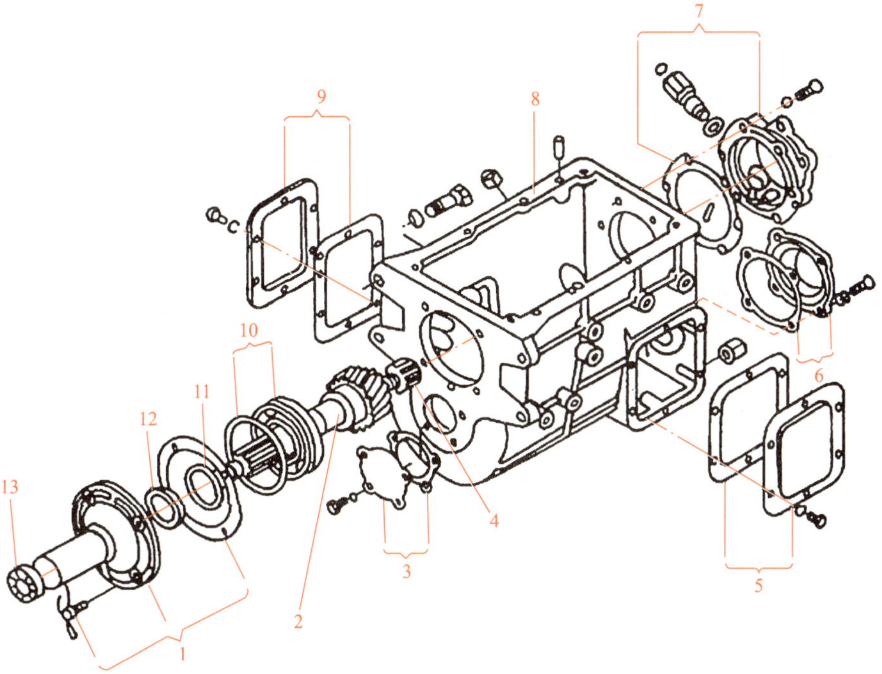

图 4-6 分解后的第一轴及壳体

1—第一轴承盖衬垫及锁线 2—第一轴 3—中阀轴前轴承及衬垫 4—第二轴前轴承
5—倒档检查孔盖及衬垫 6—中间轴后轴承盖及衬垫 7—第二轴后轴承盖
8—变速器壳体 9—盖板 10—第一轴后轴承 11—轴承挡圈
12—油封总成 13—第一轴前轴承

3. 拆卸倒档轴

拆下倒档检查孔盖，再拆倒档齿轮轴锁片，用专用工具从壳体上拉出倒档轴，从倒档检查孔取出倒档齿轮、轴承及隔套。

4. 分解中间轴

1）从壳体上拆下中间轴前、后轴承盖，撬开后端螺母锁片，拧下螺母并取出锁片，用铜棒顶在中间轴前端，锤击铜棒，使中间轴总成带后轴从壳体向后脱出，用拉器从中间轴上拉下后轴承，中间轴总成从壳体内部取出。

2）解体中间轴总成：取下弹簧挡圈，在压床上压出常啮合齿轮。再取下弹性挡圈，在压床压出四档齿轮、三档齿轮、隔套及二档齿轮。

5. 分解变速器盖

拧出变速器顶盖紧固螺栓，拆下顶盖总成，用螺钉旋具撬出变速杆弹簧；旋下变速杆手柄，拆下防尘罩，拧出变速杆球节定位螺钉，抽出变速杆；拆下变速叉及导块止动螺钉锁线及止动螺钉，用铜棒依次敲击各变速器叉轴，使之顶出上盖前端承孔的塞片，并从承孔中取出，同时取出变速器自、互锁装置及变速叉和导块。

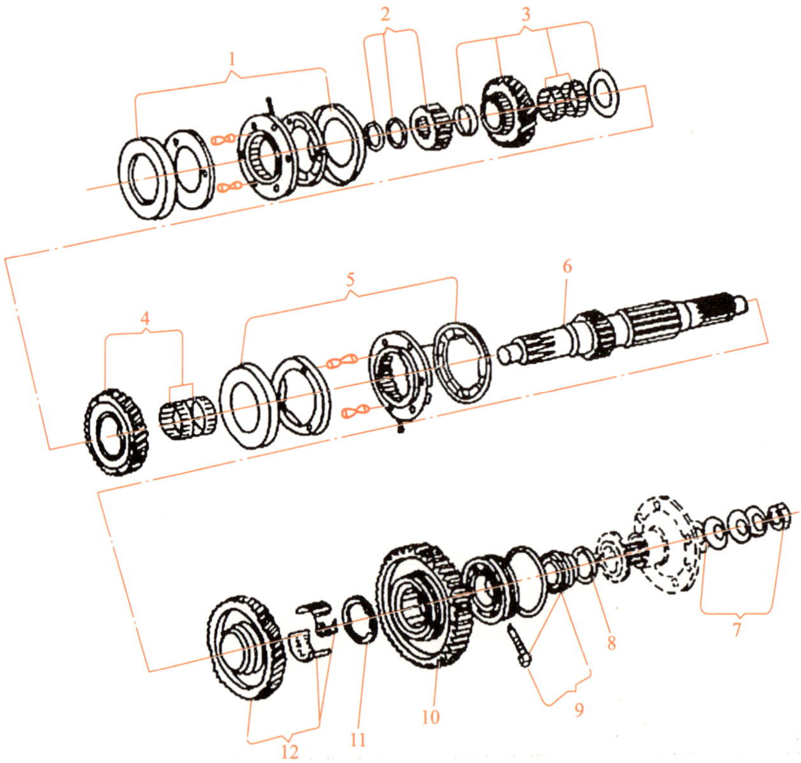

图 4-7　分解后的第二轴总成

1—四、五档同步器总成　2—四、五档固定齿座及止销环　3—四档齿轮及轴承止推环挡圈
4—三档齿轮及轴承　5—二、三档同步器　6—第二轴　7—碟形弹簧及螺母　8—隔套
9—里程表从动齿轮　10—倒档齿轮　11—止推环　12—二档齿轮及轴承

步骤 2　检修

1. 变速器壳的检修

1）变速器壳裂纹的检修。变速器壳体的裂纹可用检视法或敲击法检查。如果裂纹处在受力不大的部位，可用环氧树脂胶粘法、螺钉填补法或焊修法修复；如果裂纹处在受力较大的部位，应予以更换。

2）变速器壳平面的检修。

① 变速器壳上平面的翘曲变形，可在平板上用塞尺检查。平面度误差超过标准时，可采用铲、磨等方法修复。

② 变速器壳体前、后端面对第一、二轴轴承孔公共轴线的轴向圆跳动误差，可用百分表及检验棒进行检测，如图 4-8 所示。当误差平面超过标准时，可采用铲、磨等方法修复。

3）变速器轴承座孔的检修。壳体轴承座孔轴线间及其与壳体上平面的平行度误差可用游标高度卡尺、百分表及内径千分尺或量缸表进行检查。

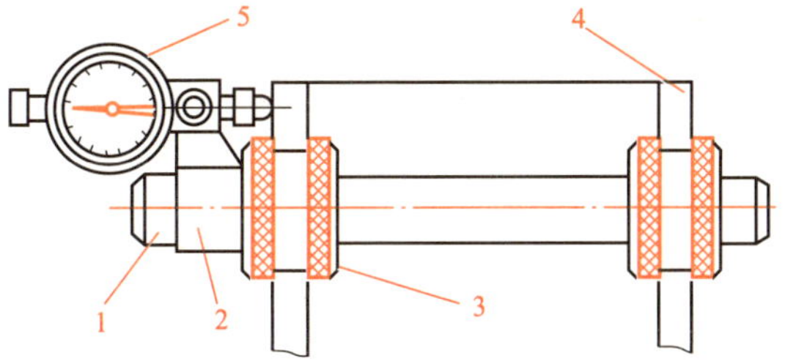

图 4-8 轴向圆跳动的检验

1—检验棒 2—表架 3—定心套 4—变速器壳体 5—百分表

4）壳体螺纹孔的检修。壳体螺纹孔的损伤不超过 2 牙，否则，可采用加大螺纹、镶螺纹套或焊补后重新钻孔加工的方法修复。

2. 变速器齿轮和轴的检修

1）变速器齿轮的检修：齿轮的损伤主要有磨损、疲劳剥落、裂纹等。

① 齿轮的工作面腐蚀斑点及剥落面积超过齿面的 1/4，或齿轮出现裂纹时，应予以更换。齿轮磨损的检查如图 4-9a 所示。

② 常啮合齿轮齿厚磨损量不得超过 0.25mm，接合齿轮齿厚磨损量不得超过 0.40mm，齿轮内花键齿厚磨损量不得超过 0.20mm，齿长磨损量不得超过原齿长的 30%，否则，予以更换。齿轮磨损的检查如图 4-9b 所示。

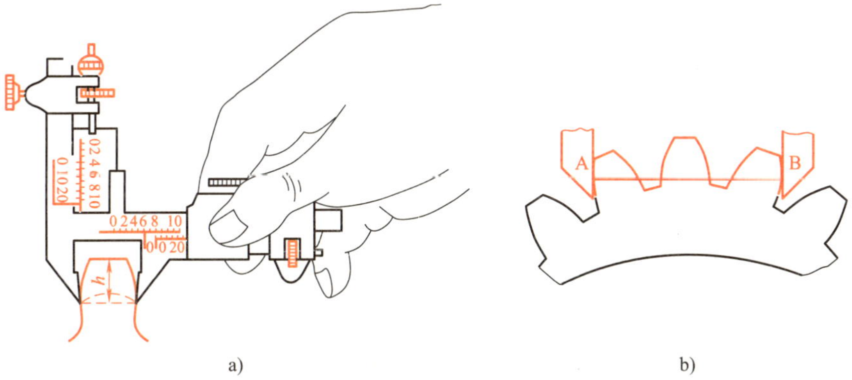

图 4-9 齿轮磨损的检验

③ 用百分表检查第二轴与倒档轴齿轮的花键侧隙，其公称尺寸为 0.055~0.175mm，使用极限为 0.30mm，如果超过使用极限，应予以更换。

④ 如果齿面有轻微斑点、划痕、磨损台阶或边缘破损，可用磨石或砂轮修磨后使用。

2）变速器轴的检修：变速器轴的损伤主要是弯曲、裂纹、轴颈磨损及花键齿磨损。

① 轴的弯曲可用百分表测量各轴中部的径向圆跳动，如图 4-10 所示。第一

轴、第二轴及中间轴的径向圆跳动技术要求为不大于0.025mm，使用极限为0.06mm，如果超过使用极限，应予以校正或更换。

② 轴颈的磨损量可用外径千分尺测量，如果超过使用极限可换用新件。

3. 轴承的检修

轴承应转动灵活，滚动体与内外滚道不得有斑痕，保持架应完好，径向间隙不得大于0.10mm，否则，应予以更换。大修时，应更换全部滚针轴承。

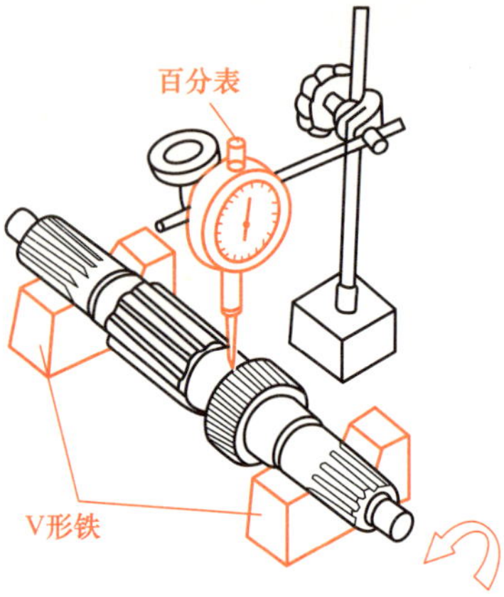

图 4-10　检查轴的径向圆跳动

4. 同步器的检修

（1）同步器锁销、锁环的检修　检查锁销的磨损情况，若锁销磨损严重，应更换同步器总成；检查锁环的磨损情况，若锥环锥面的磨损超过规定值，则应更换同步器总成。

（2）更换同步器　更换同步器后，如果使用原锥盘，则应检查锥盘和锥环的端面间隙，应该符合规定值。

5. 变速器盖总成的检修

（1）变速器盖的检修

1）变速器盖不得有裂纹，如果有裂纹，可用环氧树脂胶胶粘法、焊修法进行修复。

2）与变速器壳体的接合面的平面度误差如果超过标准，可用铲、磨等方法进行修复。

（2）变速器叉轴及锁止装置的检修　用百分表检查变速叉轴的直线度误差，超过标准时应冷压校正或更换；检查变速叉轴与导孔的配合间隙，若超过标准规定值，可采用磨削加工后镀铬进行修复或更换。变速叉轴凹槽轴向磨损，若超过标准规定值，可堆焊修复或更换；若定位球、定位销磨损严重，定位弹簧过软，均应换用新件。

（3）变速叉的检修

1）变速叉轴的弯曲变形可用专用量具检验，若超过标准规定值，应予以校正。

2）变速叉端面磨损，若超过标准规定值，可堆焊修复或更换；变速叉导块凹槽磨损，若超过标准规定值，可堆焊修复或更换；变速叉轴孔磨损，若超过标准规定值，应更换。

6. 变速杆的检修

变速杆球节磨损后，若超过标准规定值，可堆焊修复或更换。

步骤 3　装配

1. 安装中间轴总成

1）在压力机上将二档齿轮、隔套、三档齿轮、四档齿轮、常啮齿轮及弹性挡圈等依次装到中间轴上，但压入时应注意：齿轮的键槽必须对准半圆键；二档齿轮、四档齿轮的长毂朝前，三档齿轮、常啮齿轮的长毂朝后；挡圈安装要到位。

2）将变速器壳体固定在工作台上，把中间轴总成放入壳的中间轴承孔中，两端套上轴承。用专用工具把中间轴前后轴承压入轴承座孔内。中间轴后端轴承贴紧轴颈台阶后套上锁片，并用螺母以 147N · m 力矩拧紧，之后用锁片把螺母锁上，并装上前后轴承盖。

2. 装倒档轴

在齿轮内放入新滚针轴承和隔套，从倒档齿轮窗口放入倒档齿轮，从变速器后端插入倒档齿轮轴。倒档轴到位后，卡上锁片，并用螺栓固定锁片。装倒档窗口盖板及相应的衬垫（涂胶），并用涂胶的螺栓对称拧紧。

3. 装配第二轴总成

1）将二档齿轮及轴承、二档齿轮止推环及锁紧装置装在第二轴的后端。

2）在第二轴的前端，依次装上二、三档同步器总成（将滑动齿套凸出的一面朝向前端），将三档齿轮及轴承，四档齿轮止推环，四档齿轮及轴承、挡圈，装入四、五档固定齿座、止推环及固定齿座锁环。

3）把装好的第二轴总成放入壳体内，将四、五档同步器总成套在第二轴上。

4）从第二轴后端套上后轴承，并用铜棒轻轻敲击，使轴承靠到第二轴花键部分的台肩上，套入里程表主动齿轮和隔套，然后在轴承外圈上装上挡圈。

4. 装配第一总成

1）在第一轴主动齿轮前端压入轴承，装上挡圈，在主动齿轮内孔中装入第二轴支承轴承，使第二轴前轴颈对准第一轴轴承孔。

2）用铜锤一边轻轻敲击，一边用手转动第一轴使第一轴后球轴承平顺装入壳体座孔中。

3）从第一轴前端，先将密封纸垫安放在轴盖贴合处，套上轴承套，用螺栓对称紧固，并将锁线以“8”字形穿入螺栓头的孔中拧紧。

5. 安装第二轴后盖及附件

在壳体上装上第二轴后轴承盖，并加新密封纸垫，用螺栓对称紧固，装上甩油环，把已装好的驻车制动器总成固定在轴承盖上，把驻车制动器的凸缘套在第二轴上，按规定力矩装上碟形垫圈。

6. 装复变速器盖总成

1）利用导向轴将自锁钢球压下，然后装入变速叉轴，套上相应的变速叉及导块，同时注意互锁钢球、互锁销不能泄漏。

2）拧入变速叉及导块止动螺钉，拧紧后，用钢丝锁线分别将止动螺钉锁紧在叉轴上。

3）在变速器盖前端座孔上，打入边缘涂有密封胶的塞片。

4）在变速器箱体顶面定位孔中打入定位销后再装箱盖，使变速器处于空档位置，装上密封胶衬垫，盖上变速器盖总成，将紧固螺钉均匀拧紧。

5）装复变速器顶盖总成。装复后，检查变速器各档位的工作情况，确保各拨叉完全进入各拨叉槽中。

六、评分标准

序号	作业项目	考核内容	配分	评分标准	评分记录	扣分	得分
1	拆卸	拆卸变速器盖等机件	5 分	每出现一处操作错误扣 2 分			
		拆卸第一、二轴组件	15 分	每出现一处操作错误扣 2 分			
		一、二轴组件的解体	15 分	每出现一处操作错误扣 2 分			
2	变速器第一、二轴组件的检验	齿轮的检验	10 分	检验方法不正确扣 2 分			
				检验结果不正确扣 2 分			
		轴的检验	10 分	检验方法不正确扣 2 分			
				检验结果不正确扣 2 分			
		同步器的检验	10 分	检验方法不正确扣 3 分			
				检验结果不正确扣 3 分			
3	变速器的安装	组装一、二轴组件	10 分	齿轮方向装错扣 5 分			
				同步器方向装错扣 5 分			
				出现其他错误每次扣 1 分			
		将第一、二轴组件装入壳体	10 分	每出现一处操作错误扣 2 分			
		安装变速器盖等机件	10 分	每出现一处操作错误扣 2 分			
4	安全文明生产	遵守安全操作规程，正确使用工、量具，操作现场整洁	5 分	每项扣 1 分，扣完为止			
		安全用电，防火，无人身、设备事故		因违规操作发生重大人身和设备事故，此题按 0 分计			
5	分数合计		100 分				

评分人：　　　年　　月　　日　　　核分人：　　　年　　月　　日

技能训练二　后桥主减速器的检修

一、训练准备

1. EQ1092 单级主减速器。
2. 汽车维修常用工具。
3. 轴承顶拔器、铜铳、锤子、专用拆装架、带座百分表、弹簧秤、红丹油、润滑脂。

二、训练要求

1. 按正确步骤对主减速器进行拆卸。
2. 按正确的检测方法确定各主要零件的损伤并指出修理方法。
3. 按正确的程序进行装配。
4. 按正确方法检测并进行调整。

三、训练时间

60min。

四、基本操作步骤

操作步骤描述：拆卸→清洗→检修→装配调整。

步骤 1　拆卸

1）撬开从动锥齿轮锁片，松开锁紧螺母，拧下支承螺栓及支承套总成。

2）在差速器的轴承盖及主减速器壳之间做好对应装配标记，松开差速器轴承盖紧固螺栓的锁片，拧出紧固螺栓，拆下差速器轴承盖，调整螺母，将从动锥齿轮及差速器总成从主减速器壳中取出。

3）拆下差速器总成上紧固从动锥齿轮的螺柱，拧下螺母，取下螺柱，拆下从动锥齿轮。

4）从主减速器壳体上拆下主动锥齿轮及轴承座总成。

步骤 2　清洗

用汽油清洗全部零件并用压缩空气吹干。

步骤 3　检修

（1）主减速器壳

1）壳体应无裂损，各部位螺纹的损伤不得多于两牙，否则换新。

2）将主减速器壳前端面修平，放到检验平板上，用百分表检查主减速器壳上安装差速器轴承的承孔的同轴度，其误差应不大于 0.03mm。

3）各轴承磨损量超过使用极限或同轴度误差超过使用要求，可采用刷镀的方法修复或换用新件。

4）差速器左右轴承孔的同轴度误差应小于或等于 0.10mm。

5）主减速器壳各横轴支承孔轴线对前端面的平行度误差应不大于 0.12mm 和 0.10mm（对应轴线长度分别为大于和不大于 200mm）。纵轴线对横轴线的垂直度误差应不大于 0.16mm 和 0.12mm（对应纵轴线长度分别为大于和不大于 300mm）。纵横线应位于同一平面（准双曲面齿轮结构除外），其位置度误差应不大于 0.08mm。超过上述各要求时应以更换主减速器壳或用镶套法修复。

（2）主减速器主、从动锥齿轮的检修

1）齿轮工作表面不得有明显斑点、剥落、缺损和阶梯形磨损，更换时必须成对更换。

2）主动锥齿轮轮齿锥面的径向圆跳动公差为 0.05mm，从动锥齿轮轴向圆跳动公差为 0.15mm。

3）主动锥齿轮的螺纹部分其损伤不多于 2 牙，超过规定后，应予以更换或堆焊后重新加工。

步骤 4　装配调整

主减速器的装配调整顺序：先分别调整主、从动锥齿轮各轴承预紧度，再在装配中调整主、从动锥齿轮啮合印痕和间隙。

（1）轴承预紧度的调整

1）主动锥齿轮轴承预紧度的调整方法是在前轴承内圈下加减调整垫片，按规定力矩拧紧凸缘螺母后，在各零件润滑的情况下用弹簧秤测凸缘盘拉力或用指示式扭力扳手在锁紧螺母上测主动锥齿轮的转动力矩，应符合规定：

① 主动锥齿轮凸缘锁紧螺母拧紧力矩为 392~490N · m。

② 主动锥齿轮轴承预紧度，用弹簧秤测量时的拉力为 16.7~33.3N。

2）从动锥齿轮轴承预紧度的调整，针对本车单级主减速器，调整从动锥齿轮轴承预紧度就是调整差速器轴承的预紧度。

轴承预紧度的经验检查方法是：调整好后，用手转动应灵活，轴向推拉无间隙。

技术标准：从动锥齿轮轴承预紧度，用弹簧秤拉时拉力为 11.3~25.9N。

（2）主、从动锥齿轮啮合印痕和啮合间隙的调整

1）主、从动锥齿轮应沿齿长方向接触，其位置应控制在轮齿的中部偏向小端，离小端端部 2~7mm，接触印痕的长度不小于齿长的 50%，齿高方向的接触印痕应不小于齿高的 50%，一般应距齿顶 0.80~1.60mm。

2）啮合印痕的检查方法是：在从动齿轮上相隔 120° 的三处用红丹油在轮齿的正反面各涂 2~3 个齿，再用手对从动齿轮稍施加阻力并正反向各转动主动齿轮数圈，观察从动齿轮的啮合印痕，应符合要求。

技术标准：啮合间隙为 0.15~0.40mm。

3）如果啮合印痕不符合要求，可按如下口诀调整："大进从，小出从，顶入主，根出主"。调整时要保证啮合间隙不小于最小值。啮合间隙检查方法是将百分表抵在从动齿轮正面的大端处，用手把住主动齿轮，然后轻轻往复摆转从动齿轮即可显示间隙值。

4）齿轮位移方法如下：

① 主动锥齿轮的移动：可增加或减少后轴承内圈与主动锥齿轮之间的垫片来实现主动锥齿轮的轴向移动。

② 从动锥齿轮的移动：从动锥齿轮轴承就是差速器的轴承，将轴承两侧的调整螺母左右分别拧进或退出相同的圈数，就可以不改变轴承预紧度而移动从动锥齿轮。

操作提示

1. 对啮合印痕和啮合间隙调整的过程中不得变更轴承预紧度。

2. 保证啮合印痕的前提下调整啮合间隙，若不符合要求，应成对更换。

五、评分标准

序号	作业项目	考核内容	配分	评分标准	评分记录	扣分	得分
1	拆卸	拆卸各零部件	40 分	根据拆卸的规范酌情扣分			
2	安装	安装各零部件	30 分	根据安装情况酌情扣分			
3	调整	调整各间隙	25 分	根据调整情况酌情扣分			
4	安全文明生产	遵守安全操作规程，正确使用工、量具，操作现场整洁	5 分	每项扣 1 分，扣完为止			
		安全用电，防火，无人身、设备事故		因违规操作发生重大人身和设备事故，此题按 0 分计			
5	分数合计		100 分				

评分人：　　　年　　月　　日　　　核分人：　　　年　　月　　日

技能训练三　动力转向器的检修

一、训练准备

1. 桑塔纳轿车。
2. 动力转向器总成。
3. 台虎钳、铜棒、弹簧秤、手压机、油压表、常用拆装工具。

二、训练要求

1. 用正确方法分解动力转向器。

2. 用常用方法检验各零件的常见损伤并说明修理方法。

3. 按正确的程序装配并进行调整，使之符合技术要求。

三、训练时间

60min。

四、基本操作步骤

操作步骤描述：拆卸→清洗检修→装配调整。

步骤 1　拆卸

1）用手推出转向盘中间的盖板，拧下转向盘紧固螺母，拆下转向盘及组合开关总成。

2）拆下阻风门把手、仪表板下饰板、密封衬套及转向柱等。

3）完整地拆下柔性万向节及凸缘管。

4）用夹钳压住储油罐与控制阀间的回油管，拆下高压油管。

5）拆下套管，并将夹子压向中间，旋下回油管。

6）拆下转向器齿条与转向支架联接螺栓及转向器固定螺栓，拆下转向器总成。

7）拆下左、右横拉杆，拆下液压泵总成。

步骤 2　清洗检修

1）对拆卸的所有零件进行清洗，并用压缩空气吹干。

2）解体后各密封圈及自锁螺栓、螺母必须更换新件。不可对转向机构进行焊接和校正修复。动力缸活塞及缸筒磨损严重，皮碗损坏等，均应更换。

3）转向柱直线度误差应不大于 1.00mm，横拉杆直线度误差应不大于 1.50mm，否则予以更换。

4）接触环弹簧及球头销弹簧失效，各橡胶、塑料衬套及防尘套老化、破裂或磨损严重，横拉杆螺纹损伤超过 2 牙，球头销磨损严重或出现裂纹等，均应更换。

5）转向支架变形或出现裂纹，转向器壳体破裂，主动齿轮及齿条齿面磨损严重或出现疲劳剥落，支承衬套、轴承及轴颈表面磨损严重，齿条发生弯曲变形或出现裂纹，均应更换。

6）对于动力转向装置的液压泵，应检查压力流量限制阀的密封性及泵体内壁的磨损程度，并更换相应的损坏机件。

步骤 3　装配调整

动力转向器的装配可按拆卸的相反顺序进行。需要说明的是：

1）动力转向器安装时齿条表面应涂专用润滑脂，安装其啮合间隙补偿装置时，应使压块的槽孔对准中间顶盖，并使密封压座的厚面朝上。齿条径向圆跳动误差小于 0.3mm。

2）安装好转向器后，应调整齿轮齿条啮合间隙，确保无间隙啮合。调整时，车轮直行且着地，先松开补偿装置调整螺钉的锁紧螺母，然后向里拧动调整螺钉，直至齿轮与齿条的啮合间隙完全消除且转动转向盘不费力为止。最后稳定住调整螺钉，将锁紧螺母锁紧。转向器螺杆轴承预紧力矩为 1.0~1.8N·m。

3）检查动力转向器的系统密封性，如果有渗漏应换相应的密封件。压力标准：急速关闭截止阀压力为 6.8~8.2MPa；当发动机工作时，急速打开压力表节流阀，转动转向盘到左右极限位置，压力表上的压力值应为 6.8~8.2MPa。

操作提示

安装转向盘时，应使车轮处于直行位置，转向灯开关放在中间位置。

五、评分标准

序号	作业项目	考核内容	配分	评分标准	评分记录	扣分	得分
1	拆卸	拆卸各零部件	40 分	根据拆卸的规范酌情扣分			
2	安装	安装各零部件	30 分	根据安装情况酌情扣分			
3	调整	调整各间隙	25 分	根据调整情况酌情扣分			
4	安全文明生产	遵守安全操作规程，正确使用工、量具，操作现场整洁	5 分	每项扣 1 分，扣完为止			
		安全用电，防火，无人身、设备事故		因违规操作发生重大人身和设备事故，此题按 0 分计			
5	分数合计		100 分				

评分人：　　　年　　月　　日　　　核分人：　　　年　　月　　日

技能训练四　诊断与排除离合器发响故障

一、训练准备

1. 实训汽车。
2. 常用修理工具。
3. 卡尺、钢直尺。
4. 弹簧试验器。

二、训练要求

1. 掌握离合器发响的现象及原因。
2. 能够排除离合器发响的故障。

三、训练时间

50min。

四、基本操作步骤

操作步骤描述：观察故障现象→分析故障原因→诊断与排除故障。

步骤 1　观察故障现象

1）发动机怠速运转，踩下或松抬离合器踏板有异响。

2）有时不论踩下还是松抬离合器踏板均有异响。

步骤 2　分析故障原因

1）分离轴承损坏或润滑不良。

2）从动盘减振弹簧折断或松旷，摩擦片破裂，铆钉松动或外露，花键毂铆钉松动。

3）分离杠杆与离合器盖连接松旷，或分离杠杆支撑弹簧疲劳、折断或脱落。

4）分离杠杆或其支架销及孔磨损松旷。

5）分离杠杆调整螺栓过长而碰撞分离杠杆。

6）离合器踏板回位弹簧、分离轴承座回位弹簧过软、折断或脱落。

7）分离轴承与分离杠杆内端没有间隙。

8）离合器盖上的驱动窗孔与压盘上的凸块配合松旷。

9）离合器压盘与离合器盖连接松旷，或双片离合器的中间压盘销孔与传动销磨损松旷。

步骤 3　诊断与排除故障

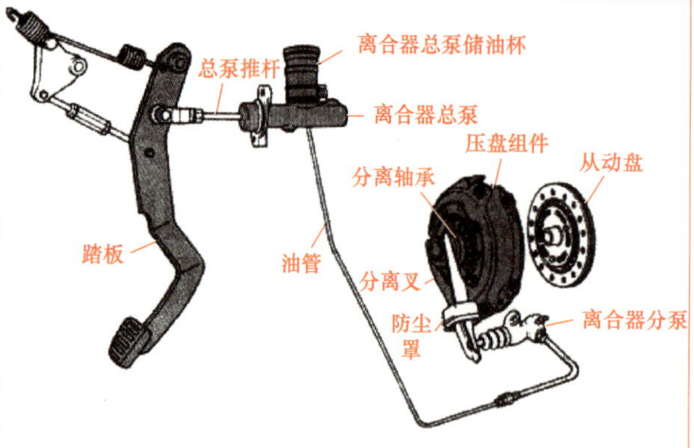

1. 检查离合器操纵机构各连接部位的紧固件是否松动。若松动，应予以紧固

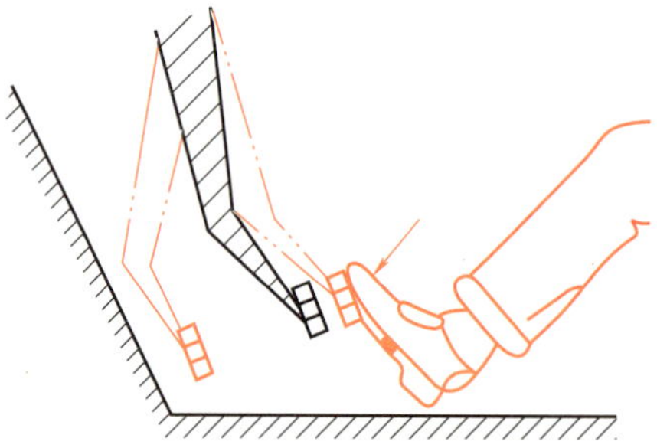

2. 若无松动，连续踏、抬离合器踏板，检查分离拨叉和传动部分有无卡滞现象。若有卡滞现象，应予以排除

（续）

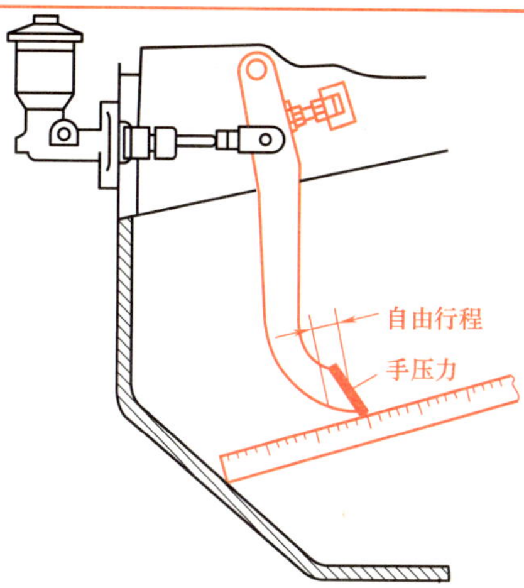 3. 检查离合器踏板的自由行程。若无自由行程，应按要求进行调整	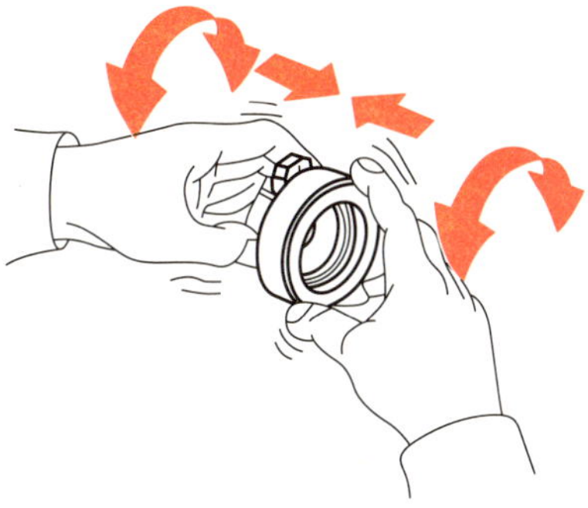 4. 若自由行程符合要求，应将离合器拆下，检查分离轴承的技术状况。若分离轴承转动不灵活或磨损松旷，应更换
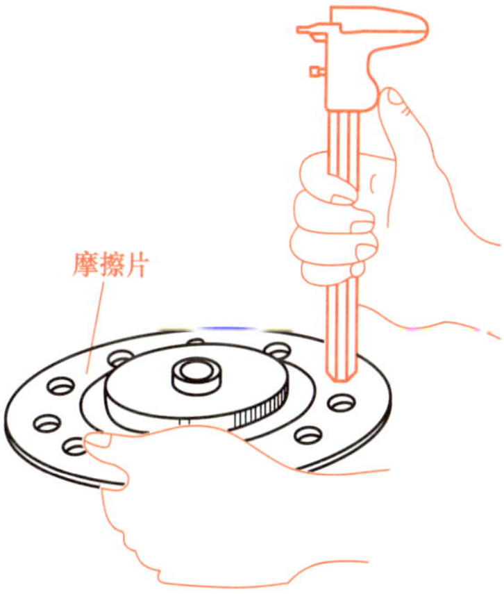 5. 如果分离轴承完好，应检查离合器摩擦片的技术状况。若摩擦衬片破裂、铆钉松动或花键毂铆钉松动、花键齿磨损松旷、钢片破裂，应重新铆合或更换从动盘	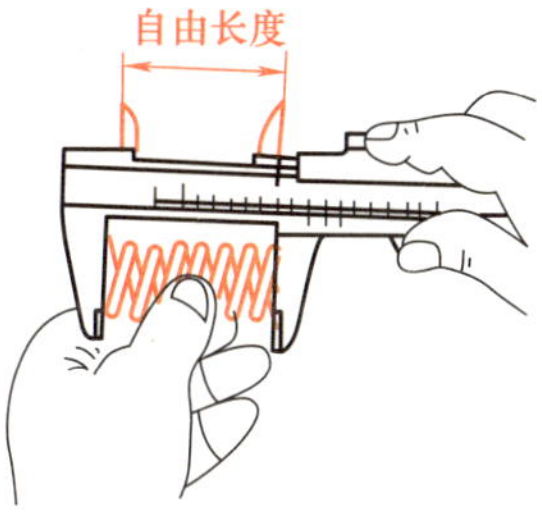 a) 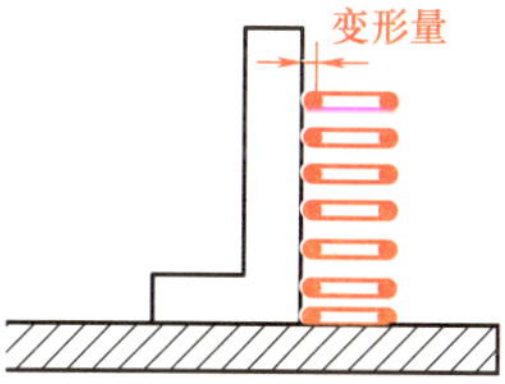 b) 6. 若从动盘完好，应分解离合器总成，检查压盘弹簧、减振弹簧、传动片等有无折断。若有折断，应予以更换
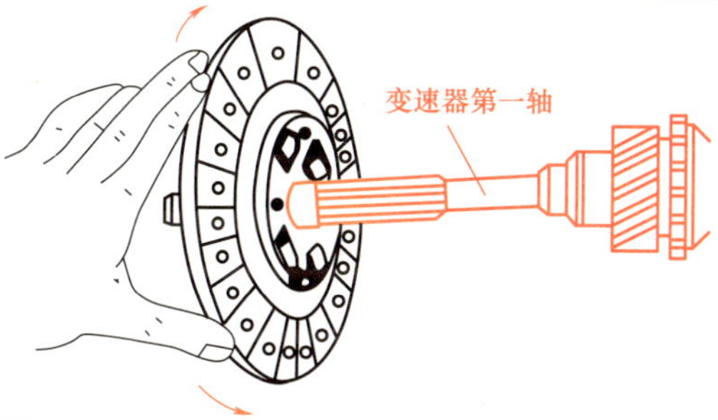	7. 检查变速器第一轴前轴承或衬套是否磨损松旷，视情况予以更换

五、评分标准

序号	考核内容	配分	评分标准	考核记录	扣分	得分
1	正确使用工作仪器	10 分	使用错误扣 10 分			
			使用不当酌情扣分			
2	确定故障原因	25 分	检查方法错误扣 10 分			
			检查程序错误扣 5 分			
			判断原因错误扣 5 分			
3	明确故障部位（口述）	25 分	不能确定故障扣 20 分			
4	排除故障	35 分	不能排除扣 20 分			
			自制一处错误扣 5 分			
			不能完全排除酌情扣分			
5	遵守安全操作规程，正确使用工、量具，操作现场整洁	5 分	每项扣 1 分，扣完为止			
	安全用电，防火，无人身、设备事故		因违规操作发生重大人身和设备事故，此题按 0 分计			
6	分数总计	100 分				

评分人：　　　年　　月　　日　　　　核分人：　　　年　　月　　日

技能训练五　诊断与排除手动变速器掉档故障

一、训练准备

1. 实训汽车。
2. 常用修理工具。

二、训练要求

1. 掌握手动变速器掉档故障的现象及原因。
2. 能够排除手动变速器掉档故障。

三、训练时间

50min。

四、基本操作步骤

操作步骤描述：观察故障现象→分析故障原因→诊断与排除故障。

步骤 1　观察故障现象

在行驶中，变速器自动跳至空档位置，且自动掉档一般发生在中、高速负荷突然变化或车辆剧烈振动时。

步骤2　分析故障原因

1）变速器与离合器壳固定螺栓松动。

2）变速器自锁装置失效。

3）变速杆变形。

4）变速器换档拨叉翘曲变形或严重磨损，致使齿轮挂档不到位。

5）同步器磨损严重或损坏。

6）变速器齿轮、齿套磨损过量，沿齿长方向形成锥形。

7）变速器输出轴花键齿与滑动齿轮或接合套花键齿槽磨损松旷。

8）轴承磨损严重、松旷，使齿轮不能正确啮合而上下摆动。

9）变速器中间轴轴向间隙过大。

步骤3　诊断与排除故障

1. 检查远距离操纵的变速操纵机构是否松动或失调。若有松动或失调，应予以修理或调整

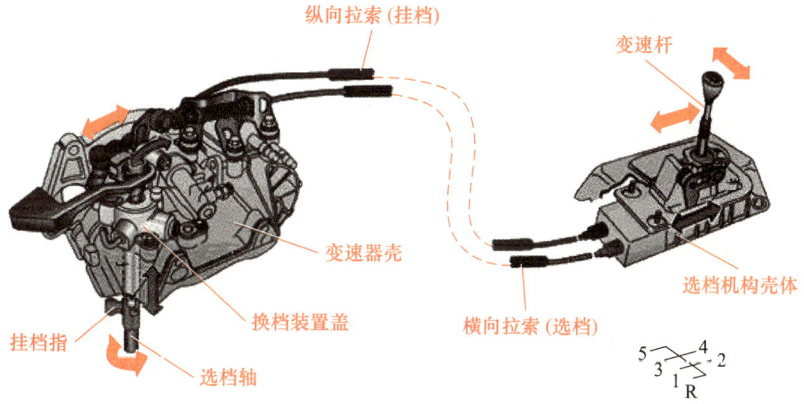

2. 检查变速器与离合器壳的固定螺钉（或螺栓）是否松动，若松动，应予以紧固

（续）

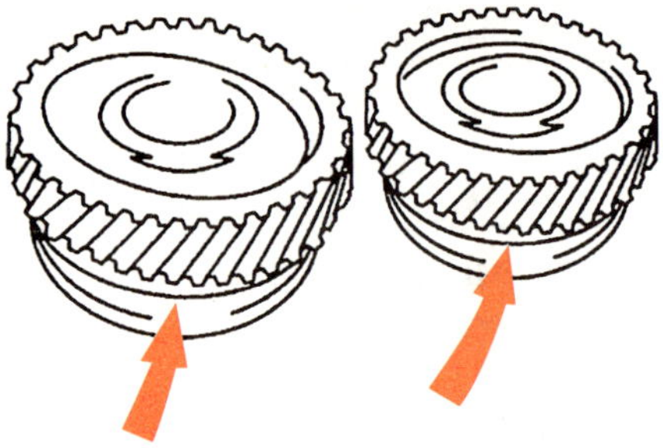 齿顶剥落　　轮齿表面锥形磨损	3. 若固定螺钉（或螺栓）不松动，应拆下变速器盖，检查齿轮轮齿、齿套是否磨损成锥形，并检视滑动齿轮和第二轴花键的配合情况，如果磨损严重或配合松动，应更换磨损严重的零部件
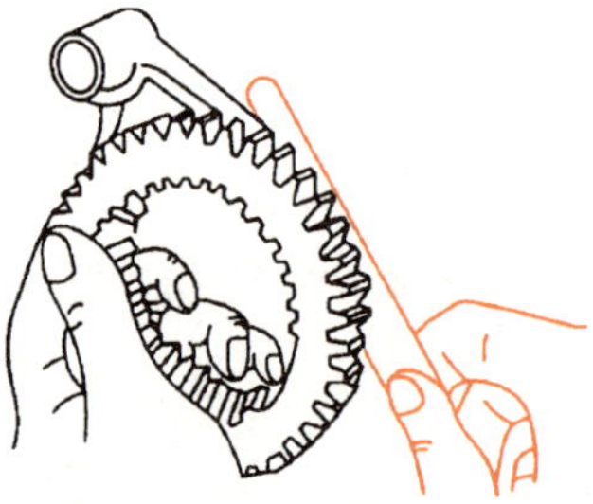 检查拨叉和拨叉槽间隙 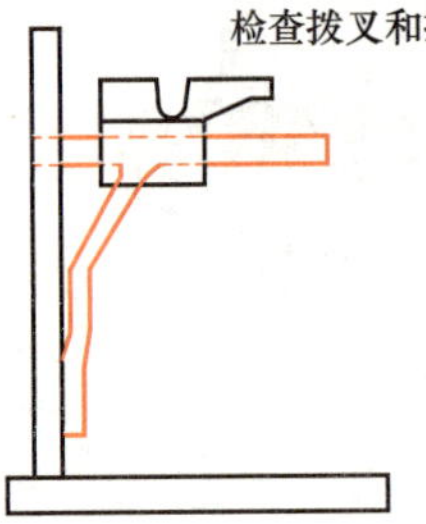 检查拨叉是否变形	4. 检查变速杆、拨叉是否磨损、变形，拨叉紧固螺钉是否松动。若有严重磨损、变形或松动，应修复或更换
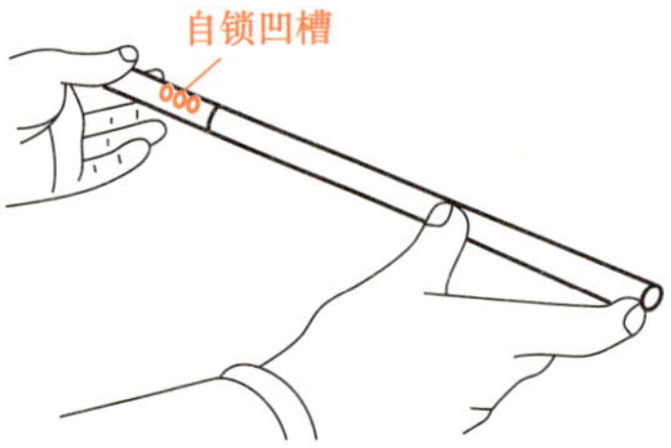 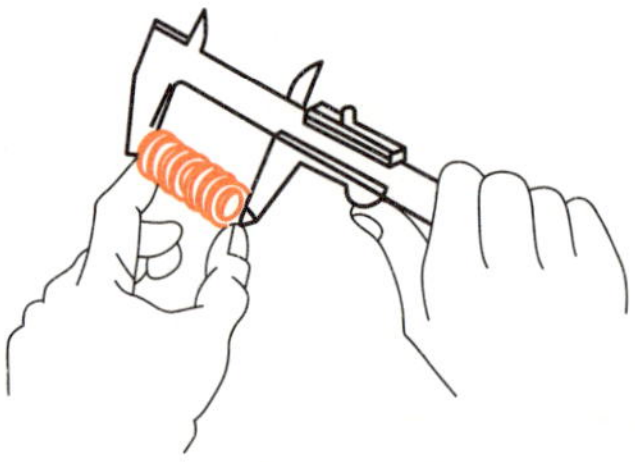	5. 若拨叉和变速杆正常，则应检查拨叉轴自锁装置，其凹槽和自锁钢球是否磨损严重，弹簧有无变形、折断或疲劳变软。若凹槽和钢球磨损严重，弹簧不符合要求，则应予以更换

（续）

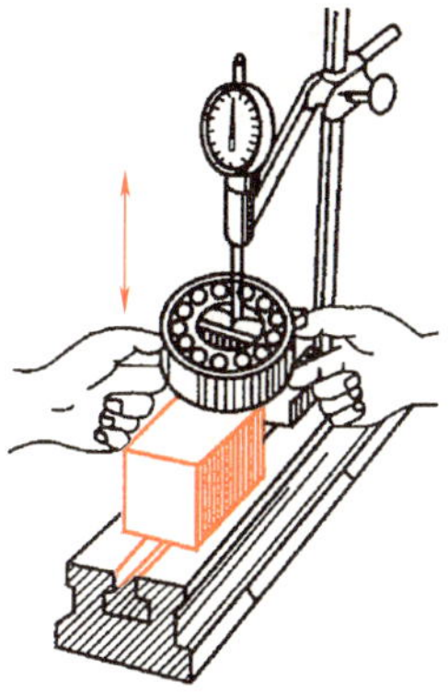 检查轴向间隙  检查径向间隙	6. 若上述检查均正常，应将变速器拆下解体，检查轴承是否严重磨损、松旷。若轴承磨损严重、松旷，应予以更换
 检查轴向间隙 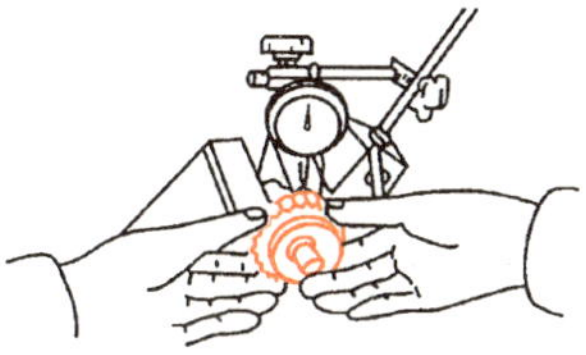 检查径向间隙	7. 检查齿轮与轴配合的轴向间隙和径向间隙，若超过规定限度，应予以更换
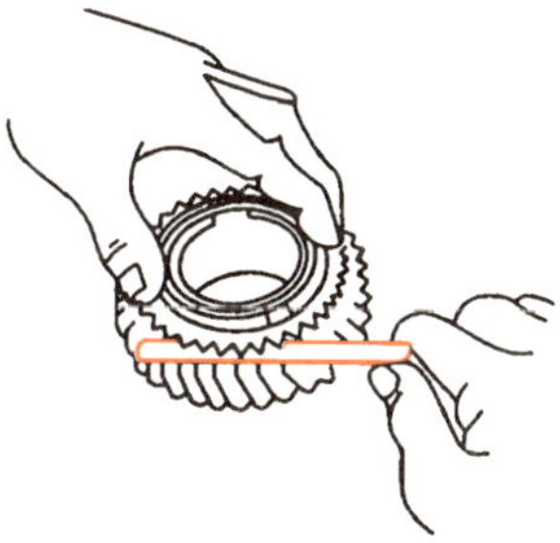 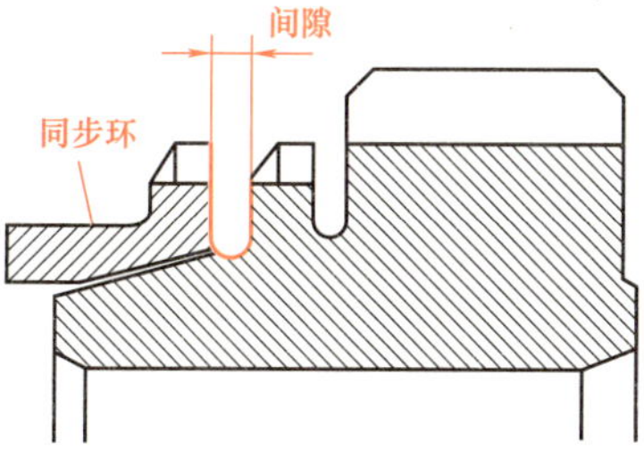	8. 若齿轮与轴的配合不松旷，应检查同步器是否松动、散架，衬套和锥环是否磨损，破碎，如果有损坏，应更换同步器
9. 若仍未发现故障，则应检查变速器第一轴与发动机曲轴的同轴度误差是否超限。检查时，旋松变速器固定螺钉（或螺栓），挂上直接档，松开驻车制动器，用手摇柄摇转发动机，观察变速器与离合器壳的接触面是否一致。若接触面间隙一边大一边小，则说明变速器第一轴与曲轴不同轴。若同轴度误差超限，应拆卸检查飞轮壳承孔和变速器第一轴轴承盖、第一轴前轴承的磨损情况。若磨损严重，应视情况加以修复或更换	

五、评分标准

序号	考核内容	配分	评分标准	考核记录	扣分	得分
1	正确使用工作仪器	10 分	使用错误扣 10 分			
			使用不当酌情扣分			
2	确定故障原因	25 分	检查方法错误扣 10 分			
			检查程序错误扣 5 分			
			判断原因错误扣 5 分			
3	明确故障部位（口述）	25 分	不能确定故障扣 20 分			
4	排除故障	35 分	不能排除扣 20 分			
			自制一处错误扣 5 分			
			不能完全排除酌情扣分			
5	遵守安全操作规程，正确使用工、量具，操作现场整洁	5 分	每项扣 1 分，扣完为止			
	安全用电，防火，无人身、设备事故		因违规操作发生重大人身和设备事故，此题按 0 分计			
6	分数总计	100 分				

评分人：　　年　月　日　　核分人：　　年　月　日

技能训练六　诊断与排除液压制动不良故障

一、训练准备

1. 实训汽车。
2. 常用修理工具。
3. 塞尺。
4. 举升器。
5. 卡尺。
6. 轮胎气压表。
7. 前轮定位仪。
8. 卷尺。

二、训练要求

1. 了解液压制动不良的故障现象及原因。
2. 掌握液压制动不良的故障排除方法。

三、训练时间

50min。

四、基本操作步骤

操作步骤描述：观察故障现象→分析故障原因→诊断与排除故障。

步骤 1　观察故障现象

1）汽车在行驶中，踩一次制动踏板不能减速或停车，连续踩几次制动踏板，效果也不好。

2）汽车紧急制动时，制动距离太长。

步骤 2　分析故障原因

1）制动踏板自由行程太大。

2）制动液不足，储液室内液位太低。

3）制动液内进水或混进其他液体。

4）制动管路内进入空气，或产生气阻。

5）制动总泵或分泵的活塞磨损严重，配合松旷。

6）皮碗老化，密封不良。

7）总泵的进油孔、补偿孔堵塞，造成油压不够。

8）制动软管老化过软。

9）管路或接头有泄漏处。

10）制动器方面的原因，同气压制动系一样。

11）真空助力器各真空管路接头松动、脱落，管路有破裂处。

12）真空助力器的膜片破裂或者密封圈密封不良。

13）真空助力器单向阀密封不良。

14）真空助力器控制阀不良。

15）真空助力器辅助缸活塞磨损严重。

16）真空助力器辅助缸活塞皮碗不密封。

17）真空助力器辅助缸单向球阀不密封。

步骤 3　诊断与排除故障

1. 连续踏下制动踏板，制动踏板位置能逐渐升高，再往下踏感到有弹性，可能是制动系内混有空气或有气阻。若混有空气，应对制动系统进行排气。若产生气阻，应更换质量高、符合要求的制动液

（续）

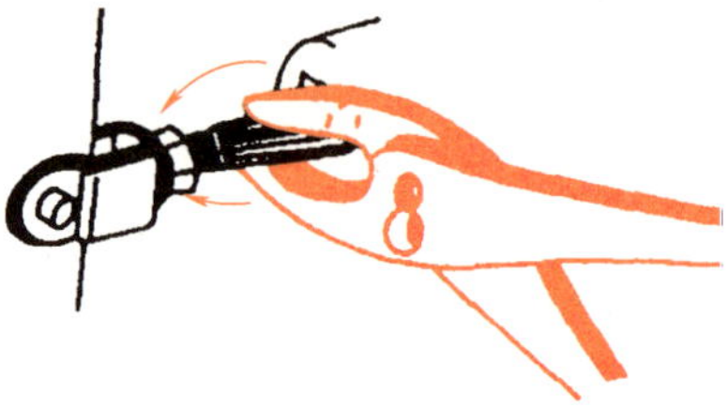 调整主缸推杆自由行程 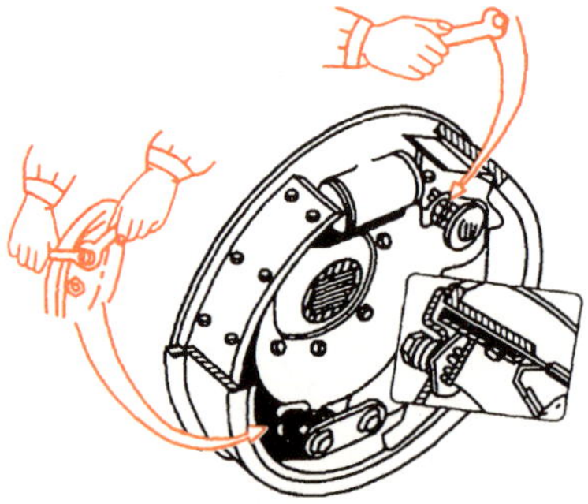 检查调整车轮制动器	2. 一脚制动不灵，连续踏下制动踏板时，踏板位置逐渐升高且制动效果良好，表明自由行程过大或摩擦片与制动鼓间隙过大，应予以调整
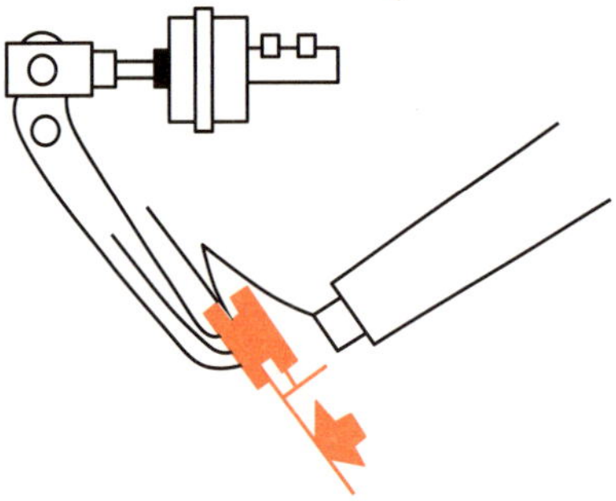	3. 连续踏下制动踏板，踏板位置能逐渐升高，升高后继续用脚踏紧，此时若感到踏板有下沉的感觉，表明制动系统中有漏油之处或制动主缸出油阀关闭不严，应检查油管、油管接头和主缸
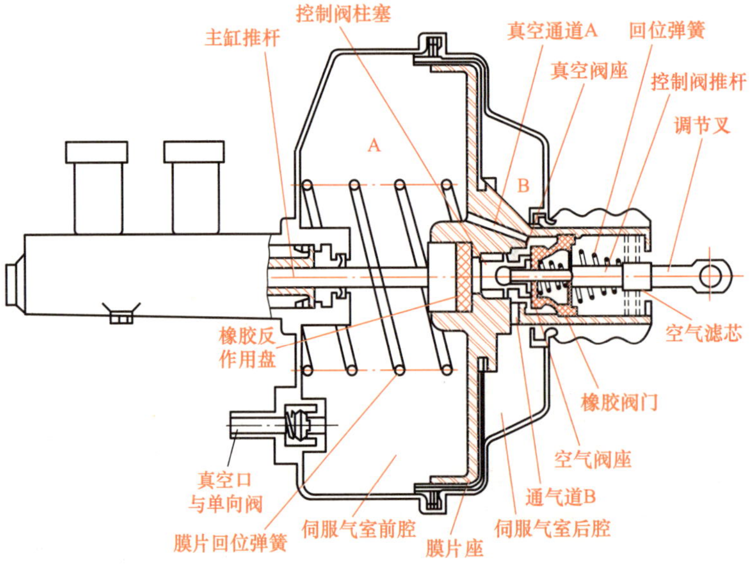	4. 若踩下制动踏板时需用力大，而且感觉很硬，应检查真空助力器

（续）

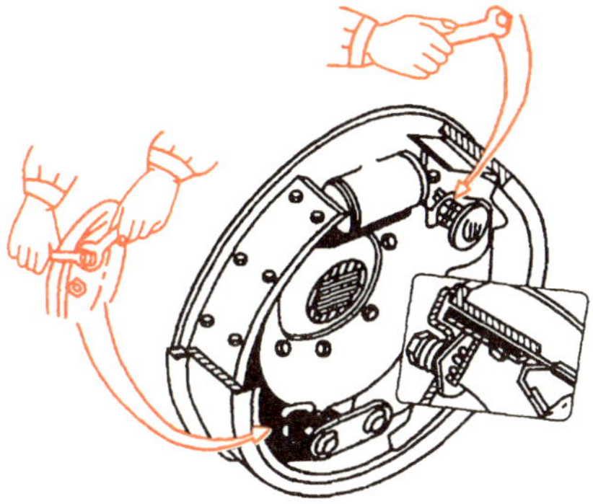	5. 当踏下制动踏板时，制动踏板高度符合要求，也不软弱不下沉，但制动效果不好，应检修车轮制动器

五、评分标准

序号	考核内容	配分	评分标准	考核记录	扣分	得分
1	正确使用工作仪器	10 分	使用错误扣 10 分			
			使用不当酌情扣分			
2	确定故障原因	25 分	检查方法错误扣 10 分			
			检查程序错误扣 5 分			
			判断原因错误扣 5 分			
3	明确故障部位（口述）	25 分	不能确定故障扣 20 分			
4	排除故障	35 分	不能排除扣 20 分			
			自制一处错误扣 5 分			
			不能完全排除酌情扣分			
5	遵守安全操作规程，正确使用工、量具，操作现场整洁	5 分	每项扣 1 分，扣完为止			
	安全用电，防火，无人身、设备事故		因违规操作发生重大人身和设备事故，此题按 0 分计			
6	分数总计	100 分				

评分人：　　　年　　月　　日　　　核分人：　　　年　　月　　日

模块三　汽车电器检修

技能训练一　空调系统压力的检查

一、训练准备

1. 空调系统性能良好的轿车 1 辆。

2. 压力表组 1 套。

二、训练要求

1. 将压力表组正确安装并连接到制冷系统，正确检测制冷系统高、低压力。

2. 能根据检测的压力确定系统工作状况，分析系统可能存在的故障。

三、训练时间

40min。

四、技术标准

当发动机预热后，在下列条件达到稳定时，可从压力表组读取压力值。

1）将开关设定在内循环状态下，空气进口处温度为 30~35℃。

2）发动机在 1250r/min 下运转。

3）鼓风机速度控制开关位于高速（HI）位置。

4）温度控制开关位于最冷（COOL）位置。

R134a 制冷系统功能正常时的表读数：低压侧为 0.15~0.25MPa；高压侧为 1.37~1.57MPa。

五、基本操作步骤

操作步骤描述：安装压力表→起动发动机→读数→判断。

步骤 1　安装压力表

1）卸掉系统高、低压管路上的检修阀护帽。

2）压力表组高、低压侧手动阀都关闭，蓝色的低压侧软管接低压检修阀，红色的高压侧软管接高压检修阀。

步骤 2　起动发动机

调整发动机转速至 1250r/min，起动空调器，将有关控制器调至最凉位置（风机也应在最高速），按需要使发动机温度正常（运行 5~10min）后，进行检测。

步骤 3　读数、判断

1）压力表的读数，高、低压侧压力均很低，如图 4-11 所示，说明制冷剂不足。如果空调系统工作一段时间出现此现象，可能是系统内某处出现泄漏，必须找出泄漏点并加以排除。

2）压力表的读数，高、低压侧压力均过高（见图 4-12），很可能是制冷剂过多引起，应从低压侧放出一部分制冷剂，直到压力表显示规定压力为止。若开始时正常，后来出现上述现象，这是由于冷凝器散热差造成的，可检查冷凝器散热片是否堵塞、风扇传动带是否过松、风扇转速是否正常，若是应予以排除。

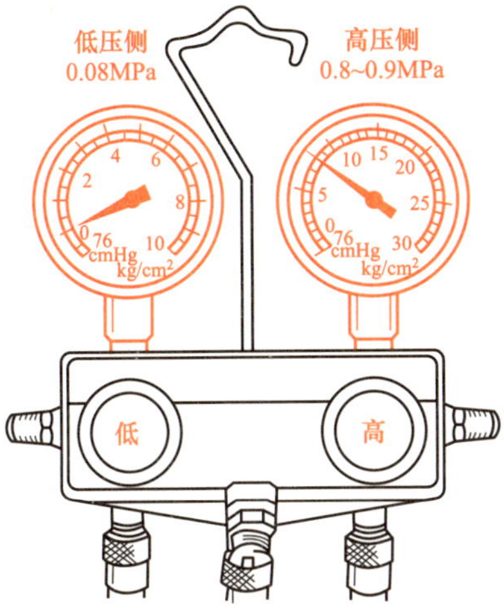

图 4-11 制冷剂不足时压力表的指示

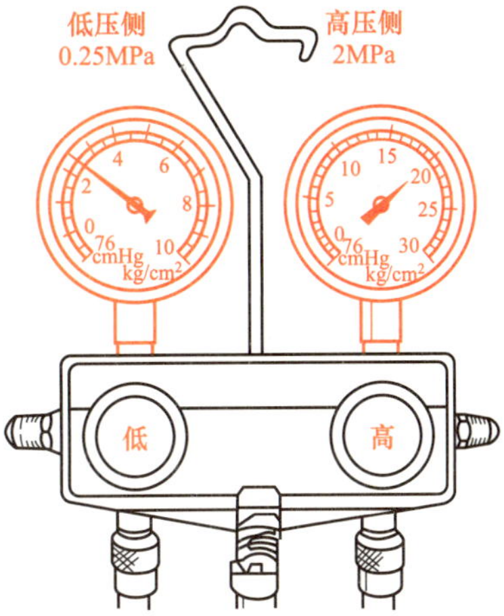

图 4-12 制冷剂过多时压力表的指示

3）经上述方法排除后，若高、低压侧压力还是高，可能是加注制冷剂过程中没有将空气抽尽，导致系统内有空气，可更换干燥剂，清洁冷冻机油，重新加注制冷剂。

4） 压力表读数，低压侧偏高，高压侧偏低（见图 4-13），若增加发动机转速，高低压变化都不大。这种情况一般是由于压缩机工作不良造成的，应检查压缩机内阀片是否损坏，活塞及环是否磨损，并予以排除。

5）压力表读数，低压侧出现真空，高压侧压力过低，如图 4-14 所示。这种情况多由于膨胀阀感温包内的制冷剂完全泄漏，使膨胀阀打不开，制冷剂不流动，系统不能制冷。排除的办法是更换或拆修膨胀阀。

6）检测完后，关掉发动机，卸掉压力表组，把检修阀的护帽旋回。

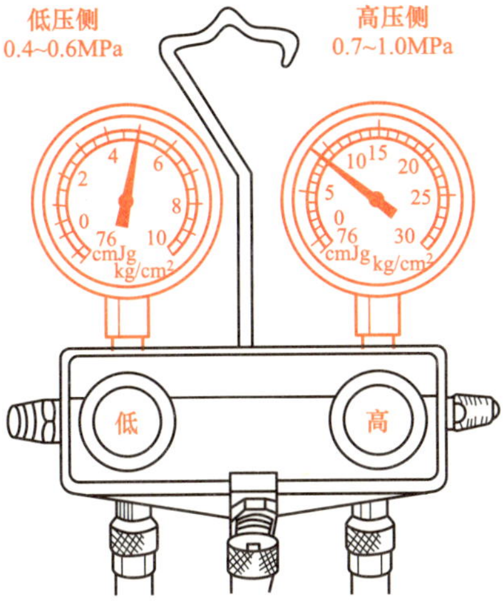

图 4-13 压缩机工作不良压力表指示

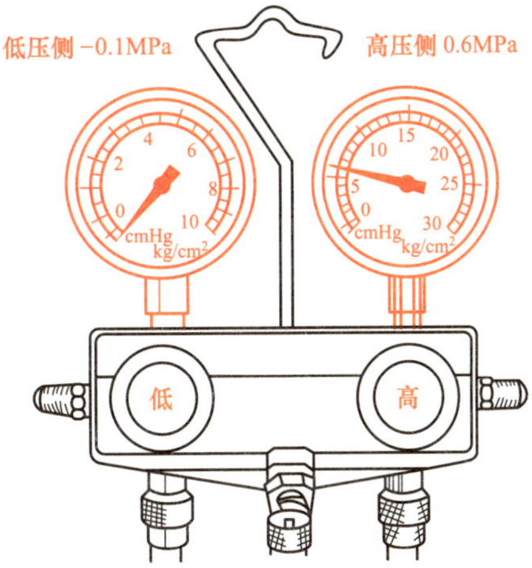

图 4-14 制冷剂不环流压力表指示

操作提示

1. R12 与 R134a 不可使用同一个压力表组。
2. 检查过程中应注意旋转件，以免受伤。
3. 压力表组的高、低压管位置不能接反。

六、评分标准

序号	作业项目	考核内容	配分	评分标准	评分记录	扣分	得分
1	安装	安装压力表组	20 分	不会安装或安装错误扣 15 分			
2	起动发动机	起动发动机，起动空调器，按要求调整温度	25 分	达不到要求酌情扣分，直至扣完为止			
3	读数	读出压力表高、低压侧读数	25 分	读数错误扣 8 分			
4	判断	根据压力表读数，判断零件的好坏	25 分	根据压力表的读数不能正确判断零件的好坏扣 16 分			
5	安全文明生产	遵守安全操作规程，正确使用工、量具，操作现场整洁	5 分	每项扣 1 分，扣完为止			
		安全用电，防火，无人身、设备事故		因违规操作发生重大人身和设备事故，此题按 0 分计			
6	分数合计		100 分				

评分人：　　年　月　日　　核分人：　　年　月　日

技能训练二　充电系统不充电故障诊断与排除

一、训练准备

1. 实训汽车。
2. 常用修理工具。

3. 数字式万用表。
4. 蓄电池高率放电计。
5. 试灯。

二、训练要求

1. 掌握充电系统不充电故障的现象及原因。
2. 掌握充电系统不充电故障的排除方法。

三、训练时间

50min。

四、基本操作步骤

操作步骤描述：观察故障现象→分析故障原因→诊断与排除故障。

步骤 1　观察故障现象

发动机中速以上运转，电流表指示放电或充电指示灯不熄灭。

步骤 2　分析故障原因

1）交流发电机传动带断裂或打滑严重。
2）交流发电机励磁线圈或充电线路断路。
3）交流发电机故障
① 电刷与集电环接触不良。
② 二极管击穿、断路。
③ 转子绕组短路、断路、搭铁。
④ 定子绕组短路、断路、搭铁。
4）电压调节器故障
① 晶体管电压调节器的稳压管及小功率晶体管短路或大功率晶体管断路。
② 电压调节器的搭铁方式与交流发电机不匹配。

步骤 3　诊断与排除故障

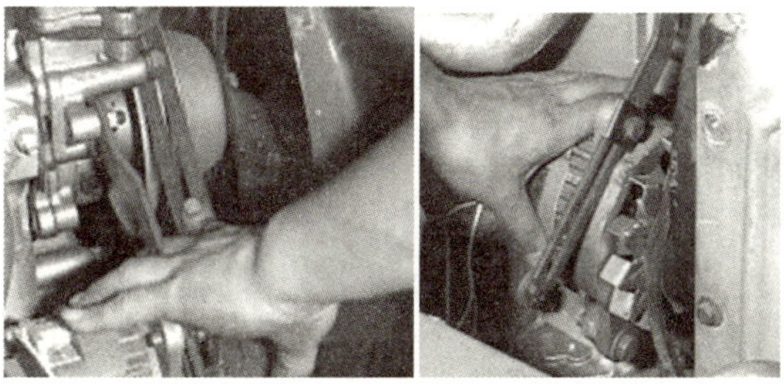	1. 检查发电机传动带是否过松或存在严重打滑现象。若传动带过松，应按规定重新调整；如果传动带沾有油污造成打滑，应清洗带轮并更换传动带

（续）

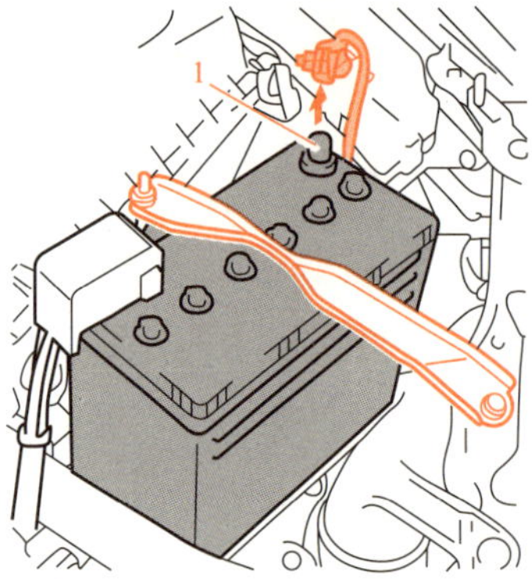	2. 检查各连接线连接是否正确、牢固，有无断路现象，以及有无异常颜色、气味、烟雾、温升等，不符合要求时应重新连接好
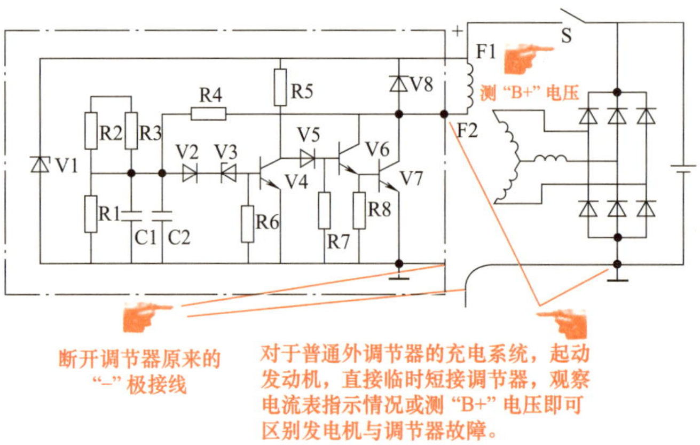 普通外接调节器的充电系统不充电故障诊断	3. 对于普通外接式调节器，起动发动机，直接短接调节器两端，观察电流表指示有无变化：若有电流，说明发电机良好，调节器或相关导线已断路；若仍无指示，说明发电机已损坏。上述检查符合要求时，表明故障在发电机内部，应检查电刷是否在电刷架内卡滞或与集电环接触不良
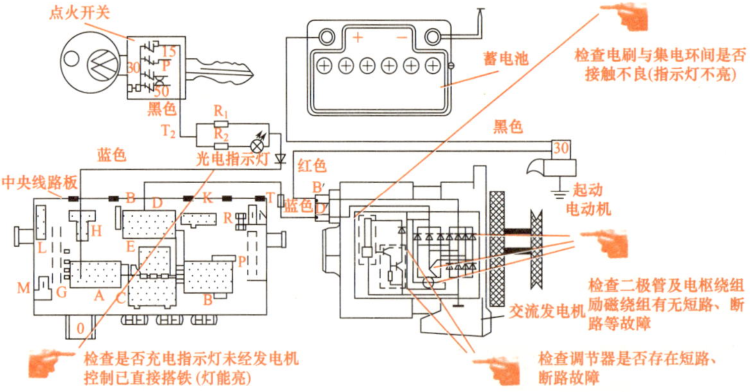 采用整体式发电机的充电系统不充电故障的诊断	4. 对于内装集成电路调节器的整体式交流发电机，应拆下调节器测量发电机及调节器各接线柱间的电阻值，检查发电机定子及转子绕组、整流元件等是否断路、短路或搭铁等，并视情况予以修复
5. 检查充电指示灯电路，是否未经发电机和调节器而自行搭铁	

五、评分标准

序号	考核内容	配分	评分标准	考核记录	扣分	得分
1	正确使用工作仪器	10 分	使用错误扣 10 分			
			使用不当酌情扣分			
2	确定故障原因	25 分	检查方法错误扣 10 分			
			检查程序错误扣 5 分			
			判断原因错误扣 5 分			
3	明确故障部位（口述）	25 分	不能确定故障扣 20 分			
4	排除故障	35 分	不能排除扣 20 分			
			自制一处错误扣 5 分			
			不能完全排除酌情扣分			
5	遵守安全操作规程，正确使用工、量具，操作现场整洁	5 分	每项扣 1 分，扣完为止			
	安全用电，防火，无人身、设备事故		因违规操作发生重大人身和设备事故，此题按 0 分计			
6	分数总计	100 分				

评分人：　　　年　　月　　日　　　核分人：　　　年　　月　　日

技能训练三　起动机不转故障的诊断与排除

一、训练准备

1. 实训汽车。
2. 常用修理工具。
3. 数字式万用表。
4. 蓄电池高率放电计。
5. 试灯。

二、训练要求

1. 掌握起动机不转故障的现象及原因。
2. 掌握起动机不转故障的排除方法。

三、训练时间

50min。

四、基本操作步骤

操作步骤描述：观察故障现象→分析故障原因→诊断与排除故障。

步骤 1　观察故障现象

接通起动开关后，起动机不转。

步骤 2　分析故障原因

1）蓄电池严重亏电；导线、开关有严重接触不良甚至断路现象。

2）起动机电磁开关有短路、断路、搭铁、卡滞等故障。

3）电动机励磁、电枢绕组有故障，电刷与换向器有故障等。

4）装有自动变速器的车辆，其自动变速器不在 N 位或 P 位，或多功能开关有故障，或控制单元有故障。

步骤 3　诊断与排除故障

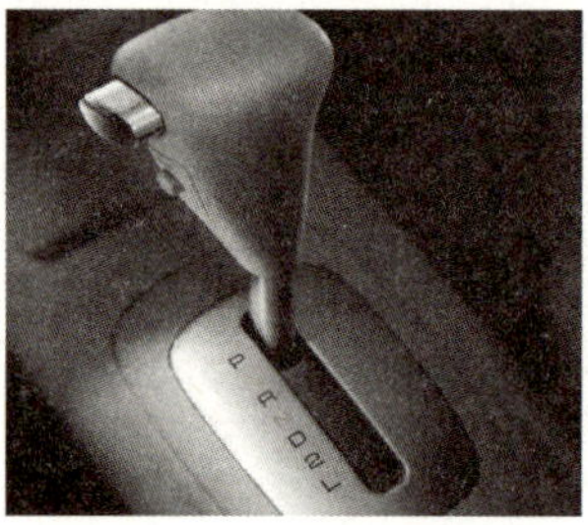	1. 检查自动变速器是否处于 N 位或 P 位，检查蓄电池是否有电，检查各处接线是否正确、良好
	2. 检查直流电动机。用螺钉旋具短接起动机两主接线柱，若电动机不转，说明其内部有问题，需拆检；若电动机能正常转动，说明电动机正常，故障在外部，需继续检查

（续）

	3. 检查电磁开关。短接起动机电源接线柱与电磁开关相线接线柱，若电磁开关有接通动作且电动机正常旋转，说明电磁开关正常，故障在外部；若电磁开关无动作，或者虽有动作但电动机不转，均说明电磁开关有故障，需拆检或直接更换
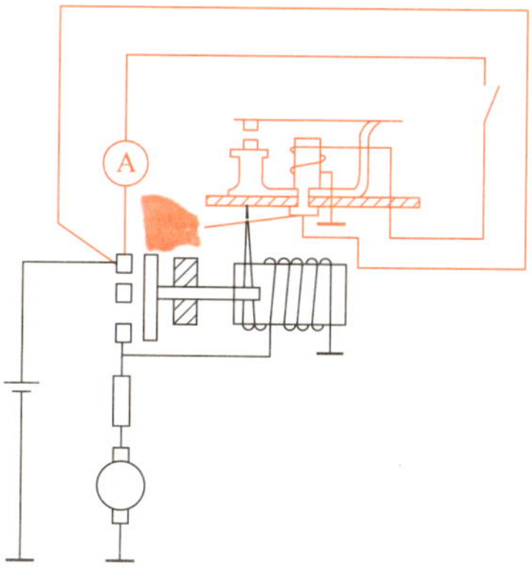	4. 检查起动继电器。在继电器相线均有电的前提下，短接触点，观察起动机是否能通电转动，若能转动，说明触点损坏造成断路。将线圈输出端直接搭铁听（或摸）继电器触点能否闭合，若不能闭合，说明线圈已损坏；若能闭合，应对搭铁线或自动变速器空档开关或其控制单元进行检查
5. 检查自动变速器空档开关和控制单元。用专用设备，如 V.A.G 1551 或 V.A.G 1552 进行检测，并进行相应处理	

五、评分标准

序号	考核内容	配分	评分标准	考核记录	扣分	得分
1	正确使用工作仪器	10 分	使用错误扣 10 分			
			使用不当酌情扣分			
2	确定故障原因	25 分	检查方法错误扣 10 分			
			检查程序错误扣 5 分			
			判断原因错误扣 5 分			
3	明确故障部位（口述）	25 分	不能确定故障扣 20 分			

（续）

序号	考核内容	配分	评分标准	考核记录	扣分	得分
4	排除故障	35 分	不能排除扣 20 分			
			自制一处错误扣 5 分			
			不能完全排除酌情扣分			
5	遵守安全操作规程，正确使用工、量具，操作现场整洁	5 分	每项扣 1 分，扣完为止			
	安全用电，防火，无人身、设备事故		因违规操作发生重大人身和设备事故，此题按 0 分计			
6	分数总计	100 分				

评分人： 年 月 日 核分人： 年 月 日

技能训练四 诊断与排除前照灯不亮故障

一、训练准备

1. 实训汽车。
2. 常用修理工具。
3. 数字式万用表。

二、训练要求

1. 掌握前照灯不亮的现象及原因。
2. 能够排除前照灯不亮故障。

三、训练时间

50min。

四、基本操作步骤

操作步骤描述：观察故障现象→分析故障原因→诊断与排除故障。

步骤 1 观察故障现象

1）所有前照灯都不亮。

2）其中某个前照灯不亮。

步骤 2 分析故障原因

1）前照灯熔丝烧断。

2）前照灯变光开关有故障。

3）电源线松动或脱落断路。

4）前照灯配线或搭铁有故障。

步骤 3　诊断与排除故障

<table>
<tr><td>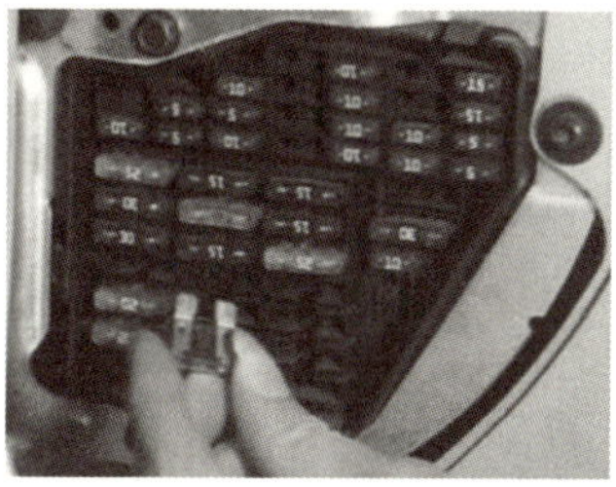</td><td>1. 检查熔丝，若熔丝烧毁，则更换</td></tr>
<tr><td>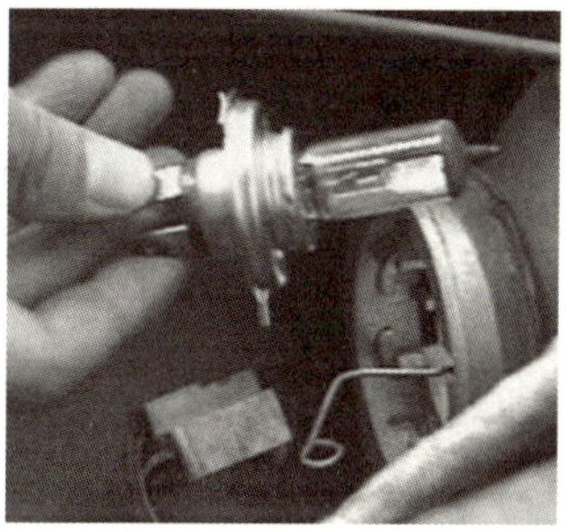</td><td>2. 若熔丝完好，则检查前照灯灯座接触是否不良，灯丝是否烧毁，并视情况加以修理或更换</td></tr>
<tr><td>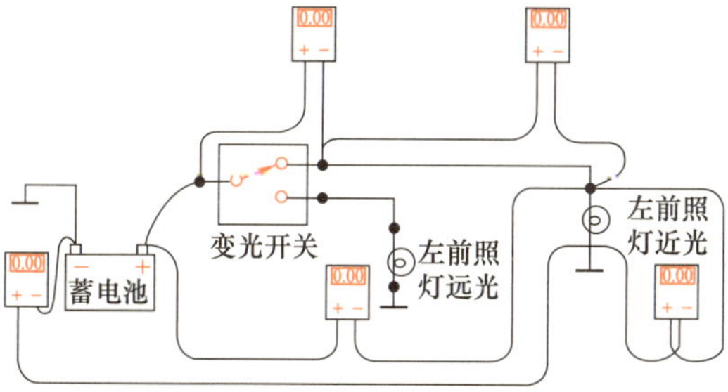
</td><td>3. 检修前照灯变光开关。用万用表电阻档测量变光开关的导通性，若变光开关置于近光或远光位置，其电阻均为无穷大，表明变光开关损坏，应更换</td></tr>
<tr><td>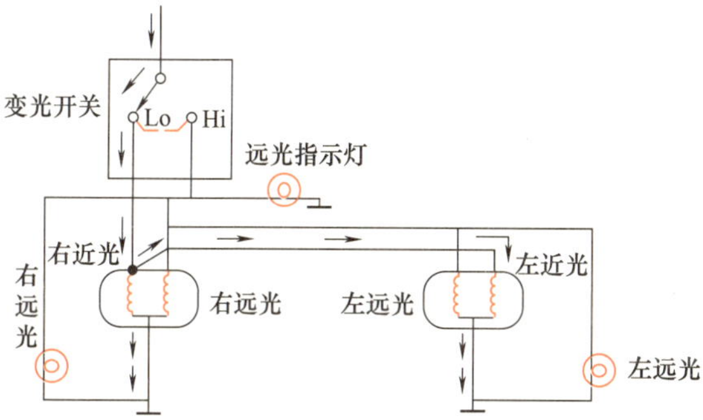
</td><td>4. 逐段检修电路，排除开路</td></tr>
</table>

五、评分标准

序号	考核内容	配分	评分标准	考核记录	扣分	得分
1	正确使用工作仪器	10 分	使用错误扣 10 分			
			使用不当酌情扣分			
2	确定故障原因	25 分	检查方法错误扣 10 分			
			检查程序错误扣 5 分			
			判断原因错误扣 5 分			
3	明确故障部位（口述）	25 分	不能确定故障扣 20 分			
4	排除故障	35 分	不能排除扣 20 分			
			自制一处错误扣 5 分			
			不能完全排除酌情扣分			
5	遵守安全操作规程，正确使用工、量具，操作现场整洁	5 分	每项扣 1 分，扣完为止			
	安全用电，防火，无人身、设备事故		因违规操作发生重大人身和设备事故，此题按 0 分计			
6	分数总计	100 分				

评分人：　　年　月　日　　核分人：　　年　月　日

技能训练五　喇叭不响故障的诊断与排除

一、训练准备

1. 实训汽车。
2. 常用修理工具。
3. 数字式万用表。

二、训练要求

1. 掌握喇叭不响的现象及原因。
2. 能够排除喇叭不响故障。

三、训练时间

50min。

四、基本操作步骤

操作步骤描述：观察故障现象→分析故障原因→诊断与排除故障。

步骤 1　观察故障现象

按下喇叭按钮，喇叭不响。

步骤 2　分析故障原因

1）蓄电池亏电。

2）喇叭损坏。

3）喇叭熔丝烧断。

4）线路连接松脱、断路。

5）喇叭开关或喇叭继电器损坏。

步骤 3　诊断与排除故障

	1. 检查蓄电池存电是否充足，若不充足，则给蓄电池充电或更换蓄电池
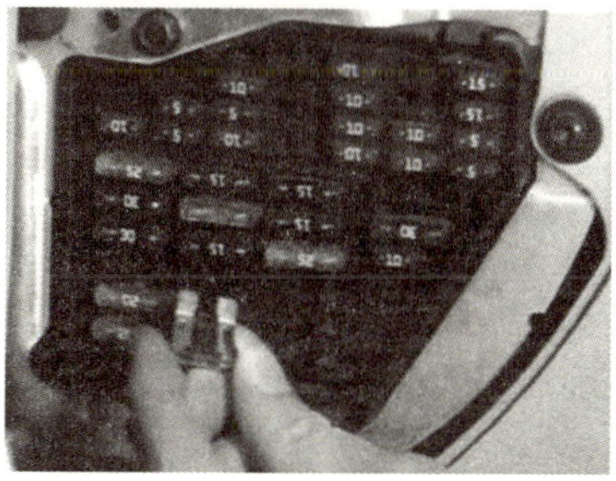	2. 检查熔丝是否烧断，线路连接是否松脱或断路，若是，则予以修复或更换
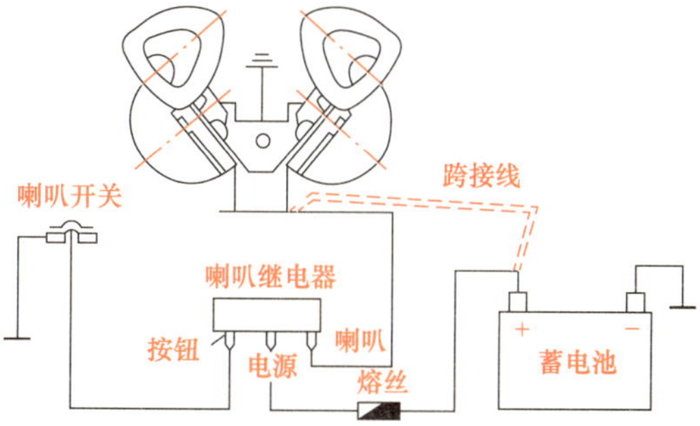	3. 从蓄电池正极柱到喇叭端子跨接一根粗导线，如果喇叭不响，表明喇叭损坏，则更换喇叭。若喇叭响，表明故障在控制电路

（续）

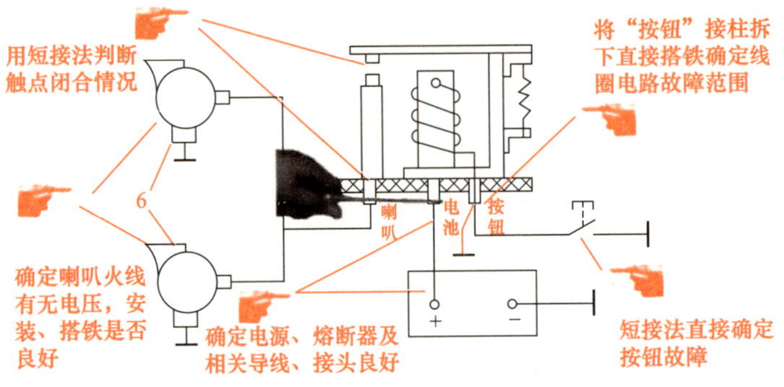	4. 用导线将喇叭开关短接以检查控制电路。若喇叭响，表明喇叭开关损坏，应更换；若喇叭仍不响，表明喇叭继电器损坏，应更换

五、评分标准

序号	考核内容	配分	评分标准	考核记录	扣分	得分
1	正确使用工作仪器	10 分	使用错误扣 10 分			
			使用不当酌情扣分			
2	确定故障原因	25 分	检查方法错误扣 10 分			
			检查程序错误扣 5 分			
			判断原因错误扣 5 分			
3	明确故障部位（口述）	25 分	不能确定故障扣 20 分			
4	排除故障	35 分	不能排除扣 20 分			
			自制一处错误扣 5 分			
			不能完全排除酌情扣分			
5	遵守安全操作规程，正确使用工、量具，操作现场整洁	5 分	每项扣 1 分，扣完为止			
	安全用电，防火，无人身、设备事故		因违规操作发生重大人身和设备事故，此题按 0 分计			
6	分数总计	100 分				

评分人：　　年　月　日　核分人：　　年　月　日

第五部分 模拟试卷样例

Chapter 5

理论知识试卷

高级汽车维修工理论知识试卷

一、单项选择题（第1题～第160题。选择一个正确的答案，将相应的字母填入题内的括号中。每题0.5分，满分80分）

1. 职业道德承载着企业（ ），影响深远。

A. 文化　　B. 制度　　C. 信念　　D. 规划

2. 职业意识是指（ ）。

A. 人们对职业的认识

B. 人们对理想职业的认识

C. 人们对求职择业和职业劳动的各种认识的总和

D. 人们对各行业的评价

3.（ ）的含义包括：集体意识和合作能力两个方面。

A. 集体力量　　B. 行为规定　　C. 团队意识　　D. 规范意识

4. 用量缸表测量气缸时，当大指针顺时针方向离开“0”位时，表示气缸直径（ ）标准尺寸的缸径。

A. 小于　　B. 等于　　C. 大于　　D. 大于或等于

5. 正弦交流电是指电流的大小和方向按（ ）规律变化的交流电。

A. 正弦　　B. 余弦　　C. 直线　　D. 正切

6. 当加在硅二极管两端的正向电压从0V开始逐渐增大时，硅二极管（ ）。

A. 立即导通　　B. 到0.3V时才开始导通

C. 超过死区电压时才开始导通　　D. 不导通

7. 汽车上采用的液压传动装置以动力式为工作原理的常称为（ ）。

A. 液压传动　　B. 液力传动　　C. 气体传动　　D. 液体传动

8. 液压阀是液压系统中的（ ）。

A. 动力元件　　B. 执行元件　　C. 辅助元件　　D. 控制元件

9. 传动系由（　　）等组成。

A. 离合器、变速器、冷却装置、主减速器、差速器、半轴

B. 离合器、变速器、起动装置、主减速器、差速器、半轴

C. 离合器、变速器、万向传动装置、主减速器、差速器、半轴

D. 离合器、变速器、电子控制装置、主减速器、差速器、半轴

10. 气门弹簧的作用是使气门同气门座保持（　　）。

A. 间隙　　B. 一定距离

C. 紧密闭合　　D. 一定的接触强度

11.（　　）是用电磁控制金属膜片振动而发生的装置。

A. 电磁阀　　B. 刮水器　　C. 风窗玻璃　　D. 电喇叭

12.（　　）与血红蛋白结合，造成血液输氧能力下降，导致人体缺氧。

A. 固体颗粒　　B. HC　　C. 氮氧化物　　D. CO

13. 汽油机的爆燃响声和柴油机的工作粗暴声均属于（　　）异响。

A. 机械　　B. 燃烧　　C. 空气动力　　D. 电磁

14. 电控发动机怠速不平稳原因有进气管真空渗漏和（　　）等。

A. 电动汽油泵不工作　　B. 曲轴位置传感器失效

C. 点火正时失准　　D. 爆燃传感器失效

15. 发动机曲轴轴承异响发出的声音是（　　）声。

A. “铛铛”　　B. “啪啪”　　C. “嗒嗒”　　D. “噗噗”

16. 下列属于发动机曲轴主轴承响的原因是（　　）。

A. 连杆轴承盖的联接螺纹松动　　B. 曲轴弯曲

C. 气缸压力低　　D. 气缸压力高

17. 发动机活塞敲缸异响发出的声音是（　　）声。

A. “铛铛”　　B. “啪啪”　　C. “嗒嗒”　　D. “噗噗”

18. 发动机活塞销异响是一种（　　）的响声。

A. 无节奏　　B. 混浊的有节奏

C. 钝哑无节奏　　D. 有节奏的“嗒嗒”

19. 若发动机气门响，其响声会随发动机转速增高而增高，温度变化和单缸断火时响声（　　）。

A. 减弱　　B. 不减弱　　C. 消失　　D. 变化不明显

20. 发动机正时齿轮异响的原因是（　　）。

A. 凸轮轴和曲轴两中心线不平行　　B. 发动机进气不足

C. 点火正时失准　　D. 点火线圈温度过高

21. 在起动柴油机时排气管不排烟，这时将喷油泵放气螺钉松开，扳动手油泵，

观察泵放气螺钉是否流油，若不流油或有气泡冒出，表明（　　）。

A. 低压油路有故障　　B. 高压油路有故障

C. 回油油路有故障　　D. 高、低压油路都有故障

22. 起动汽油机时，无着火征兆，检查油路，故障是（　　）。

A. 混合气浓　　B. 混合气稀　　C. 不来油　　D. 来油不畅

23. 柴油发动机起动困难现象表现为：利用起动机起动时（　　）；排气管没有烟排出。

A. 听不到爆发声　　B. 可听到不连续的爆发声

C. 发动机运转不均匀　　D. 发动机运转无力

24. 柴油机起动困难，应从喷油时刻、燃油雾化、（　　）等方面找原因。

A. 压缩终了时的气缸压力温度　　B. 手油泵

C. 燃油输送　　D. 喷油驱动联轴器

25. 当起动车辆的时候没听到起动的声音，则说明（　　）。

A. 蓄电池电压低　　B. 发电机损坏

C. 起动机不工作　　D. 点火线圈温度过高

26. 柴油机动力不足，可在发动机运转中运用（　　），观察发动机转速变化，找出故障缸。

A. 多缸断油法　　B. 单缸断油法　　C. 多缸断火法　　D. 单缸断火法

27. 发动机加速发闷，转速不易提高的原因是（　　）。

A. 火花塞间隙不符合标准　　B. 少数缸不工作

C. 空气滤清器堵塞　　D. 排气系统阻塞

28. 柴油发动机燃油油耗超标的原因是（　　）。

A. 配气相位失准　　B. 气缸压力低

C. 喷油器调整不当　　D. 机油变质

29. 发动机机油油耗超标的原因是（　　）。

A. 机油黏度过大　　B. 机油油道堵塞

C. 机油漏损　　D. 机油压力表或传感器有故障

30. 若汽油机燃油消耗量过大，则检查（　　）。

A. 进气管漏气　　B. 空气滤清器是否堵塞

C. 燃油泵故障　　D. 油压是否过大

31. 若发动机过热，且上水管与下水管温差很大，可判断（　　）不工作。

A. 水泵　　B. 节温器　　C. 风扇　　D. 散热器

32. 电控发动机不能起动或不着车的原因是（　　）。

A. 点火正时失准　　B. 线路接触不良

C. 喷油器漏油　　D. 进气管真空渗漏

33. 电控发动机诊断的基本方法有（　　）。
A. 水淋法　　B. 随车故障自诊断
C. 振动法　　D. 加热法
34. 若电控发动机怠速不稳，首先应检查（　　）。
A. 故障诊断系统　　B. 燃油压力
C. 喷油器　　D. 火花塞
35. 电控发动机运转不稳故障的原因有（　　）。
A. 进气压力传感器失效　　B. 曲轴位置传感器失效
C. 凸轮轴位置传感器失效　　D. 氧传感器失效
36. 电控发动机加速无力故障现象为（　　）。
A. 发动机怠速不平稳，且易熄火
B. 加速时发动机消声器有“放炮”声
C. 发动机工作时好时坏
D. 车辆行驶中加速无力，燃油消耗量过大
37. 偶发故障，可以模拟故障征兆来判断（　　）部位。
A. 工作　　B. 故障
C. 工作、故障均对　　D. 工作、故障均不正确
38. 电控发动机故障诊断原则，包括（　　）。
A. 先生后熟　　B. 先熟后生
C. 先生后熟、先熟后生均对　　D. 先生后熟、先熟后生均不正确
39. 离合器盖与压盘连接松旷会导致（　　）。
A. 万向传动装置异响　　B. 离合器异响
C. 手动变速器异响　　D. 驱动桥异响
40. 诊断与排除底盘异响需要的操作准备为（　　）。
A. 一台无故障的汽车　　B. 一台有故障的汽车
C. 故障诊断仪　　D. 解码仪
41. 行驶中对油门和车速变换，如出现“卡啦、卡啦”的撞击声，一般是（　　）原因。
A. 一般是滚针折断、碎裂或丢失
B. 多半是轴承磨损松旷或缺油
C. 说明传动轴万向节叉等速排列破坏
D. 多为中间支承轴承内圈过盈配合松旷
42. 发动机怠速运转时，踏下离合器踏板少许，若此时发响，则为（　　）。
A. 分离套筒缺油或损坏　　B. 分离轴承缺油或损坏
C. 离合器踏板自由行程过小　　D. 离合器踏板自由行程过大

43. 变速器直接档工作无异响，其他档位均有异响，说明（　　）。
A. 齿轮啮合不良或损坏
B. 第二轴后轴承松旷或损坏
C. 齿轮间隙过小
D. 第二轴前轴承损坏
44. 在读取故障码之前，应先（　　）。
A. 检查汽车蓄电池电压是否正常
B. 打开点火开关，将它置于 ON 位置，但不要起动发动机
C. 按下超速档开关，使之置于 ON 位置
D. 根据自动变速器故障警告灯的闪亮规律读出故障码
45.（　　）会使前轮外倾发生变化，造成轮胎单边磨损。
A. 纵横拉杆或转向机构松旷
B. 钢板弹簧 U 形螺栓松旷
C. 轮毂轴承松旷或转向节与主销松旷
D. 前钢板吊耳销和衬套磨损
46. 下列属于前轮摆振现象的是（　　）。
A. 轮胎胎面磨损不均匀，胎冠两肩磨损，胎壁擦伤
B. 汽车行驶时，有时出现两前轮各自围绕主销进行角振动的现象
C. 胎冠由外侧向里侧呈锯齿状磨损，胎冠呈波浪状磨损，胎冠呈碟边状磨损
D. 胎冠中部磨损，胎冠外侧或内侧单边磨损
47. 下列不属于前轮摆振故障产生原因的是（　　）。
A. 直拉杆臂与转向节臂的连接松旷
B. 前轮轴承间隙过大，轮毂轴承磨损松旷
C. 后轮动不平衡
D. 前钢板弹簧 U 形螺栓松动或钢板销与衬套配合松动
48. 轮胎的胎面，如发现胎面中部磨损严重，则为（　　）所致。
A. 轮胎气压过高
B. 各部松旷、变形、使用不当或轮胎质量不佳
C. 前轮外倾过小
D. 轮胎气压过低
49. 为保持轮胎缓和路面冲击的能力，给轮胎的充气标准可（　　）最高气压。
A. 略低于
B. 略高于
C. 等于
D. 高于
50. 手左右抓住转向盘，沿转向轴轴线方向做上下拉压动作，如果感到有明显的松旷量，则故障在（　　）。
A. 转向器内主从动部分啮合部位松旷或垂臂轴承松旷
B. 转向盘与转向轴之间松旷
C. 转向器主动部分轴承松旷
D. 转向器在车架上固定不好
51. 下列（　　）不属于制动跑偏现象。

A. 制动时突然跑偏　　B. 向右转向时制动跑偏
C. 有规律的单向跑偏　　D. 无规律的忽左忽右跑偏

52. 下列（　　）不是制动跑偏的原因。
A. 制动踏板损坏
B. 有一侧钢板弹簧错位或折断
C. 转向桥或车架变形，左右轴距相差过大
D. 两侧主销后倾角或车轮外倾角不等，前束不符合要求

53. 下列（　　）属于制动拖滞。
A. 汽车行驶时，有时出现两前轮各自围绕主销进行角振动的现象，即前轮摆振
B. 轮胎胎面磨损不均匀，胎冠两肩磨损，胎壁擦伤，胎冠中部磨损
C. 驾驶人必须紧握转向盘方能保证直线行驶，若稍微放松转向盘，汽车便自行跑向一边
D. 踏下制动踏板感到高而硬，踏不下去。汽车起步困难，行驶无力。当松抬加速踏板踏下离合器踏板时，尚有制动感觉

54. 制动蹄与制动蹄轴锈蚀，使制动蹄转动复位困难会导致（　　）。
A. 制动失效　　B. 制动跑偏　　C. 制动抱死　　D. 制动拖滞

55. 下列属于防抱死制动装置失效现象的是（　　）。
A. 汽车行驶时，有时出现两前轮各自围绕主销进行角振动的现象，即前轮摆振
B. 防抱死制动系统的警告灯持续点亮，感觉防抱死制动系统工作不正常
C. 驾驶人必须紧握转向盘方能保证直线行驶，若稍微放松转向盘，汽车便自行跑向一边
D. 踏下制动踏板感到高而硬，踏不下去；汽车起步困难，行驶无力；当松抬加速踏板踏下离合器时，尚有制动感觉

56. 就一般防抱死制动系统而言，下列叙述正确的是（　　）。
A. 紧急制动时，可避免车轮抱死而造成方向失控或不稳定现象
B. ABS 故障时，制动系统将会完全丧失制动力
C. ABS 故障时，转向盘的转向力量将会加重
D. 可提高行车舒适性

57. 在诊断与排除汽车制动故障的操作前应准备一辆（　　）汽车。
A. 待排除的有传动系统故障的　　B. 待排除的有制动系统故障的
C. 待排除的有转向系统故障的　　D. 待排除的有行驶系统故障的

58. 出现制动跑偏故障，如果轮胎气压一致，用手触摸跑偏一边的制动鼓和轮毂轴承过热，应（　　）。
A. 检查左右轴距是否相等
B. 检查前束是否符合要求

C. 两侧主销后倾角或车轮外倾角是否不等

D. 调整制动间隙或轮毂轴承

59. 若制动拖滞故障在制动主缸，应先检查（　　）。

A. 制动踏板自由行程是否过小

B. 制动踏板复位弹簧弹力是否不足

C. 制动踏板轴及连杆机构的润滑情况是否良好

D. 回油情况

60. 排除防抱死制动装置失效故障后应该（　　）。

A. 检验驻车制动是否完全释放

B. 清除故障码

C. 进行路试

D. 检查制动液液位是否在规定的范围内

61. 一般 ABS 自诊断插接器在（　　）。

A. ECU 旁边　　B. 转向盘左侧

C. 转向盘右侧　　D. 转向盘下侧

62. 前照灯近光灯丝损坏，会造成前照灯（　　）。

A. 全不亮　　B. 一侧不亮　　C. 无近光　　D. 无远光

63. 用试灯测量照明灯线路某点，灯亮，说明此点前方的线路（　　）。

A. 断路　　B. 短路　　C. 正常　　D. 击穿

64. 用万用表检测照明灯线路某点，无电压显示，说明此点前方的线路（　　）。

A. 断路　　B. 短路

C. 搭铁　　D. 接触电阻较大

65. 用万用表检测照明灯线路某点，若显示正常电压，说明该点前方的线路（　　）。

A. 断路　　B. 短路　　C. 搭铁　　D. 良好

66. 若闪光器电源接线柱上的电压为 0V，说明（　　）。

A. 供电线断路　　B. 转向开关损坏

C. 闪光器损坏　　D. 灯泡损坏

67. 若左侧转向灯总功率大于右侧转向灯总功率，则（　　）。

A. 左侧闪光频率快　　B. 右侧闪光频率快

C. 左右侧闪光频率相同　　D. 会使闪光器损坏

68. 鼓风机不转会造成（　　）。

A. 不制冷　　B. 冷气量不足　　C. 系统太冷　　D. 噪声大

69. 空调系统外面空气管道打开，会造成（　　）。

A. 无冷气产生　　B. 系统太冷　　C. 间断制冷　　D. 冷空气量不足

70. 离合器线圈短路或烧毁，会造成（　　）。

A. 冷气不足　　B. 间歇制冷　　C. 过热　　D. 不制冷

71. 空调系统吹风电动机松动或磨损会造成（　　）。

A. 系统噪声大　　B. 系统太冷　　C. 间断制冷　　D. 无冷气产生

72. 膨胀阀卡住在开启最大位置，会导致（　　）。

A. 冷气不足　　B. 系统太冷　　C. 无冷气产生　　D. 间断制冷

73. 蒸发器控制阀损坏或调节不当，会造成（　　）。

A. 冷空气不足　　B. 系统太冷　　C. 系统噪声大　　D. 操纵失灵

74. 恒温器调整的断开温度过低，会造成（　　）。

A. 冷气不足　　B. 无冷气产生　　C. 间断制冷　　D. 系统太冷

75. 制冷系统高压侧压力过高，并且膨胀阀发出噪声，说明（　　）。

A. 系统中有空气　　B. 系统中有水汽

C. 制冷剂不足　　D. 干燥罐堵塞

76. 冷却液管堵塞，会造成（　　）。

A. 不供暖　　B. 冷气不足　　C. 不制冷　　D. 系统太冷

77. 打开鼓风机开关，鼓风机不运转，可能线路上存在（　　）故障。

A. 断路　　B. 短路　　C. 搭铁　　D. 击穿

78. 下列现象不会造成空调系统漏水的是（　　）。

A. 加热器管损坏　　B. 热水开关关不死

C. 冷凝器损坏　　D. 软管老化

79. 下列现象不会造成除霜热风不足的是（　　）。

A. 除霜风门调整不当　　B. 出风口堵塞

C. 供暖不足　　D. 压缩机损坏

80. 发动机曲轴冷压校正后，再进行时效热处理，其加热温度是（　　）℃。

A. 100~200　　B. 200~300　　C. 600~700　　D. 300~500

81. 凸轮轴轴向间隙的允许极限为（　　）mm。

A. 0.10　　B. 0.15　　C. 0.025　　D. 0.015

82. 检验发动机气缸盖和气缸体裂纹，可用压缩空气。空气压力为（　　）kPa，保持5min，并且无泄漏。

A. 294~392　　B. 192~294　　C. 392~490　　D. 353~441

83. 对于铸铁或铝合金气缸体所出现的裂纹、砂眼，最好用（　　）修复。

A. 粘接法　　B. 磨削法　　C. 焊修法　　D. 堵漏法

84. 用气缸压力表测试气缸压力前，应使发动机运转至（　　）。

A. 怠速状态　　B. 正常工作温度

C. 正常工作状况　　D. 大负荷工况状态

85. 发动机无外载测功仪测得的发动机功率为（　　）。

A. 额定功率　　B. 总功率

C. 净功率　　D. 机械损失功率

86. 使用国产 EA—2000 型发动机综合分析仪时，当系统对各适配器逐个自检，若连接正确则显示为（　　）色。

A. 红　　B. 绿　　C. 黄　　D. 蓝

87. 不分光红外线气体分析仪，对（　　）气体浓度进行连续测量。

A. HC　　B. CO_2　　C. NO_x　　D. NO_2

88. 使用 FLUKE 98 型汽车示波器测试有分电器点火系统二次电压波形时，信号拾取器则夹在（　　）缸的火花塞引线上。

A. 1　　B. 2　　C. 3　　D. 4

89. 下列（　　）属于发动机电子控制系统利用仪器诊断最准确的方法。

A. 读取数据流　　B. 读取故障码

C. 经验诊断　　D. 自诊断

90. 下列（　　）是发动机电子控制系统正确诊断的步骤。

A. 静态模式读取和清除故障码→症状模拟→症状确认→动态故障码检查

B. 静态模式读取和清除故障码→症状模拟→动态故障码检查→症状确认

C. 症状模拟→静态模式读取和清除故障码→动态故障码检查→症状确认

D. 静态模式读取和清除故障码→症状确认→症状模拟→动态故障码检查

91. 发动机转速升高，供油提前角应（　　）。

A. 变小　　B. 变大　　C. 不变　　D. 随机变化

92. 用数字万用表的（　　）可检查点火线圈是否有故障。

A. 电阻档　　B. 电压档　　C. 千欧档　　D. 兆欧档

93. 检测电控燃油喷射系统燃油压力时，应将油压表接在供油管和（　　）之间。

A. 燃油泵　　B. 燃油滤清器

C. 分配油管　　D. 喷油器

94. 发动机连杆的修理技术标准为连杆在 100mm 长度上弯曲值应不大于（　　）mm。

A. 0.01　　B. 0.03　　C. 0.5　　D. 0.8

95. 发动机气缸的修复方法可用（　　）。

A. 电镀　　B. 喷涂　　C. 修理尺寸法　　D. 铰削法

96. 桑塔纳 2000GLI 型轿车 AFE 型发动机的机油泵主动轴弯曲度超过（　　）mm，则应对其进行校正或更换。

A. 0.10　　B. 0.20　　C. 0.05　　D. 0.30

97. 蜗杆轴承与壳体配合的最大间隙应该（　　）原计划规定的 0.02mm。
A. 小于　　B. 大于　　C. 等于　　D. 取规定值
98. 安装 AJR 型发动机活塞环时，其开口应错开（　　）。
A. 90°　　B. 100°　　C. 120°　　D. 180°
99. 德国的奔驰轿车采用（　　）调整气门间隙。
A. 两次调整法　　B. 逐缸调整法　　C. 垫片调整法　　D. 不用调整
100. 检验气门密封性，常用且简单可行的方法是用（　　）。
A. 水压　　B. 煤油或汽油渗透
C. 口吸　　D. 仪器
101. 根据《汽车发动机缸体与气缸盖修理技术条件》的技术要求，气缸体上平面 50mm × 50mm 测量范围内平面度误差应不大于（　　）mm。
A. 0.01　　B. 0.04　　C. 0.05　　D. 0.10
102. 用连杆检验仪检验连杆变形时，如果一个下测点与平板接触，但上测点与平板的间隙不等于另一个下测点与平板间隙的 1/2，表明连杆发生（　　）。
A. 无变形　　B. 弯曲变形　　C. 扭曲变形　　D. 弯扭变形
103. 奥迪 A6 发动机曲轴径向间隙可用（　　）进行检测。
A. 百分表　　B. 千分尺　　C. 游标卡尺　　D. 塑料塞尺
104. 检测凸轮轴轴向间隙的工具是（　　）。
A. 百分表　　B. 外径千分尺　　C. 游标卡尺　　D. 塑料塞尺
105. 对于二冲程发动机，气缸完成一个工作循环，活塞往复运动（　　）个行程。
A. 1　　B. 2　　C. 3　　D. 4
106. 用非分散型红外线气体分析仪检测汽油车废气时，应在发动机（　　）工况检测。
A. 起动　　B. 中等负荷　　C. 怠速　　D. 加速
107. 变速器壳体上平面长度不大于（　　）mm。
A. 100　　B. 150　　C. 250　　D. 300
108. 变速器壳体上平面的翘曲变形，可在平板上用（　　）检查。
A. 内径千分尺　　B. 百分表
C. 游标高度卡尺　　D. 塞尺
109. 输出轴变形的修复应采用（　　）。
A. 热压校正　　B. 冷法校正　　C. 高压校正　　D. 高温后校正
110. 驱动桥油封轴颈的径向磨损量不大于（　　）mm，油封轴颈端面磨损后，轴颈位的长度应大于油封的厚度。
A. 0.15　　B. 0.20　　C. 0.25　　D. 0.30

111. 编制差速器壳的技术检验工艺卡，技术检验工艺卡首先应该进行（　　）。
A. 裂纹的检验，差速器壳应无裂损
B. 差速器轴承与壳体及轴颈配合的检验
C. 差速器壳承孔与半轴齿轮轴颈配合间隙的检验
D. 差速器壳联接螺栓拧紧力矩的检验
112. 差速器壳承孔与半轴齿轮轴颈的配合间隙为（　　）mm。
A. 0.05~0.15　　B. 0.05~0.25　　C. 0.15~0.25　　D. 0.25~0.35
113. 安装 3、4 档拨叉轴的小止动块，拧紧输出轴螺母，再将换档叉轴置于（　　）位置。
A. 一档　　B. 二档　　C. 空档　　D. 倒档
114. 由计算机控制的变矩器，应将其电线接头插接到（　　）上。
A. 变速驱动桥　　B. 发动机
C. 蓄电池负极　　D. 车速表小齿轮表
115. 转向器补偿器压盖和油压分配阀罩的螺栓拧紧力矩为（　　）N·m。
A. 10　　B. 15　　C. 20　　D. 30
116. 安装盘式制动器后，（　　）用力将制动器踏板踩到底数次，以便使制动摩擦片正确就位。
A. 停车状态　　B. 起动状态　　C. 怠速状态　　D. 行驶状态
117. 在做车轮动平衡检测时，其主轴振幅的大小，在一定转速下，只与（　　）。
A. 车轮不平衡质量大小成正比　　B. 车轮不平衡质量大小成反比
C. 车轮质量成正比　　D. 与车轮质量成反比
118. 若制动蹄变形、裂纹或不均匀磨损，则应（　　）。
A. 继续使用　　B. 更换新品
C. 修复后使用　　D. 换到其他车上继续使用
119. 变速器输出轴（　　）的拧紧力矩为 100N·m。
A. 螺钉　　B. 螺母　　C. 螺栓　　D. 任意轴
120. 转向系统大修技术检验规范包括（　　）。
A. 螺杆有损坏　　B. 螺杆无损坏　　C. 螺纹有损坏　　D. 以上均正确
121. 自动变速器中间轴端隙用（　　）测量。
A. 游标卡尺　　B. 千分尺　　C. 百分表　　D. 以上均正确
122. 拆卸制动鼓，必须用（　　）。
A. 梅花扳手　　B. 专用扳手　　C. 常用工具　　D. 以上均正确
123. 制动踏板自由行程大于规定值，应该（　　）。
A. 调整　　B. 调大　　C. 继续使用　　D. 以上均正确

124. 活塞环磨损严重，应该（　　）。

A. 更换新件　　B. 修复　　C. 继续使用　　D. 以上均正确

125. 用百分表检查从动盘的摆差，其最大极限为 0.4mm，从外缘测量径向圆跳动量，最大为（　　）mm，超过极限值，应更换从动盘总成。

A. 2.5　　B. 3.5　　C. 4.0　　D. 4.5

126. 用内径千分表及外径千分尺进行测量，轮毂外轴承与轴颈的配合间隙应不大于（　　）mm。

A. 0.020　　B. 0.040　　C. 0.060　　D. 0.080

127. 变速器输入轴前端花键齿磨损应不大于（　　）mm。

A. 0.10　　B. 0.20　　C. 0.30　　D. 0.60

128. 分动器里程表软轴的弯曲半径不得小于（　　）mm。

A. 50　　B. 150　　C. 100　　D. 200

129. 半轴套管中间两轴颈径向圆跳动误差不得大于（　　）mm。

A. 0.03　　B. 0.05　　C. 0.08　　D. 0.5

130. 万向节出现转动卡滞现象，应（　　）。

A. 只需更换万向节　　B. 更换万向节总成

C. 更换钢球　　D. 更换球笼壳

131. 手动变速器总成竣工验收时，进行无负荷和有负荷试验，第一轴转速为（　　）r/min。

A. 500~800　　B. 800~1000

C. 1000~ 1400　　D. 1400~1800

132. 汽车车身一般包括车前、车底、侧围、顶盖和（　　）等部件。

A. 车后　　B. 后围　　C. 车顶　　D. 前围

133. 对于安装完毕的转向桥，万向节一般用（　　）检查，看其是否转动灵活。

A. 手　　B. 弹簧拉动　　C. 眼睛观察　　D. 扳手

134. 下列属于驱动桥装配验收的项目有（　　）。

A. 检查转向盘的自由行程　　B. 调整前轮前束

C. 调整最大转向角　　D. 装复车轮制动器

135. 汽车转向轮侧滑量检测时，应先将车辆对正侧滑试验台，并使转向盘处于（　　）位置。

A. 左极限　　B. 右极限　　C. 正中间　　D. 自由

136. 冬季气温高于 −20℃的地区，蓄电池充电时电解液密度为（　　）。

A. $1.31g/cm^3$　　B. $1.29g/cm^3$

C. $1.27g/cm^3$　　D. $1.24g/cm^3$

137. 计算出电池容量与数量使之符合自己的使用要求，这是免维护电池的（　　）原则。

A. 安全选择　　B. 性价比选择
C. 按需选择　　D. 按适应性选择

138. 密度计是用来检测蓄电池（　　）的器具。

A. 电解液密度　　B. 电压　　C. 容量　　D. 输出电流

139. 转子绕组好坏的判断，可以通过测量发电机（　　）接线柱间的电阻来确定。

A. “F”与“E”　　B. “B”与“E”
C. “B”与“F”　　D. “N”与“F”

140. 用万用表电阻最大档检测定子绕组接线端与定子铁心之间的电阻应为无穷大，否则说明有（　　）故障。

A. 断路　　B. 短路　　C. 搭铁　　D. 击穿

141. 发电机就车测试时，起动发动机，使发动机保持在（　　）运转。

A. 800r/min　　B. 1000r/min　　C. 1500r/min　　D. 2000r/min

142. 检测调节器时所用的电源应为（　　）。

A. 12V 直流电源　　B. 12V 交流电源
C. 可调直流电源　　D. 可调交流电源

143. 动态检测方法可以检测出调节器的（　　）。

A. 调节电流　　B. 调节电压　　C. 电阻　　D. 电容

144. GST—3U 型万能试验台，主轴转速为（　　）。

A. 800r/min　　B. 1000r/min
C. 3000r/min　　D. 200~2500r/min

145. QD124 型起动机，空转试验电压 12V 时，起动机转速不低于（　　）。

A. 3000r/min　　B. 4000r/min　　C. 5000r/min　　D. 6000r/min

146. 检测起动机电枢轴轴颈外径与衬套内径的配合间隙，应使用（　　）。

A. 万用表　　B. 游标卡尺　　C. 百分表　　D. 塞尺

147. 用万用表测量起动机换向器和铁心之间的电阻，应为（　　），否则说明电枢绕组存在搭铁故障。

A. 0Ω　　B. 无穷大　　C. 100Ω　　D. 1000Ω

148. 起动系统线路（　　）应不大于 0.2V。

A. 电压　　B. 电压降　　C. 电动势　　D. 电阻

149. 桑塔纳起动系统，蓄电池“+”接线柱与起动机的（　　）接线柱相连。

A. 150　　B. 31　　C. 30　　D. 50

150. 起动系统线路检测程序可分为（　　），依次选择各个节点进行。

A. 从后向前　　B. 从前向后
C. 从中间向前向后　　D. 以上都可以

151. 汽车空调的主要功能是调节空气的（　　）。
A. 温度　　B. 湿度　　C. 洁净度　　D. 流速

152. 向车内提供新鲜空气和保持适宜气流的装置是（　　）。
A. 制冷装置　　B. 采暖装置
C. 送风装置　　D. 净化装置

153. 气暖式加热系统属于（　　）。
A. 独立热源加热式　　B. 冷却液加热式
C. 余热加热式　　D. 火焰加热式

154. 检修空调所使用的压力表歧管总成一共有（　　）块压力表。
A. 1　　B. 2　　C. 3　　D. 4

155. 风量、温度、压力和清洁度是空调系统的（　　）参数。
A. 质量　　B. 寿命　　C. 功能　　D. 诊断

156. 开启罐装制冷剂，所使用的工具是（　　）。
A. 螺钉旋具　　B. 扳手　　C. 开启阀　　D. 棘轮扳手

157. 用塞尺检查电磁离合器周边的空气间隙，应在（　　）范围内。
A. 0.1~0.5mm　　B. 0.2~0.8mm　　C. 0.4~0.8mm　　D. 0.6~1mm

158. 加压检漏法是先向制冷剂装置内充入（　　）的高压气体，然后再找出泄漏点。
A. 1~2kPa　　B. 1~2kPa　　C. 3~4kPa　　D. 3~4kPa

159. 氟利昂 R12 是（　　）的气体。
A. 有颜色、无气味　　B. 有颜色、有气味
C. 有气味、无颜色　　D. 无颜色、无气味

160. 制冷装置在拆卸调换部件时，在充注制冷剂之前必须（　　）。
A. 清洗　　B. 加压　　C. 抽空　　D. 加油

二、判断题（第 161 题 ~ 第 200 题。将判断结果填入括号中。正确的填“√”，错误的填“×”。每题 0.5 分，满分 20 分）

（　　）161. 职业道德兼有强烈的纪律性。

（　　）162. 职业道德的基本职能是调节职能。

（　　）163. 职业道德评价不同于一般的道德评价，它具有鲜明的职业特点。

（　　）164. 职业意识是指人们对职业岗位的认同、评价、情感和同情等心理成分的总和，其核心是爱岗敬业精神，在本职岗位上能够踏踏实实地做好工作。

（　　）165. 如果公司的规章制度齐全，员工不需要严于律己。

（　　）166. 平等就业是指在劳动就业中实行男女平等、民族平等的原则。

( ) 167. 劳动纠纷是指劳动关系双方当事人在执行劳动法律、法规或履行劳动合同的过程中持不同的主张和要求而产生的争执。

( ) 168. 工件旋转时，可以用千分尺测量尺寸大小。

( ) 169. 零件图由一组图形、完整的尺寸、技术要求和标题栏四部分组成。

( ) 170. 润滑脂的使用性能主要有稠度、高温性能、低温性能和抗水性等。

( ) 171. 液压缸按结构组成可以分为缸体组件、曲轴组件、密封装置、缓冲装置和排气装置五个部分。

( ) 172. 活塞环拆装钳是一种专门用于拆装气门弹簧的工具。

( ) 173. 汽车防盗装置分为按键式、电子钥匙式等类型。

( ) 174. 在车底下工作时，不要直接躺在地上，应尽量使用卧板。

( ) 175. 全面质量管理概念最早是由美国质量管理专家提出的。

( ) 176. 维修质量指标一般用合格率表示。

( ) 177. 《中华人民共和国合同法》规定，当事人订立合同，应当具有相应的民事权利能力和民事义务能力。

( ) 178. 氟利昂 R12 是无色无味气体。

( ) 179. 对于任何发动机不能起动这类故障的诊断，首先应检测的是电动燃油泵。

( ) 180. 若机油油耗超标，则检查机油油道是否堵塞。

( ) 181. 柴油机排放的三大有害气体是：CO、HC、NO_x。

( ) 182. 如果冷车时尾气不合格，而热车时合格了，说明三元催化转换器无故障。

( ) 183. 点火过迟易使发动机产生爆燃。

( ) 184. 电控系统接触不良，不能导致发动机工作不稳。

( ) 185. 汽车起步时，车身发抖并能听到“咔啦、咔啦”的撞击声，且在车速变化时响声更加明显。车辆在高速档轻踩加速踏板行驶时，响声增强，抖动更严重。其原因可能是万向传动装置故障。

( ) 186. 变速器壳体变形会导致变速器工作时发出不均匀的碰击声。

( ) 187. 严格遵守充气标准是防止轮胎早期磨损、达到最高使用寿命的基本条件。

( ) 188. 提高转向系统刚度不可能提高抵抗前轮摆头的能力。

( ) 189. 故障码只能用解码器直接读取，不可以通过警告灯读取故障码。

( ) 190. 导致汽车灯光系统出现故障的主要原因有；导线松动、接触不良、短路、断路等。

（　　）191. 若左转向灯搭铁不良，则右转向工作也不正常。

（　　）192. 在进行发动机曲轴弯曲变形检验时，应将百分表触头垂直地触及其中间一道主轴颈上。

（　　）193. 气缸盖最容易产生裂纹的部位是进、排气门口间的隔梁处。

（　　）194. 安装气缸垫时，应使有“OPEN TOP”标记的一面朝向气缸盖。

（　　）195. 制动性能的台试检验技术要求中，机动车制动完全释放时间，对单车不得大于 0.2s。

（　　）196. 干荷蓄电池初次使用，需要初充电。

（　　）197. 所有发电机 B 与 E 接线柱间的电阻值都应大于 10kΩ。

（　　）198. 某只晶体管调节器 F 与 E 接线柱之间的电阻为 0Ω。

（　　）199. 接通起动机电路，起动机应运转均匀，无碰擦，且电刷无强烈的火花产生。

（　　）200. 试验起动系统线路时，应防止检测短路。

高级汽车维修工理论知识试卷参考答案

一、单项选择题（第 1 题 ~ 第 160 题。选择一个正确的答案，将相应的字母填入题内的括号中。每题 0.5 分，满分 80 分）

1. A	2. C	3. C	4. A	5. A	6. C	7.B	8. D
9. C	10. C	11. D	12. D	13. B	14.C	15. A	16. B
17. C	18. D	19. B	20. A	21. A	22. C	23. A	24. A
25. C	26. B	27. D	28. C	29. C	30. D	31. B	32. A
33. B	34. A	35. A	36. D	37. B	38. B	39. B	40. B
41. B	42. B	43. D	44. A	45. C	46. B	47. C	48. A
49. A	50. C	51. B	52. A	53. D	54. D	55. B	56. A
57. B	58. D	59. A	60. B	61. A	62. C	63. C	64. A
65. D	66. A	67. B	68. A	69. D	70. D	71. A	72. C
73. A	74. C	75. B	76. A	77. A	78. C	79. D	80. D
81. B	82. A	83. D	84. B	85. C	86. B	87. A	88. A
89. A	90. D	91. B	92. A	93. C	94. B	95. C	96. D
97. B	98. C	99. C	100. B	101. C	102. D	103. D	104. A
105. B	106. C	107. C	108. D	109. B	110. A	111. A	112. B
113. C	114. A	115. C	116. A	117. A	118. B	119. B	120. B
121. C	122. B	123. A	124. A	125. A	126. B	127. A	128. C

129. B	130. B	131. C	132. B	133. B	134. D	135. C	136. C
137. C	138. A	139. A	140. C	141.D	142. C	143. B	144. D
145. C	146. B	147. B	148. B	149.C	150. D	151. A	152. C
153. C	154. B	155. D	156. C	157.C	158. B	159. D	160. C

二、判断题（第 161 题 ~ 第 200 题。将判断结果填入括号中。正确的填“√”，错误的填“×”。每题 0.5 分，满分 20 分）

161. √	162. √	163. √	164. ×	165. ×	166. √	167. √	168. ×
169. √	170. ×	171. ×	172. ×	173. ×	174. √	175. √	176. √
177. √	178. √	179. ×	180. ×	181. ×	182. √	183. ×	184. ×
185. √	186. √	187. √	188. ×	189. ×	190. √	191. ×	192. √
193. √	194. ×	195. ×	196. ×	197. √	198. √	199. √	200. ×

操作技能试卷

高级汽车维修工操作技能考核准备通知单

一、考场准备

1. 操作场地应光线充足，整洁无干扰，具有安全防火措施。
2. 操作场地应具有地沟和车辆举升机。
3. 考评员与考生比例为 1∶5。

二、车辆、设备、工量具、辅助准备

（一）修理

1. 丰田皇冠 3.0 型轿车一辆。
2. 数字式万用表、油压表、喷油器试验台、常用拆装工具各一个。

（二）故障诊断与排除

1. 完好的丰田皇冠 3.0 型轿车一辆，并按本模块故障设置要求设置故障。
2. 丰田皇冠 3.0 维修手册。
3. 数字万用表、检查插接器、发动机转速表、电脑检测仪各一个。
4. 点火正时灯、气缸压力表、汽油压力表各一个。
5. 常用工具一套。
6. 故障设置及选取原则：

序号	故障设置	选取原则
1	燃油泵故障	在所列故障设置中任选两项
2	汽油滤清器故障	
3	喷油器或线路故障	
4	点火正时错误	
5	高压线或火花塞故障	
6	主要传感器故障	

高级汽车维修工操作技能考核试卷

考生姓名：____________ 准考证号：____________ 工作单位：____________

一、修理

丰田 3.0 型轿车 2JZ-FE 电控燃油喷射发动机执行器检验。

考核要求：

1. 检验喷油器、汽油泵和怠速控制阀。
2. 正确判断执行元件能否继续使用。

考核时间：60min。

二、故障诊断与排除

丰田皇冠 3.0 型轿车电喷发动机加速不良的故障诊断与排除。

考核要求：

1. 根据电喷发动机加速不良的故障现象找出故障原因。
2. 排除电喷发动机加速不良的故障。

考核时间：60min。

高级汽车维修工操作技能考核评分记录表（1）

考生姓名：____________ 准考证号：____________ 工作单位：____________

修理

丰田 3.0 型轿车 2JZ-FE 电控燃油喷射发动机执行器检验

序号	作业项目	考核内容	配分	评分标准	评分记录	扣分	得分
1	喷油器检验	测量喷油器电阻值、喷油量，检查喷油质量和泄漏情况，判断能否继续使用	20 分	电阻测量错误扣 6 分			
				检查喷油器喷油量和喷油质量错误扣 6 分			
				检查泄漏方法错误扣 6 分			
				判断结果错误扣 2 分			
2	电动汽油泵检验	测量汽油泵电阻值和供油压力，并判断能否继续使用	16 分	电阻测量错误扣 7 分			
				供油压力测量错误扣 7 分			
				判断结果错误扣 2 分			
3	怠速控制阀检验	检查怠速控制阀是否工作，测量其线圈电阻，检查其工作情况	15 分	线圈电阻测量错误扣 7 分			
				检查怠速控制阀方法错误扣 6 分			
				判断结果错误扣 2 分			
4	安全文明生产	遵守安全操作规程，正确使用工、量具，操作现场整洁	4 分	每项扣 1 分，扣完为止			
		安全用电，防火，无人身、设备事故		因违规操作发生重大人身和设备事故，此题按 0 分计			
5	分数合计		55 分				

技术标准：

1. 喷油器

1）喷油器电阻为 13.4~14.2Ω。

2）喷油量应为 65~75mL/15s，各喷嘴喷油量差小于 6mL。

3）每 3min 滴油不多于 1 滴。

2. 汽油泵

1）怠速时拔下油压调节器真空软管时压力为 263~304kPa；插上真空软管时，压力为 165~213kPa。

2）汽油泵电阻为 0.2~3.0Ω（20℃）。

3）发动机关闭后，油压应保持在 143kPa 以上至少 3min。

3. 怠速控制阀

1）各线圈电阻值为 10~20Ω。

2）将蓄电池正极接到端子 B1 和 B2，并把负极依次接 S1、S2、S3、S4，阀应朝关闭方向运动，反之朝开启方向运动。

3）发动机暖机后立即检查，阀应发出咔哒声。

评分人：　　　　　年　月　日　　　核分人：　　　　　年　月　日

高级汽车维修工操作技能考核评分记录表（2）

考生姓名：__________ 准考证号：__________ 工作单位：__________

故障诊断与排除

丰田皇冠 3.0 型轿车电喷发动机加速不良的故障诊断与排除

序号	考核内容	配分	评分标准	考核记录	扣分	得分
1	正确使用工作仪器	4 分	使用错误扣 4 分			
			使用不当酌情扣分			
2	根据加速不良的故障现象，确定故障性质（口述）	9 分	确定错误扣 9 分			
3	确定故障原因	16 分	检查方法错误扣 6 分			
			检查程序错误扣 6 分			
			判断原因错误扣 4 分			
4	排除发动机加速不良的故障	12 分	不能排除扣 12 分			
			自制一处错误扣 4 分			
			不能完全排除酌情扣分			
5	遵守安全操作规程，正确使用工、量具，操作现场整洁	4 分	每项扣 1 分，扣完为止			
	安全用电，防火，无人身、设备事故		因违规操作发生重大人身和设备事故，此题按 0 分计			
6	分数总计	45 分				

评分人：　　　年　　月　　日　　核分人：　　　年　　月　　日

技术标准：

1. 发动机各工况运转正常，故障灯熄灭。
2. 油泵电阻值为 0.2~0.3Ω（20℃）。
3. 喷油器阻值为 13.8Ω（20℃），工作电压为 10~14V。
4. 高压线阻值为 25kΩ。
5. 火花塞型号为 K20R-V（ND），BKR6EYA（NGK），火花塞间隙为 0.8mm。
6. 活塞与气缸正常间隙为 0.03~0.05mm，极值间隙为 0.06mm。
7. 气缸压力最小压力为 960kPa。
8. 怠速时燃油压力为 196~235kPa。
9. 点火提前角为 10°（连接 TE1-E1 插头）。